高等院校旅游管理专业大专教材

旅 游 会 计

（第三版）

主　编　范英杰

副主编　李亚利

南开大学出版社

天　津

图书在版编目(CIP)数据

旅游会计 / 范英杰主编. —3 版. —天津：南开大学出版社，2013.2

ISBN 978-7-310-04113-8

Ⅰ. ①旅… Ⅱ. ①范… Ⅲ. ①旅游业—会计—高等学校—教材 Ⅳ. ①F590.66

中国版本图书馆 CIP 数据核字(2013)第 018776 号

南开大学出版社出版发行

出版人：孙克强

地址：天津市南开区卫津路 94 号 邮政编码：300071

营销部电话：(022)23508339 23500755

营销部传真：(022)23508542 邮购部电话：(022)23502200

＊

天津泰宇印务有限公司印刷

全国各地新华书店经销

＊

2013 年 2 月第 3 版 2013 年 2 月第 11 次印刷

210×148 毫米 32 开本 10.75 印张 306 千字

定价：25.00 元

如遇图书印装质量问题，请与本社营销部联系调换，电话：(022)23507125

前　言

　　会计是通过对企业已经完成的资金运动全面系统地核算与监督，以为外部与企业有经济利害关系的投资人、债权人和政府有关部门提供企业的财务状况与盈利能力等经济信息为主要目标而进行的经济管理活动。旅游业作为在社会经济体系中占据越来越重要地位的新兴产业，包括旅行社、饭店、宾馆、度假村、旅游交通等服务性企业。本书以财政部于 2006 年 2 月 15 日发布的《企业会计准则》为指导，结合旅游企业的实际，注重将旅游企业的经营活动与会计核算的实际运用相结合，着重介绍了旅游企业会计处理和实际操作的方法。

　　本书的内容，不仅涵盖了通用财务会计知识，还突出了旅游企业的特征，主要章节包括：（1）总论；（2）旅游企业会计核算基础；（3）流动资产的核算；（4）长期资产的核算；（5）对外投资的核算；（6）负债的核算；（7）所有者权益的核算；（8）损益的核算；（9）旅行社业务核算；（10）旅游饭店经营业务的核算；（11）会计报表；（12）会计软件简介及其应用。在编写模式上，本书尽量采用国际惯例，每章前面都标有清晰的"学习目的"，以引导学生明确学习本章应达到的目标；后面均附有本章基本内容介绍，便于学生加深对所学知识的理解和运用；同时，每章后面又设置了"复习思考题"，有利于学生学完本章后进行总结和巩固提高。

　　本书由范英杰主编，李亚利为副主编，参加编写的还有李晓媚、陈伶俐、陈明欣、王元琳和王玮。其中，第一章、第二章、第三章由李晓媚编写，第四章、第七章、第八章由陈伶俐编写，第五章、第六章由陈明欣编写，第九章、第十章由王元琳编写，第十一章、第十二章由王玮编写，全书由范英杰统稿。本书编写过程中参考了有关教材及文献资料，在此向这些教材及资料的作者致以诚挚的谢意。由于编者水平有限，书中难免有各种纰漏，恳请读者及同仁批评、指正。

本书可以作为旅游管理专业会计学课程的本、专科生教材，对从事会计实务工作的旅游业人士也有一定的参考价值。

编写组

2012 年 9 月

目 录

第一章 总 论

【学习目的】
- ●熟悉旅游会计概念
- ●了解旅游会计对象、特点和方法
- ●掌握会计假设和会计核算的一般原则
- ●了解旅游会计工作组织

【基本内容】
旅游会计基本概念
- ●会计
- ●旅游会计

旅游会计对象、方法和特点
- ●对象
- ●特点
- ●方法

会计假设和会计核算的一般原则
- ●会计假设
- ●一般原则

旅游会计工作组织
- ●机构
- ●人员
- ●规范

第一节　旅游会计基本概念

一、旅游业

旅游业是第三产业中一项新兴的经济产业，是国民经济的一个重要组成部分。旅游业是以旅游资源和设施为条件，为人们的旅行游览提供综合性服务的行业，是社会和经济发展的一个重要组成部分。改革开放以来，我国旅游业积极开拓国际和国内客源市场，接待能力和创汇能力逐步提高，在吸纳就业人口、带动相关产业、提高劳动生产率等方面都取得了显著成绩。旅游业已成为令人瞩目的世界性产业，被人们称为"无烟工业"、"无形贸易"。

旅游业是通过对旅游的推动、促进和提供便利服务来获取收入的。旅游企业作为一个营利性的经济组织，也要进行经济核算，讲究经济效益，而提高经济效益的关键是加强科学管理。会计作为行业管理的重要组成部分，就必然成为一种重要的管理活动。

二、会计

会计是经济管理的重要组成部分，它是以货币为主要量度，对企业、机关、事业单位或其他经济组织等的经济活动过程及其结果，全面、系统、连续地进行核算和监督，以反映企业的财务状况、经营成果和现金流量，旨在提供经济活动信息的管理工作。会计是随着社会生产的发展和经济管理的要求而产生、发展并不断完善起来的。

会计有着悠久的历史，最初表现为人类对经济活动的计量与记录行为。我国结绳记事的出现就是会计产生的萌芽。我国早在西周时期就出现"会计"一词，据《周礼》记载："职岁掌邦之赋出。以贰官府都鄙之财，出赐之教，以待会计而考之。"职岁负责朝廷财物支出事宜及支出账簿的记录工作，考核和监督财物支出状况，并与职内、职币所管账籍相互勾考、互相牵制。宋朝采用"四柱清册"的结账方法，运用了"旧管（期初余额）＋新收（本期收入）＝开除（本期支出）

＋实在（期末余额）"的平衡等式。到了明末清初，民间相传山西商人傅山设计并采用了"龙门账"，从而产生了我国最早的财产复式记账方法。

在世界各国的历史上，宗教团体会计，既作为官厅会计的重要组成部分，又是民间会计的构成之一。早在公元590年至600年间（隋朝时期），在罗马教皇格里高一世的宫院会计里，就设有现金簿、财产簿、往来簿、总簿等，组成了较完整的账簿组织体系。教会会计的发展，对于人类会计各阶段的发展起了重要作用。1994年意大利数学家巴其阿勒在《算术、几何、比与比例概要》著作中的"簿记论"，全面系统地从理论上阐述了复式借贷记账法，这一科学的记账方法流传全球。到了20世纪50年代，随着现代经济的高速发展，会计逐渐形成了为企业外部利害关系人提供会计信息的"财务会计"和为企业内部管理层进行决策提供信息的"管理会计"。

财务会计在企业经济管理中发挥的职能作用表现为两个基本职能，即会计核算职能和会计监督的职能。会计核算的职能又称为反映的职能，是指将企业发生的大量的经济事项进行记录、计算、整理、汇总，提供系统、完整、综合的数据信息资料，反映企业经济活动过程及其结果。会计监督是指会计人员通过自身的工作对企业经济活动过程实行会计监督，使企业严格遵守国家制定的各项财经方针、政策、法律和制度，并对各项经济业务的真实性、合理性和合法性进行审核。会计核算和会计监督是相辅相成的，它体现了会计的本质和特征。

向有关方面提供信息、满足各方面对会计信息的需要是会计的目标。在我国，会计信息既要满足国家宏观经济管理和调控的需要，也要满足企业内部经营管理的需要，还要满足企业债权人、投资者等其他有关各方面了解企业财务状况和经营成果的需要。

总之，会计是现代企业的一项重要的基础性工作，通过一系列会计程序，提供对决策有用的信息，并积极参与经营管理决策，提高企业经济效益，服务于市场经济的健康有序发展。

三、旅游会计

随着人们物质生活水平的提高，旅游慢慢地进入了人们的生活。人们离开家乡到其他地方参观游览，到了外地每个旅游者必不可少的食、住、行都由当地提供，这样为旅游者提供多种服务的旅游业就应运而生了。目前，我国有许多城市旅游业已成为支柱产业。狭义的旅游业包括旅行社、饭店、游乐场、旅游景点、歌舞厅、照相等，又被称为旅游、饮食服务业。广义旅游业还包括旅游车船公司、民用航空公司和工艺美术商店等。

旅游会计是企业会计的一个分支，借助会计特有的方法，对旅游、饮食服务企业的经营活动过程及其结果进行核算和监督。

第二节　旅游会计对象、特点和方法

一、旅游会计对象

会计对象是指会计所管理的客体，即会计所反映和监督的内容。会计的一般对象是资金运动。就旅游企业来说，会计对象就是旅游企业经营资金运动。旅游企业经营资金运动过程如图 1-1 所示。

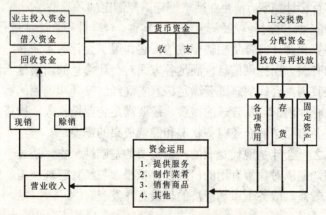

图 1-1　旅游企业经营资金运动过程

在旅游企业经营活动中，最初是投资人（业主）投入资金，随后根据实际需要和可能再借入资金，将资金投在固定资产（房屋、设备、车辆等）和各种存货（原材料、商品等）上，作为经营的条件，经营者在旅行社、饭店、游乐场或歌舞厅、旅游景点等各种经营项目上使用固定资产和存货耗用并支付发生的各项费用，即资金运用。在提供服务制作并销售菜肴或其他商品之后，获取营业收入，直接收取现金或支票的称为现销，待日后结账的称为赊销。收回资金之后，一部分用于补偿投放的资金再行投放经营，另一部分则按照国家税法缴纳税金，根据借款合同归还本利，依照企业章程分配投资人利润等。

二、旅游会计的特点

旅游企业是以旅游资源、设施为条件，为满足旅游者在物质、文化、生活上的享受，提供食、住、买、行、观光游览、娱乐等方面综合性服务的行业。旅游企业业务范围的广泛性、综合性，决定了旅游会计核算对象与其他行业相比具有复杂、多样的特点，在旅游会计核算上有如下特点：

（一）核算方法多样

旅游业中的餐饮业务是根据消费者的需要，烹制菜肴和食品，因而具有工业企业的性质。由于菜肴和食品的品种多、制作复杂、数量零星，不像工业企业那样计算产品分为总成本和单位成本，而只是计算菜肴和食品的总成本。商品售货业务则采用商品流通企业的核算方法，而纯服务性质的经营业务，如客房、娱乐等业务只发生服务费用，不核算服务成本，故采用服务业的核算方法。

（二）收款结算复杂

旅游企业中，营业点多且分散，收银员队伍庞大，有的是现款收账，有的是转账结算。销售价格种类繁多，折扣标准不一。既有人民币结算，也有外币和外币兑换业务，审核工作繁重。旅行社与各关系单位的结算业务量大，变动情况较多。饭店采购员采购粮食、肉、蛋、奶、副食、调料等结算方式多样。

（三）自制商品和外购商品分别核算

有的旅游企业既经营自制商品，又经营外购商品。为了能够考核自制商品与外购商品的经营情况和经营成果，对自制商品和外购商品分别进行核算。

（四）核算内容综合性强

旅游企业包括旅行社、饭店和旅游景点三大类企业。很多的饭店不仅有客房、餐饮、娱乐、商品销售等业务，还有旅游服务业务。多数旅游景点，既有门票、缆车、游乐等收入项目，也有客房、餐饮、商品销售、商务中心等营业项目，这使得旅游会计核算内容具有很强的综合性。

（五）业务的涉外性

由于每年都有大量的国际游客来我国观光、游览，大量的涉外业务需要进行国际结算。因此，旅游企业会计必须进行外汇收支的核算，按照《国家外汇管理条例》正确核算有关外汇收支项目，办理外汇存入、转出和结算，加强外汇管理。

三、旅游会计核算方法

与其他行业会计核算方法一样，旅游会计核算方法是指从事会计工作的一系列技术方法。它包括设置账户、复式记账、填制和审核会计凭证、登记账簿、成本计算、财产清查和编制会计报表等七种方法。

会计核算七种方法及相互关系如图 1-2 所示。

设置账户是对会计对象的具体内容进行分类，并通过账户连续记录各项经济业务，取得经济管理所必需的数据。复式记账是对每项经济业务以相等的金额，在两个或两个以上相互联系的账户中进行登记的一种专门方法。填制和审核会计凭证是指通过对原始凭证的审核，并据以填制记账凭证的方法。此方法可以提供既真实可靠又合理合法的记账依据，从而保证会计核算的质量。登记账簿是指在会计账簿上连续、系统、完整地记录和核算经营活动与经营成果的方法，登记账簿必须以凭证为依据。成本计算是指按照一定对象归集和分配与生产经营过程相关的全部费用，以确定各个对象的总成本和单位成本的一种方法。财产清查是指盘点实物，核对往来款项，以查明资金实有数的一种专门方法。编制会计报表是指定期总括反映经济活动和财务收支情况，考核计划、预算执行结果的一种专门方法。

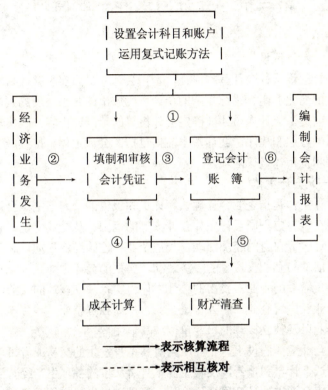

图 1-2 会计核算方法

以上会计核算的七种方法之间是相互联系的，必须有机地结合运用。在实际工作中，事先按照会计科目在账簿中设置账户，当发生经济业务时，要审核并填制会计凭证，然后按复式记账的方法登入账簿的有关账户中，根据账簿记录对经营过程中发生的费用等进行成本计算，期末通过财产清查达到账实相符，最后根据会计账簿编制会计报表。

第三节　会计假设和一般原则

一、会计假设

会计假设又称会计基本前提，是指会计人员为实现会计目标，对所面临的变化不定、错综复杂的会计环境做出的合乎情理的判断。依据这些前提，会计人员才能确定会计核算的范围、内容，收集加工会计信息的方法和程序。会计基本前提包括：会计主体、持续经营、会计分期和货币计量等四项。

（一）会计主体

会计主体是指企业会计确认、计量和报告的空间范围。会计主体的作用在于界定不同会计主体会计核算的范围。从企业来说，它要求会计核算区分自身的经济活动与其他企业单位的经济活动，区分企业的经济活动与企业投资者的经济活动。典型的会计主体是一个自主经营、自负盈亏的企业。我国的会计主体为实行独立核算的企业，包括国营企业、民营企业、中外合资企业、外商独资企业、独资或合资的私营企业以及独立核算的事业单位或其他团体。

在会计主体假设下，企业应当对其本身发生的交易或者事项进行会计确认、计量和报告，反映企业本身所从事的各项生产经营活动。明确界定会计主体是开展会计确认、计量和报告工作的重要前提。

会计主体不同于法律主体。一般来说，法律主体必然是一个会计主体。例如，一个企业作为一个法律主体，应当建立财务会计系统，独立反映其财务状况、经营成果和现金流量。但是，会计主体不一定是法律主体。例如，在企业集团的情况下，一个母公司拥有若干子公司，母子公司虽然是不同的法律主体，但是母公司对于子公司拥有控制权，为了全面反映企业集团的财务状况、经营成果和现金流量，就有必要将企业集团作为一个会计主体，编制合并财务报表。再如，由企业管理的证券投资基金、企业年金基金等，尽管不属于法律主体，但属于会计主体，应当对每项基金进行会计确认、计量和报告。

（二）持续经营

持续经营是指企业或会计主体的生产经营活动将无限期地延续下去，是针对企业清算、解散、倒闭而言的。在可以预见的未来企业持续经营的前提下，企业才能运用历史成本原则进行资产核算；才能运用某一折旧方法计提折旧；对其所负担的债务，如应付账款，才能按规定的条件偿还。在会计标准中资产计量原则大都是以持续经营假设为理论依据的。

如果一个企业在不能持续经营时还假定企业能够持续经营，并仍按持续经营的基本假设选择会计确认、计量和报告的原则与方法，就不能客观地反映企业的财务状况、经营成果和现金流量，会误导会计信息使用者的决策。

（三）会计分期

会计分期是指将企业持续不断的生产经营活动分割为一定的期间，据以结算账目、编制会计报表，从而及时地向有关方面提供反映经营成果和财务状况及其变化情况的会计信息。《企业会计准则》规定，我国企业的会计期间按年度划分，以日历年度为一个会计年度，即从每年 1 月 1 日至 12 月 31 日为一个会计年度。每一个会计年度还可具体划分为季度、月份。我国以日历年度为会计年度，是为了与财政年度相一致，便于国家财政管理。采用日历年度作为会计年度已成为惯例。西方国家会计标准不统一，有些国家采用公历年，有些企业采用营业年，仍以 12 个月为一年，但以营业最清淡之时为年末。有了会计分期，在会计处理上才能运用预收、预付、应收、应付、预提、摊销等一些特殊的会计方法。

（四）货币计量

货币计量是指企业在会计核算过程中采用货币为计量单位，记录、反映企业的经营情况。

企业的经营活动具体表现为商品的购销，以及各种原材料和劳务的耗费等实物运动。实物上不存在统一的计量单位，无法比较。在商品经济条件下，为了全面反映企业的生产经营活动，会计核算客观上就需要货币这个统一的等价物作为计量单位。《企业会计准则》规定，我国的会计核算以人民币为记账本位币，企业的生产经营活动一律通过人民币进行核算反映。货币计量是以货币价值不变、币值稳定为条件的。

在有些情况下，统一采用货币计量也有缺陷，某些影响企业财务状况和经营成果的因素，如企业经营战略、研发能力、市场竞争力等，往往难以用货币来计量，但这些信息对于使用者决策来讲也很重要，为此，企业可以在财务报告中补充披露有关非财务信息来弥补上述缺陷。

二、会计核算的一般原则

会计核算的一般原则是指为实现会计目标，在会计基本前提的基础上确定的基本规范和规则，是对会计核算和会计信息的基本要求。《企业会计准则》规定，我国会计核算的一般原则包括13项，根据其在会计核算中的作用，大体可以划分为下面四类：一是总体要求；二是会计信息质量要求；三是会计要素确认、计量方面的要求；四是会计修订性惯例的要求。如图1-3所示。

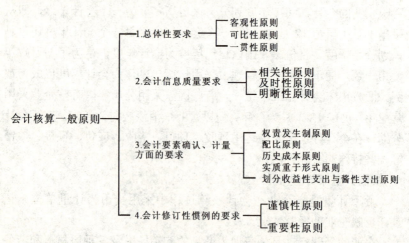

图1-3　会计核算的一般原则

（一）总体性要求

1. 客观性原则

客观性原则是指会计核算必须以实际发生的经济业务及证明经济业务发生的合法凭证为依据，如实反映财务状况和经营成果，做到内容真实、数字准确、资料可靠。

2. 可比性原则

可比性原则是指会计核算必须符合统一规定，提供相互可比的会计资料。可比性要求企业在选择会计处理方法时，应当选择使用国家统一规定的会计处理方法；在编制财务报告时应当按照国家统一规定的会计指标编报，以便不同企业的会计信息相互可比。

3. 一贯性原则

一贯性原则又称一致性原则，是指企业采用的会计程序和会计处理方法前后必须一致，要求企业在一般情况下不得随意变更会计程序和会计处理方法，一贯性原则可以制止和防止会计主体通过会计程序和会计处理方法的变更，在会计核算上弄虚作假，粉饰会计报表。一贯性原则并不否认企业在必要时，对所采用的会计程序和会计处理方法进行适当地变更。如果确实需要变更，应将变更原因、变动情况以及变动后对会计报表有关项目的影响在附注中予以说明。

（二）会计信息质量要求

1. 相关性原则

相关性原则是指会计核算信息必须符合宏观经济管理的需要，满足各有关方面了解企业财务状况和经营成果的需要，满足企业加强内部经营管理的需要。换句话说，会计的相关性原则要求企业会计在收集、加工、处理、传递会计信息的过程中，要考虑到会计报表的使用者有着不同的需要，满足企业内外有关方面对会计信息的需要。

会计信息是否有用，是否具有价值，关键是看其与使用者的决策需要是否相关，是否有助于决策或者提高决策水平。相关的会计信息应当能够有助于使用者评价企业过去的决策，证实或者修正过去的有关预测，因而具有反馈价值。相关的会计信息还应当具有预测价值，有助于使用者根椐财务报告所提供的会计信息预测企业未来的财务状况、经营成果和现金流量。例如，区分收入和利得、费用和损失、流动资产和非流动资产、流动负债和非流动负债以及适度引入公允价值等，都可以提高会计信息的预测价值，进而提升会计信息的相关性。

会计信息质量的相关性要求，需要企业在确认、计量和报告会计信息的过程中，充分考虑使用者的决策模式和信息需要。

2. 及时性原则

及时性原则是指会计核算工作要讲求时效，要求会计处理及时进行，以便会计信息的及时利用。

会计信息的价值在于帮助所有者或者其他方面作出经济决策，具有时效性。即使是可靠、相关的会计信息，如果不及时提供，就失去了时效性，对于使用者的效用就会大大降低，甚至不再具有实际意义。在会计确认、计量和报告过程中贯彻及时性，一是要求及时收集会计信息，即在经济交易或者事项发生后，及时收集整理各种原始单据或者凭证；二是要求及时处理会计信息，即按照会计准则的规定，及时对经济交易或者事项进行确认或者计量，并编制财务报告；三是要求及时传递会计信息，即按照国家规定的有关时限，及时地将编制的财务报告传递给财务报告使用者，便于其及时使用。

3. 明晰性原则

明晰性原则是指会计记录和会计信息必须清晰、简明，便于理解和利用。

企业编制财务报告、提供会计信息的目的在于使用，而要使使用者有效使用会计信息，应当能让其了解会计信息的内涵，弄懂会计信息的内容，这就要求财务报告所提供的会计信息应当清晰明了，易于理解。只有这样，才能提高会计信息的有用性，实现财务报告的目标，满足向投资者等财务报告使用者提供决策有用信息的要求。

（三）会计要素确认、计量方面的要求

1. 权责发生制原则

权责发生制原则是企业会计确认、计量和报告的基础。权责发生制要求，凡是当期已经实现的收入和已经发生或应当负担的费用，无论款项是否收付，都应当作为当期的收入和费用，计入利润表；凡是不属于当期的收入和费用，即使款项已在当期收付，也不应当作为当期的收入和费用。

在实务中，企业交易或者事项的发生时间与相关货币收支时间有时并不完全一致。例如，款项已经收到，但销售并未实现，或者款项已经支付，但并不是为本期生产经营活动而发生的。为了更加真实、公允地反映特定会计期间的财务状况和经营成果，基本准则明确规定，企业在会计确认、计量和报告中应当以权责发生制为基础。

2. 配比原则

配比原则是指营业收入和与其相对应的成本、费用应当相互配合，在同一时间内予以确认、计量。坚持配比原则，可使各会计期间的各项收入与相关的费用在同一期间内相互配合进行记录和反映，有利于正确计算和考核经营成果。

3. 历史成本原则

历史成本原则是指企业的各种资产应按其取得或购建时发生的实际成本进行核算。按历史成本的原则进行核算，有助于各项资产、负债项目的确认以及计量结果的检查与控制，也使收入与费用的配合建立在实际交易的基础上，能够促使会计核算与会计信息的真实可靠。

4. 划分收益性支出与资本性支出原则

划分收益性支出与资本性支出原则是指会计核算应当严格区分收益性支出与资本性支出的界限，以正确计算当期损益。所谓收益性支出是指该项支出的发生是为了取得本期收益，即仅仅与本期收益的取得有关。所谓资本性支出是指该项支出的发生不仅与本期收入的取得有关，而且与其他会计期间的收入有关，或者主要是为以后各会计期间的收入取得发生的支出。

5. 实质重于形式原则

实质重于形式原则要求企业按照交易或事项的经济实质进行会计核算，而不应仅仅按照它们的法律形式作为会计核算的依据。在实际工作中，交易或事项的外在法律形式并不总能完全真实地反映其实质内容；所以，会计信息要想反映其拟反映的交易或事项就必须根据交易或事项的实质和经济显示，而不能仅仅根据它们的法律形式进行核算和反映。例如，融资租赁方式租入的资产，虽然从法律形式上来讲企业并不拥有其所有权，但是由于租赁合同中规定的租赁期相当长，接近于该资产的使用寿命；租赁期结束承租企业有优先购买该资产的选择权；在租赁期内承租企业有权支配资产并从中受益。所以，从其经济实质来看，企业能够控制其创造的未来经济利益，所以会计核算上将以融资方式租入的资产视为企业的资产。

（四）会计修订性惯例的要求

1. 谨慎性原则

谨慎性原则要求会计人员对某些经济业务或会计事项存在不同的会计处理方法和程序可供选择时，在不影响合理选择的前提下，尽可能选用一种不虚增利润和夸大所有者权益的会计处理方法和程序进行会计处理，要求合理核算可能发生的损失和费用。

谨慎性原则要求体现会计核算的全过程。谨慎性原则包括会计确认、计量、报告等方面谨慎稳健的内容。从会计确认来说，要求确认标准建立在稳妥合理的基础上；从会计计量来说，要求会计计量不得高估资产、负债、所有者权益和利润的数额；从会计报告来说，要求会计报告向会计信息的使用者提供尽可能全面的会计信息，特别是应报告有关可能发生的风险损失。

2. 重要性原则

重要性原则是指在会计核算过程中对经济业务或会计事项应区别其重要程度，采用不同的会计处理方法和程序。具体地说，相对重要的会计事项，应分别放置、分项反映、力求准确，并在会计报告中作重点说明；而对那些次要的会计事项，可采用简便的会计处理方法进行处理，合并反映。

第四节　旅游会计工作组织

会计工作的组织一般包括设置会计机构，配备会计人员并按照规定的会计制度进行工作。科学地组织会计工作，有利于使会计工作同其他经营管理工作协调地、有秩序地进行；有利于保证手续制度和会计账务处理程序严密、正确地进行；也可以使会计工作有专人负责，并划清单位内部各部门的经济责任。

一、会计机构设置

会计机构是指各单位设置的直接从事会计工作的职能部门。由于会计工作同财务工作的关系密切，所以也可以合并设置一个机构办理会计和财务工作，称为财务会计机构。凡属独立核算的会计主体，一般都要单独设置会计机构，配备必需的会计人员，规模较小的独立核算单位，也要配备专职的会计人员办理会计和财务工作。

饭店财务机构组织基本构成如图1-4所示。

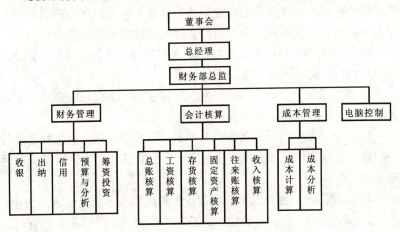

图1-4　饭店财务机构设置

企业根据自身的经营状况和规模设置自己的组织结构，大型企业把会计、成本、工资等单独设为一个部门，还有的规模小的企业把仓库归到财务部管理。

为了使会计工作有秩序地进行，在会计机构内部要建立岗位责任制，明确规定会计人员的职责、权限和工作范围。会计机构内部应当建立稽核制度。出纳人员不得兼管稽核、会计档案、费用、债权、债务的登记工作。

二、会计人员

会计人员是指从事会计工作的专职人员。它包括总会计师、财务会计处长或科长、成本会计、总账会计、资金会计、固定资产会计、存货会计、记账员、出纳员等在财务科及在各业务部门从事会计核算工作的人员。会计人员按专业技术职务划分为高级会计师、会计师、助理会计师和会计员，按职责不同可分为总会计师、会计主管、记账员、出纳员等。

（一）会计人员的职业道德

职业道德是人们在职业生活中形成和发展的具有较为稳定的习惯和心理特点。会计人员的职业道德是会计人员在工作中正确处理人与人和人与社会关系的行为规范。会计人员的职业道德应包括：

1. 敬业爱岗。会计人员应当热爱本职工作，努力钻研业务，使自己的知识和技能适应所从事的工作要求。

2. 熟悉法规。会计人员应当熟悉财经法律、法规和国家统一的会计制度，并结合会计工作进行广泛宣传。

3. 依法办事。会计人员应当按照会计法律、法规、规章规定的程序和要求进行工作，保证所提供的会计信息合法、真实、准确、及时和完整。

4. 客观公正。会计人员办理会计事务应当实事求是，客观公正。

5. 搞好服务。会计人员应当熟悉本单位的生产经营和业务管理的情况，运用掌握的会计信息和会计方法，为改善单位内部管理、提高经济效益服务。

（二）会计人员的权限

会计人员在会计工作中有以下权限：

1. 会计人员有权根据国家法律的规定进行会计核算和会计监督，对本单位有关部门和人员不遵守国家法律进行会计核算和会计监督的行为，有权予以拒绝和制止。

2. 会计人员有权参与本单位的各项经济管理活动，包括编制经济业务计划，制定定额，签订经济合同，考核分析预算、财务计划的执行情况。

3. 会计人员有权监督、检查本单位有关部门的财务收支、资金作用和财产的保管、收发、计量、检验等情况。对检查发现账簿记录与实物、款项不符的，在会计人员职权范围内，会计人员可以自己做出处理。

4. 会计人员有权维护自己的合法权益。

（三）会计人员职责

根据《会计法》和有关条例的规定，会计人员的职责是：按照国家财政制度的规定，认真编制并严格执行财务计划、预算，遵守各项收入制度、费用开支范围和标准，分清资金渠道、合理使用资金，保证完成财政上交任务；按照国家会计制度的规定，进行记账、算账、报账工作，做到手续完备、内容真实、数字准确、账目清楚、日清月结，按期作出会计报表；按照国家会计制度规定，妥善保管会计凭证、账簿、报表等档案资料，调动工作或离职时，要将保管的会计凭证、账目、款项和未了事宜移交清楚。

三、会计制度

（一）会计法

《会计法》是我国会计工作的根本大法，也是我国进行会计工作的基本依据。它在我国会计法规体系中处于最高层次，居于核心地位，是其他会计法规制定的基本依据。1985 年 1 月 21 日第六届全国人民代表大会常务委员会第九次会议通过，当日中华人民共和国主席令第 21 号公布，1985 年 5 月起施行。为适应我国社会主义市场经济发展和深化会计改革的需要，1993 年 12 月第八届全国人民代表大会常务委员会第五次会议和 1999 年 10 月第九届全国人民代表大会常务委员会第十二次会议，对《中华人民共和国会计法》进行了修订。

《会计法》全文共七章，五十二条，分为总则、会计核算、公司企业会计核算的特别规定、会计监督、会计机构、会计人员、法律责任和附则。

（二）企业会计准则

会计准则又称会计标准，它以《会计法》为指导，同时又统领会计制度，是会计核算工作的基本规范。

1992 年我国发布了第一项会计准则，即《企业会计准则》，之后又先后发布了包括关联方关系及其交易的披露、现金流量表、非货币性交易、投资、收入、或有事项、资产负债表日后事项、会计政策、会计估计变更和会计差错更正、借款费用、债务重组、固定资产、无形资产、存货、中期财务报告等在内的 16 项具体准则。

之后，为适应我国市场经济发展和经济全球化的需要，按照立足国情、国际趋同、涵盖广泛、独立实施的原则，财政部对上述准则进行了系统性的修改，并制定了一系列新的准则，于 2006 年 2 月 15 日，发布了包括《企业会计准则——基本准则》（以下简称《基本准则》）和 38 项具体准则在内的企业会计准则体系；2006 年 10 月 30 日，又发布了《企业会计准则应用指南》，从而实现了我国会计准则与国际财务报告准则的实质性趋同。

企业会计准则体系发布后，于 2007 年 1 月 1 日起首先在上市公司施行，并逐步扩大实施范围。经过各方的共同努力，新准则较好地实现了新旧转换和平稳实施，在社会上形成较好反响。

企业会计准则内容如图 1-5 所示。

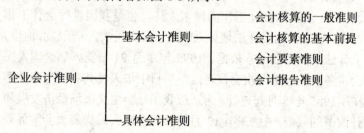

图 1-5　企业会计准则

企业会计准则分为两个层次：

第一个层次为基本会计准则。基本会计准则在整个企业会计准则体系中扮演着概念框架的角色，起着统驭作用。基本会计准则主要就会计核算的一般要求和会计核算的主要方面作出原则性的规定，为制定具体的会计准则和会计制度提供依据。会计核算的基本前提包括会计主体、持续经营、会计分期和货币计量。会计核算的一般原则是就我国会计核算的基本要求作出规定，它包括对会计核算工作总体要求、会计信息质量要求和会计要素计量的确认要求。会计要素准则主要是就资产、负债、所有者权益、收入、费用、利润等的计量、确认与报告作出规定。

第二个层次为具体会计准则。具体会计准则是在基本准则的基础上，根据基本会计准则的要求，就经济业务的会计处理及其秩序作出具体规定。在我国现行企业会计准则体系中，具体会计准则包括存货、投资性房地产、固定资产等38项准则。

（三）企业会计制度

会计制度是进行会计工作所遵循的规则、方法和程序的总称。根据《会计法》，我国会计制度由国务院财政部制定，按照统一领导、各级管理的原则进行管理。

财政部于2000年12月发布了《企业会计制度》，并于2001年1月1日开始实施。

现行企业会计制度主要包括如下几部分内容：

1. 会计核算的一般规定。

2. 会计科目。主要对会计科目的分类、编号、名称等作出统一规定，其中主要内容是对各会计科目的使用进行说明。

3. 会计报表。主要就企业向外报送的会计报表的种类、格式作出统一规定，其中还就各种会计报表的编制进行说明。

4. 附录。主要为会计各项分录举例。

（四）企业内部会计制度

各企业可以根据《企业会计准则》的要求，参照企业会计制度，结合本企业的具体情况，制定本企业的会计制度。

复习思考题

1. 什么是旅游企业会计？
2. 试述旅游会计有哪些特点？
3. 会计核算的基本前提包括哪些内容？
4. 会计核算必须遵循哪些一般原则？
5. 试述怎样组织旅游企业的会计工作？

习题

判断下列说法是否正确，若不正确，请说明理由。

1. 某母公司拥有 10 家子公司，母子公司均属于不同的法律主体，但母公司对子公司拥有控制权，为了全面反映由母子公司组成的企业集团整体的财务状况、经营成果和现金流量，就需要将企业集团作为一个会计主体，编制合并财务报表。（　　）

2. 某企业购入一条生产线，预计使用寿命为 10 年，考虑到企业将会持续经营下去，因此可以假定企业的固定资产会在持续经营的生产经营过程中长期发挥作用，并服务于生产经营过程，即不断地为企业生产产品，直至生产线使用寿命结束。为此固定资产就应当根据历史成本进行记录，并采用折旧的方法，将历史成本分摊到预计使用寿命期间所生产的相关产品成本中。（　　）

3. 某公司于 2011 年年末发现公司销量萎缩，无法实现年初确定的销售收入目标，但考虑到在 2012 年春节前后，公司销售可能会出现较大幅度的增长，公司为此提前预计库存商品销售，在 2011 年年末制作了若干存货出库凭证，并确认销售收入实现。（　　）

4. 实物计量单位是会计核算的主要计量单位。（　　）

5. 会计信息质量要求是对财务报告所提供的会计信息质量的基本要求，是会计信息质量有用性的基本特征。（　　）

第二章　旅游企业会计核算基础

【学习目的】
- 熟悉会计要素及等式
- 掌握账户结构
- 掌握旅游企业记账方法
- 了解会计循环

【基本内容】
会计要素及会计等式
- 会计要素及其确认条件
- 会计要素的计量属性
- 会计等式

科目与账户设置
- 会计科目
- 会计账户

会计记账方法
- 借贷记账法
- 应用举例

会计循环和会计核算形式
- 会计循环
- 会计形式

第一节　会计要素与会计等式

一、会计要素及其确认条件

会计要素是对会计核算对象的基本分类，是会计核算对象的具体化。会计要素作为反映会计主体财务状况和经营成果的基本单位，又是会计报表的基本构件。会计要素按其性质分为资产、负债、所有者权益、收入、费用和利润。这六大会计要素可以划分为两大类，即反映财务状况的会计要素和反映经营成果的会计要素。反映财务状况的会计要素包括资产、负债和所有者权益，反映经营成果的会计要素包括收入、费用和利润。

（一）反映财务状况的会计要素

1. 资产的定义及其确认条件

资产是指过去的交易、事项所形成并由企业拥有或控制的资源，该资源预期会给企业带来经济效益。资产具有如下基本特征：（1）资产是由于过去的交易、事项所形成的，也就是说，资产必须是现实的资产，而不能是预期的资产，是由于过去已经发生的交易或事项所产生的结果。（2）资产是企业拥有或者控制的。一般来说，一项资源要作为企业的资产予以确认，对于企业来说拥有其所有权，可以按照自己的意愿使用或处置。（3）资产预期会给企业带来经济效益，即资产是可望给企业带来现金流入的经济资源。

资产按其流动性的大小，可以分为流动资产、非流动资产。流动资产是指可以在一年（或超过一年的一个营业周期）内变现或耗用的资产。它包括货币资金、银行存款、交易性金融资产、应收及预付款项、存货、其他流动资产等。流动资产具有价值周转快、变现能力强和实物形态不断变化的特点。非流动资产是指流动资产以外的资产，主要包括持有至到期投资、长期应收款、长期股权投资、投资性房地产、固定资产、在建工程、无形资产、长期待摊费用、可供出售金融资产等。长期股权投资是指通过投资取得被投资单位的股份。企业对其他单位的股权投资，通常为长期持有，以及通过股权投资达到控制被投资单位，或对被投资单位施加重大影响，或为了与被投资单位建立密切关系，以分散经营风险。固定资产是指使用寿命超过一个会计年度，同时单位价值在规定标准以上并在使用过程中基本保持原来物质形态的劳动资料，一般包括房屋建筑物、机器设备、运输设备、工具器具等。固定资产多次参加生产过程而不改变其实物形态，价值随着使用逐渐地转移，并通过提取折旧的方式逐渐取得补偿。无形资产是指企业拥有或控制的没有实物形态的可辨认非货币性资产，包括专利权、商标权、非专利技术、土地使用权和商誉。无形资产不易变现，流动性相对较弱，带来的经济效益具有较高的不确定性。长期待摊费用是指不能全部计入当年损益，应在以后年度内分期摊销的各项费用，主要包括开办费、租入固定资产的改良支出和大修理支出。

将一项资源确认为资产，需要符合资产的定义，还应同时满足以下两个条件：

（1）与该资源有关的经济利益很可能流入企业。从资产的定义可以看出，能否带来经济利益是资产的一个本质特征，但在现实生活中，由于经济环境瞬息万变，实际上与资源有关的经济利益能否流入企业或者能够流入多少带有不确定性。因此，资产的确认还应与经济利益流入的不确定性程度的判断结合起来，如果根据编制财务报表时所取得的证据，与资源有关的经济利益很可能流入企业，那么就应当将其作为资产予以确认；反之，不能确认为资产。例如，某企业赊销一批商品给某一客户，从而形成了对该客户的应收账款，由于企业最终收到款项与销售实现之间有时间差，而且收款又在未来期间，因此带有一定的不确定性，如果企业在销售时判断未来很可能收到款项或者能够确定收到款项，企业就应当将该应收账款确认为一项资产；如果企业判断在通常情况下很可能部分或者全部无法收回，表明该部分或者全部应收账款已经不符合资产的确认条件，应当计提坏账准备，减少资产的价值。

（2）该资源的成本或者价值能够可靠地计量。财务会计系统是一个确认、计量和报告的系统，其中计量起着枢纽作用，可计量性是所有会计要素确认的重要前提，资产的确认也是如此。只有当有关资源的成本或者价值能够可靠地计量时，资产才能予以确认。在实务中，企业取得的许多资产都是发生了实际成本的，例如，企业购买或者生产的存货，企业购置的厂房或者设备等，对于这些资产，只要实际发生的购买成本或者生产成本能够可靠计量，就视为符合了资产确认的可计量条件。在某些情况下，企业取得的资产没有发生实际成本或者发生的实际成本很小，例如，企业持有的某些衍生金融工具形成的资产，对于这些资产，尽管它们没有实际成本或者发生的实际成本很小，但是如果其公允价值能够可靠计量的话，也被认为符合了资产可计量性的确认条件。

2. 负债的定义及其确认条件

负债是指过去的交易、事项形成的现时义务，履行该义务预期会导致经济利益流出企业。负债具有如下基本特征：（1）负债是企业的现时义务。负债作为企业承担的一种义务，是由企业过去的交易或事项形成的、现已承担的义务。未来发生的交易或者事项形成的义务，不属于现时义务，不应当确认为负债。这里所指的义务可以是法定义务，也可以是推定义务。其中法定义务是指具有约束力的合同或者法律法规规定的义务，通常在法律意义上需要强制执行。例如，企业购买原材料形成应付账款，企业向银行贷入款项形成借款，企业按照税法规定应当交纳的税款等，均属于企业承担的法定义务，需要依法予以偿还。推定义务是指根据企业多年来的习惯做法、公开的承诺或者公开宣布的政策而导致企业将承担的责任，这些责任也使有关各方形成了企业将履行义务的合理预期。例如，某企业多年来制定的一项销售政策，对于售出商品提供一定期限内的售后保修服务，预期将为售出商品提供的保修服务就属于推定义务，应当将其确认为一项负债。（2）负债的清偿预期会导致经济利益流出企业。无论负债以何种形式出现，作为一种现时义务，最终的履行预期均会导致经济利益流出企业。（3）负债是由企业过去的交易或者事项形成的。换句话说，只有过去的交易或者事项才形成负债，企业未来发生的承诺、签订的合同等交易或者事项，不形成负债。

将一项现时义务确认为负债，需要符合负债的定义，还需要同时满足以下两个条件：

1. 与该义务有关的经济利益很可能流出企业

从负债的定义可以看出，预期会导致经济利益流出企业是负债的一个本质特征。在实务中，履行义务所需流出的经济利益带有不确定性，尤其是与推定义务相关的经济利益通常需要依赖于大量的估计。因此，负债的确认应当与经济利益流出的不确定性程度的判断结合起来，如果有确凿证据表明，与现时义务有关的经济利益很可能流出企业，就应当将其作为负债予以确认；反之，如果企业承担了现时义务，但是会导致企业经济利益流出的可能性很小，就不符合负债的确认条件，不应将其作为负债予以确认。

2. 未来流出的经济利益的金额能够可靠地计量

负债的确认在考虑经济利益流出企业的同时，对于未来流出的经济利益的金额应当能够可靠计量。对于与法定义务有关的经济利益流出金额，通常可以根据合同或者法律规定的金额予以确定，考虑到经济利益流出的金额通常在未来期间，有时未来期间较长，有关金额的计量需要考虑货币时间价值等因素的影响。对于与推定义务有关的经济利益流出金额，企业应当根据履行相关义务所需支出的最佳估计数进行估计，并综合考虑有关货币时间价值、风险等因素的影响。

3. 所有者权益的定义及其确认条件

所有者权益是指所有者在企业资产中享有的经济利益，其金额为资产减去负债后的余额。所有者权益表明企业的产权关系，即企业归谁所有。所有者权益与负债有着本质的不同。负债是对内和对外所承担的经济责任，企业负有偿还的义务，而所有者权益在一般情况下企业不需要归还投资者。

所有者权益按其构成，可分为实收资本（或股本）、资本公积、盈余公积和未分配利润。实收资本是指投资者投入企业生产经营活动的资金，是企业所有者权益构成的主体。按投资者不同，主要有国家资本、企业法人资本、个人资本、外商资本等。资本公积是企业在筹集资本和生产经营活动中形成的一种资本储备，是一种"准资本"。资本公积的来源主要有资本溢价、股票溢价、法定财产重估增值、接受捐赠等。资本公积可以按法定程序转增资本。盈余公积是按规定从税后利润中提取的公积金，包括法定盈余公积金和任意盈余公积金，主要用于弥补亏损，按法定程序转增资本和用于职工集体福利。未分配利润是指企业尚未指定用途、尚未分配的利润。

所有者权益体现的是所有者在企业中的剩余权益，因此，所有者权益的确认主要依赖于其他会计要素，尤其是资产和负债的确认；所有者权益金额的确定也主要取决于资产和负债的计量。例如，企业接受投资者投入的资产，在该资产符合企业资产确认条件时，就相应地符合了所有者权益的确认条件；当该资产的价值能够可靠计量时，所有者权益的金额也就可以确定。

（二）反映经营成果的会计要素

1. 收入的定义及其确认条件

收入是指企业在日常活动中形成的，会导致所有者权益增加、与所有者投入资本无关的经济利益的总流入。收入不包括为第三方或者客户代收的款项。这种总流入表现为资产的增加或负债的清偿。收入不包括处置固定资产净收益、出售无形资产所得等。

收入有广义和狭义之分。广义的收入是指会计期间内企业经济利益的增长。一方面，凡是收入必然会导致企业经济利益的增加，具体表现为企业所有者权益增加。广义的收入概念不仅包括营业收入，还包括投资收益和营业外收入。狭义的收入概念仅指营业收入。为区别起见，人们习惯上将广义的收入概念称作收益，而将营业收入直接简称为收入。在我国的会计实务中，一般是以狭义的概念来理解的。

营业收入是企业在销售商品或提供劳务等经营业务中实现的收入。它是通过其经常性的主要经济活动，生产并交付了产品，或完成了劳务作业而获得的收入。一般表现为新资产的取得，有时也表现为负债的偿还，或两者兼而有之。营业收入包括主营业务收入和其他业务收入。

收入是企业持续经营的基本条件。企业要持续经营下去，必须在销售商品或者提供劳务等经营业务中取得收入，以便能补偿经营活动中的耗费，重新购买商品、支付工资和费用，从而保证生产经营活动不间断进行。收入是企业获得利润、实现盈利的前提条件。企业只有取得收入，并补偿在生产经营活动中已消耗的各种支出，才有可能形成利润。

收入的确认至少应当符合以下条件：一是与收入相关的经济利益应当很可能流入企业；二是经济利益流入企业的结果会导致资产的增加或者负债的减少；三是经济利益的流入额能够可靠计量。

2. 费用的定义及其确认条件

费用是指企业在日常活动中发生的、会导致所有者权益减少的、与所有者分配利润无关的经济利益的总流出。费用是经营成果的扣除要素。费用不包括处置固定资产净损失、自然灾害损失、投资损失等。

与收入概念相对应，费用概念也有广义和狭义之分。广义的费用是指会计期间内企业经济利益的减少，与收入会导致企业经济利益增加相反，凡是费用必然会使企业经济利益减少。费用的发生往往导致资产减少或负债增加，从而引起所有者权益减少。同时费用的概念也只能限定在一定的会计期内。费用的实质是已损耗的资产，即便暂时地表现为负债的增加，最终此项负债也应由资产来偿还。一个企业之所以购置资产，是为了获得该项资产所提供的未来经济利益。在利用资产获取收入的过程中，资产得以消耗，并转化为费用。所以费用实际上是一种资产的转化形态，是为获取收入而花费的代价。广义的费用包括围绕经营所发生的耗费、投资损失和营业外支出（即损失）。损失只是一种对收益的纯扣减。狭义的费用仅指从事本企业的生产经营所发生的耗费。

经营费用按其经济内容，可分为营业成本和期间费用。营业成本是指与营业收入相关的，已确定了归属期和归属对象的各种费用。期间费用是指不能直接归属于特定对象的各种费用。期间费用包括销售费用、管理费用、财务费用。

费用的确认至少应当符合以下条件：一是与费用相关的经济利益应当很可能流出企业；二是经济利益流出企业的结果会导致资产的减少或者负债的增加；三是经济利益的流出额能够可靠计量。

3. 利润的定义及其确认条件

利润是企业在一定期间的经营成果，它是收入与费用相抵后的差额，利润是反映企业经营成果的最终要素。因此，利润往往是评价企业管理层业绩的一项重要指标，也是投资者等财务报告使用者进行决策的重要参考。

利润是收入与费用相抵后的差额，如前所说，广义的收入与费用相抵后的差额即为企业的利润总额，狭义的收入（即营业收入）与费用（即经营费用）相抵后的差额即为企业的营业利润，利润总额包括营业利润、营业外收支净额两部分。营业利润是指企业正常生产经营活动所产生的利润，是企业生产经营活动的主要经营成果。它是营业收入减去营业相关成本费用、资产减值损失加公允价值变动收益及投资收益后的余额，是企业利润总额的主要组成部分。其中，投资收益是指对外投资收益减投资损失后的余额。营业外收支净额是指营业外收入减去营业外支出的余额。利润总额扣除所得税费用后的余额便是企业的净利润。

利润反映的是收入减去费用、利得减去损失后的净额，因此，利润的确认主要依赖于收入和费用以及利得和损失的确认，其金额的确定也主要取决于收入、费用、利得和损失的金额的计量。

二、会计要素的计量属性

会计计量是为了将符合确认条件的会计要素登记入账并列报于财务报表而确定其金额的过程。企业应当按照规定的会计计量属性进行计量，确定相关金额。计量属性是指所计量的某一要素的特性方面，如桌子的长度、铁矿的重量、楼房的高度等。从会计角度来看，计量属性反映的是会计要素金额的确定基础，主要包括历史成本、重置成本、可变现净值、现值和公允价值等。

1. 历史成本

历史成本又称实际成本，是指取得或制造某项财产物资时所实际支付的现金或者其他等价物。在历史成本计量下，资产按照其购置时支付的现金或者现金等价物的金额，或者按照购置资产时所付出的对价的公允价值计量。负债按照其因承担现时义务而实际收到的款项或者资产的金额，或者承担现时义务的合同金额，或者按照日常活动中为偿还负债预期需要支付的现金或者现金等价物的金额计量。

2. 重置成本

重置成本又称现行成本，是指按照当前市场条件，重新取得同样一项资产所需支付的现金或现金等价物金额。在重置成本计量下，资产按照现在购买相同或者相似资产所需支付的现金或者现金等价物的金额计量。负债按照现在偿付该项债务所需支付的现金或者现金等价物的金额计量。

3. 可变现净值

可变现净值是指在正常生产经营过程中，以预计售价减去进一步加工的成本和销售所必需的预计税金、费用后的净值。在可变现净值计量下，资产按照其正常对外销售所能收到现金或者现金等价物的金额扣减该资产至完工时估计将要发生的成本、估计的销售费用以及相关税金后的金额计量。

4. 现值

现值是指对未来现金流量以恰当的折现率进行折现后的价值，是考虑货币时间价值等因素的一种计量属性。在现值计量下，资产按照预计从其持续使用和最终处置中所产生的未来净现金流入量的折现金额计量。负债按照预计期限内需要偿还的未来净现金流出量的折现金额计量。

5. 公允价值

公允价值是指在公平交易中，熟悉情况的交易双方自愿进行资产交换或者债务清偿的金额。在公允价值计量下，资产和负债按照在公平交易中，熟悉情况的交易双方自愿进行资产交换或者债务清偿的金额计量。

企业在对会计要素进行计量时，一般应当采用历史成本。采用重置成本、可变现净值、现值、公允价值计量的，应当保证所确定的会计要素金额能够取得并可靠计量。

在企业会计准则体系建设中适度、谨慎地引入公允价值这一计量属性，是因为随着我国资本市场的发展，股权分置改革的基本完成，越来越多的股票、债券、基金等金融产品在交易所挂牌上市，使得这类金融资产的交易已经形成了较为活跃的市场，因此，我国已经具备了引入公允价值的条件。在这种情况下，引入公允价值，更能反映企业的现实情况，对投资者等财务报告使用者的决策更加有用，而且也只有如此，才能实现我国会计准则与国际财务报告准则的趋同。

三、会计等式

会计等式是指表明各会计要素之间基本关系的恒等式，会计等式也称为会计平衡公式，它是设计构建会计报表的基本依据和复式记账的理论基础。

（一）资产＝负债＋所有者权益

任何一个会计主体，为了进行生产经营活动，都需要拥有一定数量的经济资源，这些经济资源在会计上总称为"资产"，资产是从资金占用角度说明资金的分布、使用状态。另一方面，资产最初进入企业总有其提供者，他们对企业的资产拥有要求权，这种要求权统称为"权益"，即企业资产要么来源于债权人，形成企业的负债；要么来源于投资者的资本投资，对于企业来说形成所有者权益。资产表明企业拥有什么经济资源和拥有多少经济资源；权益则表明谁为企业提供了这些经济资源，谁对这些经济资源拥有要求权。因此在资产和负债、所有者权益之间形成了相互依存的关系。一方面，资产必有其归属者，要么属于债仅人，要么属于投资者，没有无权益的资产，有多少数额的资产，必然有多少数额的权益与之相对应，没有无权益的资产；另一方面，权益总是具体体现在企业的资产上，表现为一定数额的资产，资产与权益实际上是同一事物的两个方面，来源必然等于占用，资产的价值量必然等于负债与所有者权益的总和。

经济业务的发生，只表现为在数量上影响企业资产与负债或所有者权益的同时增减变化，并不能也不会破坏这一基本的恒等关系。所以上述会计平衡公式也称为会计恒等式。

这一等式还是会计复式记账、会计核算和会计报表的基础。正是在这一会计等式基础上，才能运用复式记账，记录某一会计主体资金运动的来龙去脉，反映会计主体的资产、负债和所有者权益情况，才能通过编制资产负债表提供企业财务状况的信息。

（二）收入－费用＝利润

企业的经营目标就是从生产经营活动中获取收入，实现盈利。企业在取得收入的同时，也必然要发生相应的费用。企业通过收入与费用的比较，才能计算确定一定期间的盈利水平，确定当期的利润总额。

这一等式表明了经营成果与相应期间的收入和费用的关系。

（三）资产＝负债＋期初所有者权益＋利润

由于企业是所有者投资的，企业实现的利润也只能属于所有者，企业的亏损则由所有者承担。将上述"收入－费用＝利润"等式代入"资产＝负债＋所有者权益"则可得出如下等式：

资产＝负债＋（期初所有者权益＋利润）

　　　＝负债＋（期初所有者权益＋收入－费用）

这一等式表明，会计主体的财务状况与经营成果之间相互联系，反映了六大要素之间的关系。财务状况表现企业一定日期资产的来源与占用情况，反映的是一定日期的存量。企业的经营成果则表现企业一定期间净资产增加（或减少）情况，反映一定期间的资产的增量（或减量）。企业的经营成果最终要影响到企业的财务状况，企业实现利润，将使企业资产增加或负债减少；企业亏损，将使企业资产减少或负债增加。利润期末进行分配，一部分要退出企业生产经营，进入消费领域，表现为企业资产流出或负债增加，另一部分重新并入所有者权益，经过分配后，又实现了新的基础上的平衡，即：资产等于负债与所有者权益之和。

第二节　旅游企业会计科目和账户设置

一、会计科目的概念及分类

1. 会计科目的概念

为了全面、系统、分类地反映和监督旅游企业各项经济业务的发生情况以及由此而引起的资产、权益的增减变动，需要对各会计要素进行分类，即设置会计科目。所以会计科目是对会计要素的具体内容进行分类核算的项目。

在我国，无论是旅游企业还是其他行业的会计科目，均由中华人民共和国财政部统一制定。每一个会计科目都明确规定核算要求和核算方法，企业在使用时，不能任意更变。在不影响会计核算要求和报表指标汇总以及对外提供统一的财务报告的前提下，可以根据实际情况自行增设、减少或合并某些会计科目。

2. 会计科目的分类

（1）会计科目按反映的经济内容分类

会计科目按其反映的经济内容可分为四大类，即资产、负债、所有者权益、损益。

资产类科目：主要是分类反映企业的资产情况，按资产流动性大小，资产类会计科目又可分为流动资产科目、非流动资产科目。

负债类科目：根据负债的偿还期限长短，划分为流动负债和非流动负债两大类，每类又包括若干个会计科目。

所有者权益类科目：主要是分类反映企业所有者权益情况，包括有实收资本、资本公积、盈余公积、本年利润和利润分配。

损益类科目：根据经营损益形成内容来划分，可分为营业收入与营业成本、费用、营业外收支、投资收益等几类，每一类下设相应的会计科目。

旅游企业会计科目表如表 2-1 所示。

表 2-1 旅游企业会计科目表

顺序号	编号	名 称	顺序号	编号	名 称
		（一）资产类	38	2211	应付职工薪酬
1	1001	库存现金	39	2221	应交税费
2	1002	银行存款	40	2231	应付利息
3	1012	其他货币资金	41	2232	应付股利
4	1101	交易性金融资产	42	2241	其他应付款
5	1121	应收票据	43	2401	递延收益
6	1122	应收账款	44	2501	长期借款
7	1123	预付账款	45	2502	应付债券
8	1131	应收股利	46	2701	长期应付款
9	1132	应收利息	47	2702	未确认融资费用
10	1221	其他应收款	48	2711	专项应付款
11	1231	坏账准备	49	2801	预计负债
12	1401	材料采购	50	2901	递延所得税负债
13	1403	原材料			**（三）所有者权益表**
14	1404	材料成本差异	51	4001	实收资本（或股本）
15	1405	库存商品	52	4002	资本公积
16	1406	发出商品	53	4101	盈余公积
17	1407	商品进销差价	54	4102	一般风险准备
18	1411	周转材料	55	4103	本年利润
19	1471	存货跌价准备	56	4104	利润分配
20	1511	长期股权投资	57	4201	库存股
21	1512	长期股权投资减值准备			**（四）损益类**
22	1601	固定资产	58	6001	主营业务收入
23	1602	累计折旧	59	6051	其他业务收入
24	1603	固定资产减值准备	60	6101	公允价值变动损益
25	1604	在建工程	61	6111	投资收益
26	1606	固定资产清理	62	6301	营业外收入
27	1701	无形资产	63	6401	主营业务成本
28	1702	累计摊销	64	6402	其他业务成本
29	1703	无形资产减值准备	65	6403	营业税金及附加
30	1711	商誉	66	6601	销售费用
31	1801	长期待摊费用	67	6602	管理费用
32	1901	递延所得税资产	68	6603	财务费用
33	1901	待处理资产损溢	69	6711	营业外支出
		（二）负债类	70	6801	所得税费用
34	2001	短期借款	71	6901	以前年度损益调整
35	2201	应付票据			
36	2202	应付账款			
37	2203	预收账款			

（2）会计科目按提供指标详细程度分类

会计科目按其提供指标详细程度可以分为总分类科目和明细分类科目。

总分类科目是对会计要素的具体内容进行总括分类的会计科目，是进行总分类核算的依据。为了满足会计信息使用者对信息质量的要求，总账科目是由财政部《企业会计准则——应用指南》统一规定的。

明细分类科目是在总账科目的基础上，对总账科目所反映的经济内容作进一步分类的会计科目，以提供更详细、更具体的会计信息的科目。如在"原材料"科目下，按材料类别开设"原料及主要材料"、"辅助材料"、"燃料"等二级科目。明细科目的设置，除了要符合财政部统一规定外，一般根据经营管理需要，由企业自行设置。对于明细科目较多的科目，可以在总账科目和明细科目设置二级或多级科目。如在"原料及主要材料"下，再根据材料规格、型号等开设三级明细科目。

当然，不是所有总分类科目都设置明细分类科目，根据会计信息使用者所需不同信息的详细程度，有些只需设一级总账科目，有些只需要设一级总账科目和二级明细科目，不需要设置三级科目等。例如"库存现金"、"银行存款"等科目只有一级总账科目。

上述会计科目只是对会计要素进行的具体分类项目，由于经济业务十分繁杂，为了系统、连续地把各种经济业务发生情况和由此而引起的各个项目的变化进行记录、计算和汇总，还必须根据规定的会计科目在账簿中开设账户。

二、账户

1. 账户的概念

账户是根据会计科目开设的，具有一定格式的，连续、系统、全面地反映各科目的增减变动及其结果的一种核算工具。账户与会计科目有着密切的联系，会计科目是设置账户的依据，是账户的名称；账户是会计科目的具体运用，核算会计科目的增减变动情况。但二者毕竟是不同的概念，会计科目只是会计要素的具体分类项目，本身没有什么结构，而账户则有相应的结构，具体反映会计科目的增减变动情况，账户比会计科目内容更为丰富。

因此，要反映企业的资金运动，必须根据会计科目开设相应的账户。一般应根据会计科目按经济内容的分类确定的一级科目开设总分类账户，提供总括分类的核算资料。根据总分类会计科目划分的子目、细目开设明细分类账户，提供详细、具体的核算资料。

2. 账户的结构

作为会计核算的对象，账户结构是随着经济业务的发生在数量上进行增减变化，并相应产生变化结果。因此，用来分类记录经济业务的账户必须确定账户的基本结构：增加的数额记在哪里，减少的数额记在哪里，增减变动后的结果记在哪里。

采用不同的记账方法，账户的结构是不同的，即使采用同一记账方法，不同性质的账户结构也是不同的。但是，不管采用何种记账方法，也不论是何种性质的账户，其基本结构总是相同的。具体归纳如下：

（1）任何账户一般可以划分为左右两方。每一方再根据实际需要分成若干栏次，用来分类登记经济业务及其会计要素的增加与减少，以及增减变动的结果。账户的格式设计一般应包括以下内容：①账户的名称，即会计科目；②日期和摘要，即经济业务发生的时间和内容；③凭证号数，即账户记录的来源和依据；④增加和减少的金额；⑤余额。

（2）账户的左右两方是按相反方向来记录增加额和减少额。也就是说，如果规定在左方记录增加额，就应该在右方记录减少额；反之，如果在右方记录增加额，就应该在左方记录减少额。在具体账户的左、右两个方向中究竟哪一方记录增加额，哪一方记录减少额，取决于账户所记录的经济内容和所采用的记账方法。

（3）账户的余额一般与记录的增加额在同一方向。

（4）账户所记录的主要内容应满足这样一个恒等关系：

本期期末余额=期初余额+本期增加额－本期减少额

本期增加额和减少额是指在一定会计期间内（月、季或年），账户在左右两方分别登记的增加金额合计数和减少金额的合计数，又可以将其称为本期增加发生额和本期减少发生额。本期增加发生额和本期减少发生额相抵后的差额，就是本期期末余额。如果将本期的期末余额转入下一期，就是下一期的期初余额。

3. 账户的关系

在账户中所记的金额可以分为期初余额、本期增加额、本期减少额和期末余额。本期增加额是指一定时期内账户中所登记的增加金额的合计，又称本期增加发生额；本期减少额是指一定时期内账户所登记的减少金额的合计，也称本期减少发生额；本期增加额和本期减少额相抵后的差额，即为本期的期末余额；本期的期末余额结转下期，即为下期的期初余额。本期增加额和本期减少额属动态指标，反映有关会计要素的增减变动；期初余额、期末余额属静态指标，反映会计要素具体内容增减变动的结果。它们之间的关系可用下列等式表示：

期末余额＝期初余额＋本期增加额－本期减少额

关于各账户的具体结构以及账户分类，将结合借贷记账法加以介绍。

第三节　旅游企业的记账方法

记账方法就是根据一定的原理，运用一定的记账符号、记账规则，采用一定的计量单位，利用文字和数字记录经济业务活动的一种专门方法。科学的记账方法，可以正确、系统、完整地反映经济业务活动情况，提供准确的会计核算资料，对加强经营管理、提高经济效益、全面完成会计工作任务有着重要意义。

一、复式记账法的概念

为了对会计对象进行核算和监督，首先应当对会计对象进行分类，设置会计科目并开设账户，分门别类地进行反映。但账户仅仅是记录经济业务的工具，要在账户中记录经济业务，还必须借助于一定的记账方法。所谓记账方法就是根据一定的原理，运用一定的记账符号、记账规则，采用一定的计量单位，利用文字和数字记录经济业务活动的一种专门方法。记账方法按形式和内容可分为单式记账法和复式记账法。

单式记账法是指对发生的每一项经济业务一般只在一个账户中进行登记，有时虽在两个或两个以上账户中进行登记，但各账户之间无直接联系。单式记账法不能完整、全面地反映经济活动过程，不能反映经济业务的来龙去脉，由于账户间缺乏直接的联系，不便于检查账户记录的正确性。

复式记账法是指对发生的每一项经济业务都要以相等的余额，在相互联系的两个或两个以上账户中进行登记的方法。与单式记账法相比，复式记账法可以完整、系统地反映经济活动的过程和成果，全面、清晰地反映出经济业务的来龙去脉，便于核对账户记录，进行试算平衡，以检查账户记录的正确性。

由于复式记账法具有以上优点，因而被世界各国广泛采用，我国也不例外。复式记账法又可分为借贷复式记账法、增减复式记账法和收付复式记账法。各种记账方法都有各自的记账符号、账户结构、记账规则和试算平衡方法。借贷记账法是一种公认的比较科学、完整的复式记账法，是世界范围内普遍采用的一种复式记账方法。《企业会计准则》中也规定，会计记账采用借贷记账法。

二、借贷记账法

1. 借贷记账法的理论基础

借贷记账法的对象是会计要素的增减变动过程及其结果。这个过程及结果可用公式表示：资产＝负债＋所有者权益。这一恒等式揭示了三个方面的内容：

第一，会计主体各要素之间的数字平衡关系。有一定数量的资产，就必然有相应数量的权益（负债和所有者权益）与之相对应，任何经济业务所引起的要素增减变动，都不会影响这个等式的平衡。如果把等式的"左"、"右"两方，用"借"、"贷"两方来表示的话，就是说每一次记账的借方和贷方是平衡的；一定时期账户的借方、贷方的金额是平衡的；所有账户的借方、贷方余额的合计数是平衡的。

第二，各会计要素增减变化的相互联系。从上一章可以看出，任何经济业务（四类经济业务）都会引起两个或两个以上相关会计项目发生金额变动，因此当经济业务发生后，在一个账户中记录的同时必然要有另一个或几个账户的记录与之对应。

第三，等式有关因素之间是对立统一的。资产在等式的左边，当想移到等式右边时，就要以"－"表示，负债和所有者权益也具有同样情况。也就是说，当我们用左边（借方）表示资产类项目增加时，就要用右边（贷方）来记录资产类项目减少。与之相反，当我们用右方（贷方）记录负债和所有者权益增加额时，我们就需要通过左方（借方）来记录负债和所有者权益的减少额。

这三个方面的内容贯穿了借贷记账法的始终。会计等式对记账方法的要求决定了借贷记账法的账户结构、记账规则、试算平衡的基本理论，因此会计恒等式是借贷记账法的理论基础。

2. 借贷记账法的记账符号

借贷记账法是以借贷作为记账符号的一种复式记账法。在借贷记账法下，所有账户都分为借方和贷方两方。

3. 借贷记账法的账户结构

账户的基本结构一般应包括下列内容：

（1）账户的名称（即会计科目）。

（2）日期和摘要。记录经济业务的日期和概括说明经济业务的内容。

（3）增加和减少的金额。

（4）凭证号数。说明账户记录依据。

（5）期初、期末余额。

账户的一般结构分为左右两方，在借贷记账法下，一般把左方作为借方，右方作为贷方，一般账户格式如表 2-2 所示。

表 2—2

年		凭证号数	摘要	借方	贷方	借或贷	余额
月	日						

为便于说明，可用简化的账户格式表示，如表 2-3 所示。

表 2-3

借方 　　　　账户名称　　　　 贷方

至于增加额（或减少额）记在借方还是贷方，则取决于所记录的经济业务内容和账户性质，不同性质的账户，其结构是完全不同的。

账户按经济内容可划分为四类，即资产类、负债类、所有者权益类和损益类。在借贷记账法下，各类账户的基本结构分述如下。

（1）资产类账户

对于资产类账户，资产的增加额登记在借方，资产减少额登记在贷方，期初余额、期末余额一般在借方。也就是说，对于资产类账户，借方表示资产增加，贷方表示资产减少。资产类账户结构如表 2-4 所示。

表 2-4

借方 　　　　资产类账户　　　　 贷方

期初余额
本期增加额　　　　　　　本期减少额

本期借方发生额合计　　　本期贷方发生额合计
期末余额

（2）负债类与所有者权益类账户

对于负债和所有者权益类账户，结构正好与资产类账户相反。负债和所有者权益的增加额登记在贷方，负债和所有者权益的减少额登记在借方，期初余额、期末余额一般在贷方。也就是说，对于负债和所有者权益类账户，贷方表示负债和所有者权益的增加，借方表示负债和所有者权益减少。负债和所有者权益类账户的结构如表 2-5 所示。

表 2-5

借方	负债类账户	贷方
	期初余额	
本期减少额	本期增加额
本期借方发生额合计	本期贷方发生额合计
	期末余额

（3）损益类账户

损益类账户按结构可分为两类，即收入类和费用损失类。收入类账户的结构与负债和所有者权益类账户相似，本期增加发生额登记在贷方，本期转出额和减少额登记在借方，与负债和所有者权益类账户不同的是收入类账户结转后一般没有余额。也就是说，对于收入项目，贷方表示收入的增加，借方表示收入的减少和转出。收入类账户的结构如表 2-6 所示。

表 2-6

借方	收入类账户	贷方
本期减少额	本期增加额
本期转出额	
本期借方发生额合计	本期贷方发生额合

综上所述，从借贷记账法账户的结构可以看出：

在借贷记账法下，所有账户分为借方和贷方，至于哪一方记录增加额，哪一方记录减少额，则由各该账户所核算的经济内容和账户性质决定。为便于了解分类账户借方和贷方所反映的经济内容，以表 2-7 列示。

表 2-7

账户的性质	账户的借方		账户的贷方	
资产账户	资产的增加	（＋）	资产的减少	（－）
负债账户	负债的减少	（－）	负债的增加	（＋）
所有者权益账户	所有者权益减少	（－）	所有者权益增加	（＋）
费用账户	费用增加	（＋）	费用减少	（－）
收入类账户	收入减少	（－）	收入增加	（＋）

一般地，可以根据账户余额的方向来判断其性质，借方余额的账户一般为资产账户，贷方余额的账户一般为负债和所有者权益账户，但个别账户也有例外。

4. 借贷记账法的记账规则

借贷记账法的记账规则，概括地说就是"有借必有贷，借贷必相等"。根据复式记账原理，对每项经济业务都要以相等的金额同时在两个或两个以上相互联系的账户中进行登记，即对每项经济业务都以相等的金额，一方面记入一个或几个有关账户的借方，另一方面记入另外一个或几个有关账户的贷方，记入借方账户和记入贷方账户的数额相等。

根据借贷记账法的记账规则登记每项经济业务时，账户之间就形成了应借应贷的相互关系，账户之间发生的应借应贷的相互关系称为账户的对应关系，发生对应关系的账户称为对应账户。通过账户的对应关系，可以了解经济业务的内容。

5. 借贷记账法的试算平衡

运用借贷记账法在记账过程中可能发生这样或那样的错误，因此，任何一种记账方法还必须建立科学、简便的，用于检查和验证账户记录正确与否的方法，以便找出错误的原因，及时予以更正。这种检查和验证账户记录正确性的方法，在会计上称为试算平衡。

借贷记账法的试算平衡有账户余额平衡法和账户发生额平衡法两种。

账户余额试算平衡法是依据会计基本平衡公式：资产＝负债＋所有者权益，资产账户的期末余额一般在借方，负债及所有者权益账户的期末余额一般在贷方。由于在某一时点上，资产＝负债＋所有者权益，所以资产账户借方期末余额合计应等于负债及所有者权益账户期末贷方余额之和，即：

全部账户期末借方余额合计＝全部账户期末贷方余额合计

发生额试算平衡法，依据借贷记账法的记账规则，即"有借必有贷，借贷必相等"来检查验证账户记录是否正确。根据借贷记账法的记账规则，对发生的每一项经济业务，一方面在有关账户的借方进行登记，同时在另一个或几个相关账户的贷方进行登记，记入借方的金额和记入贷方的金额相等。这样，在一定时期内，全部经济业务登记入账后，记入所有账户借方的金额合计与记入所有账户贷方金额的合计，必然是相等的，即：

全部账户本期借方发生额合计＝全部账户本期贷方发生额合计

账户余额和发生额的试算平衡通常是在月末结算出各账户本期发生额和期末余额之后，通过试算平衡表来进行的。试算平衡表可以分别编制"总分类账户余额试算平衡表"和"总分类账户本期发生额试算平衡表"，也可以将这两张表合并编制一张"总分类账户本期发生额和余额试算平衡表"。上述各表是直接根据总分类账户期初、期末余额和本期借方、贷方发生额编制的。"总分类账户余额试算表"和"总分类账户发生额试算表"的格式，可参见表2-8、表2-9所示。

表 2-8　总分类账户余额试算平衡表

年　月　日　　　　　　　　　　　　单位：元

资产项目	期末余额	负债及所有者权益项目	期末余额
合　　计		合　　计	

表 2-9　总分类账户本期发生额试算平衡表

年　月　日　　　　　　　　　　　　单位：元

会计科目	借方发生额	贷方发生额
合　　计		

三、借贷记账法的应用

1. 会计分录的概念

会计分录是对发生的每项经济业务指明应借应贷的账户名称及金额的记录。会计分录包括三个基本要素，即会计科目、记账方向和金额。会计分录按其所反映的经济业务的复杂程度，可以分为简单会计分录和复合会计分录两种。简单分录是指一项经济业务只涉及两个项目，只同时在两个账户中进行登记，即一借一贷的会计分录。复合分录是指一项经济业务涉及三个及三个以上项目的增减变化，需要同时在三个或三个以上账户中进行登记，复合会计分录又有一借多贷、一贷多借和多借多贷几种。

2. 会计分录的编制

对发生的每一项经济业务，在编制会计分录时，首先应分析涉及哪些项目的变动，再看这些项目是增加还是减少，再根据账户的性质来判定应登记在账户借方还是账户贷方。下面举例说明会计分录的编制及账户登记。

某企业 2011 年 5 月发生下列经济业务：

（1）收到 A 投资者投入资本金 20 万元存入银行。

　　这项经济业务，涉及银行存款和实收资本两个项目，在这笔业务中，银行存款增加 20 万元，同时实收资本也增加 20 万元。由于银行存款属于资产项目，增加额应记入"银行存款"账户的借方，实收资本属于所有者权益项目，增加应记入"实收资本"账户贷方，因此这笔业务编制会计分录如下：

　　借：银行存款　　　　　　　　　　　　　　200 000
　　　　贷：实收资本　　　　　　　　　　　　　200 000

（2）企业购入原材料 8 000 元，货款暂欠。

　　这项经济业务涉及原材料和应付账款两个项目的增减变动。一方面引起资产项目原材料增加，应记入"原材料"账户的借方，另一方面又引起负债项目应付账款增加，应记入"应付账款"账户的贷方，编制会计分录如下：

　　借：原材料　　　　　　　　　　　　　　　8 000
　　　　贷：应付账款　　　　　　　　　　　　　8 000

（3）从银行提取现金 4 000 元。

　　这项经济业务涉及现金和银行存款两个项目的增减变动，一方面引起资产项目现金增加，应记入"库存现金"账户借方，另一方面又引起资产项目银行存款减少，应记入"银行存款"账户的贷方，编制会计分录如下：

　　借：库存现金　　　　　　　　　　　　　　4 000
　　　　贷：银行存款　　　　　　　　　　　　　4 000

（4）企业以银行存款 150 000 元偿还银行短期借款。

　　这项经济业务涉及银行存款和短期借款两个项目的增减变动。一方面引起负债项目短期借款减少，应记入"短期借款"账户的借方，另一方面引起银行存款项目的减少，应记入"银行存款"账户的贷方，此笔业务应编制的会计分录如下：

　　借：短期借款　　　　　　　　　　　　　150 000
　　　　贷：银行存款　　　　　　　　　　　　150 000

　　该企业 2011 年 5 月 1 日各账户余额如表 2-10 所示。

表 2-10

资产类	金额	负债及所有者权益类	金额
库存现金	800	短期借款	150 000
银行存款	220 000	应付账款	36 000
原材料	25 000	实收资本	300 000
固定资产	180 000		
库存商品	60 200		
总　计	486 000	总　计	486 000

3. 过账

将已编制的会计分录登记过入各个账户，如表 2-11 所示。

表 2-11

借方	库存现金	贷方	借方	银行存款	贷方
期初余额 800			期初余额 220 000		
			①200 000	③4 000	
③4 000				④150 000	
本期发生额 4 000			本期发生额 200 000	本期发生额 154 000	
期末余额 4 800			期末余额 266 000		

借方	原材料	贷方	借方	库存商品	贷方
期初余额 25 000			期初余额 60 200		
②8 000					
本期发生额 8 000					
期末余额 33 000			期末余额 60 200		

借方	固定资产	贷方	借方	实收资本	贷方
期初余额 180 000					期初余额 300 000
					①200 000
					本期发生额 200 000
期末余额 180 000					期末余额 500 000

借方	短期借款	贷方	借方	应付账款	贷方
		期初余额 150 000			期初余额 36 000
④150 000					②8 000
本期发生额 150 000					本期发生额 8 000
		期末余额 0			期末余额 44 000

4. 编制试算平衡表

根据借贷记账法的记账规则，把全部的经济业务编成会计分录并过入各账户后，结出本期发生额和期末余额，在此基础上编制总分类账户试算平衡表，进行试算平衡，以检查验证其账户记录是否正确，该企业 2011 年 5 月 31 日总分类账户试算平衡表如表 2-12 所示。

表 2-12　总分类账户试算平衡表

2011 年 5 月 31 日　　　　　　　　　　　　　　　　单位：元

会计科目	期初余额		本期发生额		期末余额	
	借方	贷方	借方	贷方	借方	贷方
库存现金	800		4 000		4 800	
银行存款	220 000		200 000	154 000	266 000	
原材料	25 000		8 000		33 000	
库存商品	60 200				60 200	

会计科目	期初余额		本期发生额		期末余额	
	借方	贷方	借方	贷方	借方	贷方
固定资产	180 000				180 000	
短期借款		150 000	150 000			
应付账款		36 000		8 000		44 000
实收资本		300 000		200 000		500 000
合　　计	486 000	486 000	362 000	362 000	544 000	544 000

第四节　旅游企业会计循环

一、旅游企业会计循环的含义

会计循环是指旅游企业在一个会计期间内，对经济业务从发生时起，直到编成会计年报表为止，全面、连续地进行会计处理的程序和步骤。一个完整的会计程序，必须经过若干阶段，按部就班完成各个步骤。由于经济业务是不断地重复发生，这些步骤也就依次反复，周而复始，故称为会计循环。

在会计实务中，会计循环一般包括以下具体步骤：

1. 分析经济业务。根据经济事项发生时取得的原始凭证，分析经济业务内容，并对其进行审核，经过分析给予确认和计量。

2. 编制会计分录。根据审核无误的原始凭证，按照确认和计量的结果，依据复式记账原理，在记账凭证或日记账上做出会计分录。

3. 过账。一方面根据记账凭证登记总分类账，另一方面根据记账凭证登记明细分类账。

4. 编制调整前试算表。期末，为了检查日常记账是否正确，应根据总分类账户余额编制调整前试算表，验证借贷双方是否平衡。

5. 期末事项调整。根据权责发生制原则在记账凭证或日记账中作有关应计和待摊等事项的调整分录，并过入相应总分类账户，以调整这些账户的余额。

6. 作结账分录并过账。会计年度结束，一般要求编制结账分录并过账，以结转损益类账户，计算本年利润，并结转本年利润账户和利润分配的有关明细账户。

7. 编制调整结账后试算表。根据调整结账后总分类账户的余额再验证借贷双方是否平衡，在确认平衡，即整个过程全部准确无误时，才可以进行下一个步骤的工作。

8. 编制会计报表。在会计期末，会计人员应根据上述一系列过程得到的资料数据，编制会计报表。

会计循环图，如图 2-1 所示。

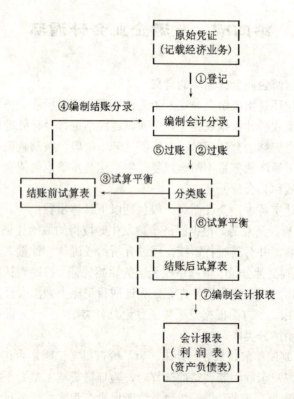

图 2-1　会计循环图

二、会计凭证

（一）会计凭证的意义

会计凭证是指记录经济业务，明确经济责任的书面证明文件，也是登记账簿的依据。设置和审核会计凭证，是会计工作的起点。在实际工作中，有关人员在办理任何一项经济业务时，都必须取得或填制具有证明效力的合法的会计凭证，以详细说明该项经济业务的发生或完成情况，并在凭证上签名或盖章，以明确经济责任。填制或取得会计凭证后，要由有关人员进行审核，经审核无误后方可作为记账依据。

填制和审核会计凭证，对于如实反映经济业务，有效监督经济业务的合理性和合法性，保证会计资料的真实性，发挥会计凭证在经济管理中的作用具有重要意义。

1. 通过会计凭证的填制与审核，可以及时地反映经济业务的发生和完成情况，为日常记账提供依据。为各单位积累完整的经济档案，便于日后的检查、分析。各单位日常发生的各项经济业务，不论是货币资金的收付还是财产物资的进出，都要填制和取得会计凭证，并在严格审核的基础上通过分类与汇总，作为登记账簿的依据。同时，会计凭证也是分析经济活动和会计检查的重要原始依据。

2. 通过会计凭证的填制和审核，可以加强企业经济管理中的责任制。各单位所发生的经济业务，都是由有关部门和人员协同完成的，通过会计凭证的填制与审核，可使各经办部门和人员互相监督，互相牵制。由于会计凭证载明了经济业务的内容、发生的时间和经办人员的签章，因此，可以明确各经办单位和经办人员的责任。

3. 通过会计凭证的填制和审核，可以更有力地发挥会计的监督职能。由于会计凭证是记录经济业务内容的书面证明，通过对会计凭证的审核，可以检查所发生的经济业务是否符合国家的法律、制度规定，有无贪污浪费等损害公有财产的行为发生，有无违反财经纪律的现象；可以及时发现和纠正管理中存在的问题，改善经营管理，提高经济效益。

（二）会计凭证的种类

会计凭证按其填制程序和用途可分为原始凭证和记账凭证。

1. 原始凭证

原始凭证是在经济业务发生时取得或填制的，用来记录经济业务的发生或完成情况的原始证明文件，任何经济业务发生都必须填制和取得原始凭证，它是会计核算的原始依据。

原始凭证种类繁多，格式多样。按其来源可分为自制原始凭证和外来原始凭证。

自制原始凭证是指由本单位内部经办业务的部门或个人在办理某项经济业务时自行填制的会计凭证。如材料验收入库时填制的"收料单"、领用材料时填制的"领料单"以及"商品入库单"、"商品出库单"等都属于自制原始凭证。外来原始凭证是在经济业务发生时从本单位外部取得的原始凭证。如企业购买材料和其他货物时，从供货单位取得的发货票，托运商品时，从运输单位取得的"货运单"以及付款时取得的"收据"等，都是外来原始凭证。

原始凭证按反映经济业务的数量和持续时间不同，可以分为一次凭证和累计凭证。

一次凭证是指只反映一项经济业务，或者反映若干项同类性质的经济业务，一次填制完成的凭证。外来凭证全部都是一次凭证，自制凭证中大部分也属于一次凭证。

累计凭证是指在一定时期内连续反映若干项同类性质的经济业务并分多次填制完成的凭证。如"限额领料单"就是典型的自制累计凭证。在限额领料单中，规定某种材料在一定时期（一般为一个月）内的领用限额，每次领料时在限额领料单上登记，并随时结出累计领用量。到月末时，结出该种材料实际领用量和金额，经有关人员签章后送交财务部门，作为会计核算的依据。

2. 记账凭证

记账凭证是会计人员根据审核后的原始凭证填制的，用来确定经济业务应借应贷的账户名称和金额的会计凭证，它是登记账簿的直接依据。

由于原始凭证来自不同的单位，种类繁多、数量庞杂、格式不一，为便于登记账簿，需要按会计核算的要求对原始凭证加以归类，进行加工，编制成便于账簿登记的记账凭证。记账凭证按其记录的经济业务是否与现金和银行存款有关，可以分为收款凭证、付款凭证和转账凭证。

收款凭证是用来记录现金和银行存款等货币资金收款业务的凭证，它是根据现金和银行存款收款业务的原始凭证填制的，是登记日记账和分类账的依据,收款凭证还是出纳收款的依据。其格式如表2-13所示。

表 2-13 收款凭证

应借科目： 　　年 月 日 　　　　编号：

摘 要	应贷科目		记 账	金 额
	一级科目	二级或明细科目		
附件 张	合 计			

会计主管　　记账　　出纳　　复核　　制单

付款凭证是用来记录货币资金付款业务的会计凭证，它是根据现金和银行存款付款业务的原始凭证填制的，是登记日记账和有关分类账的依据，同时付款凭证还是出纳人员付款的依据。付款凭证的格式如表2-14所示。

表 2-14　　付款凭证

应贷科目：　　　　　　年　月　日　　　　　　　　　编号：

摘　要	应借科目		记　账	金　额
	一级科目	二级或明细科目		
附件　张	合　计			

会计主管　　　记账　　　　出纳　　　　复核　　　　制单

　　转账凭证是用来记录与现金和银行存款等货币资金收付业务无关的转账业务的凭证。它是根据有关转账业务的原始凭证登记的，是登记总账和有关明细账的依据。转账凭证的格式如表 2-15 所示。

表 2-15　转账凭证

年　月　日　　　　　　　　　编号：

摘　要	应借科目		记　账	金　额
	一级科目	二级或明细科目		
附件　张	合　计			

会计主管　　　记账　　　　出纳　　　　复核　　　　制单

（三）原始凭证的填制和审核

1. 原始凭证的填制

由于经济业务多种多样，原始凭证来源不同，格式不一，但是无论哪一种原始凭证都必须具备以下基本要素：

（1）原始凭证的名称；

（2）原始凭证的日期和编号；

（3）接受凭证的单位或个人的名称；

（4）原始凭证的具体内容、数量和金额；

（5）填制单位名称、公章和有关人员的签章。

为了在原始凭证上正确地记录经济业务，在填制原始凭证时，必须做到：

内容真实，数字可靠。原始凭证上记载的经济业务必须与经济业务的实际情况完全相符，不得弄虚作假。对于实物数量和金额的计算，必须准确无误，不得匡算。

内容完整，手续齐备。凭证上要求填列的项目必须足项填列齐全，不得遗漏。经办业务人员和有关部门的负责人必须在凭证上签名或盖章，对凭证的真实性和正确性负责。从外单位取得的原始凭证加盖单位公章。

书写工整、规范。凭证上的数字和文字必须填写清楚，有关财产物资和货币收付的凭证，其数字除用阿拉伯数字填写外，还要用汉字正楷大写，而且大写与小写的余额必须相符。如果填写时发生错误，应按照规定的更正方法进行更正，不得任意涂抹或刮擦、挖补。有关现金和银行存款的收付凭证，如果填写错误，则应将写错的凭证作废，重新填写。

一式几联的原始凭证，应按各联注明的用途使用，只能以一联作为入账报销联。一式几联的发票和收据，必须用双面复写纸套写，并连续编号。作废时，应加盖"作废"戳记，连同存根一起保存，不得撕毁。

2. 原始凭证的审核

为保证会计核算资料的真实性和合法性，会计部门对取得的一切原始凭证都必须经过严格认真的审核。只有经过审核准确无误的原始凭证才能作为编制记账凭证和登记账簿的依据。可见审核原始凭证是会计监督的一个重要环节。

原始凭证的审核一般主要从以下两个方面进行：

（1）审核原始凭证中所记载的经济业务合法性和真实性。即根据有关政策、法令、制度等审核经济业务是否合理、合法，是否符合有关规定，有无弄虚作假、违法乱纪、贪污舞弊等行为；审核经济活动的内容是否符合规定的审批权限和手续；审核业务费用是否符合规定的开支标准，并注意原始凭证有无伪造、涂改、虚报、冒领等情况，并注意有关人员签名签章是否真实合法。

（2）审核原始凭证填制的合规性、正确性和完整性。即审核原始凭证的填制是否符合规定的要求，如项目是否填列齐全，数字计算是否正确，大小写金额是否相符，有无涂改，数字和文字书写是否清晰，有关签名、盖章是否齐全等。

《会计法》规定："会计机构，会计人员对不真实、不合法的原始凭证，不予受理；对记载不准确、不完整的原始凭证，予以退回，要求更正、补充。"同时，《会计法》第十九条又规定，"会计机构、会计人员认为是违法的收支，应当制止和纠正；制止和纠正无效的，应当向单位领导人提出书面意见，要求处理，单位领导人应当在接到书面意见之日起十日内作出书面决定，并对决定承担责任。"

总之，审核原始凭证是会计机构、会计人员结合日常业务工作进行会计监督的基本形式。它可以保证会计核算的质量，防止发生贪污、舞弊等违法乱纪行为。

（四）记账凭证的填制与审核

1. 记账凭证的填制

记账凭证的主要作用是对原始凭证进行分类整理，按照复式记账的要求，运用会计科目编制会计分录，并据以登记账簿。因此，记账凭证必须具备以下基本内容：

（1）记账凭证的名称；

（2）填制凭证的日期和凭证的编号；

（3）会计科目、借贷方向和金额；

（4）经济业务的内容摘要；

（5）所附原始凭证的张数；

（6）填制、审核、会计主管等有关人员的签名或签章，此外收款和付款凭证还需要有出纳人员的签章。

记账凭证是进行会计处理的直接依据，记账凭证的填制除了必须严格遵守原始凭证的填制规则外，还应注意以下几个方面：

准确填写会计分录。必须按照会计制度统一规定的会计科目填写，不得任意简化或改动，同时注明记账方向，以便于记账。

摘要栏应简明概括经济业务的内容，既要防止简而不明，又要防止过于繁琐。记账凭证应附有原始凭证，并注明张数。除期末转账和更正错误的记账凭证可以没有原始凭证外，其他记账凭证都必须附有原始凭证，如一张或两张以上的记账凭证依据同一原始凭证，则应在未附原始凭证的记账凭证上注明"原始凭证×张，附在第××号凭证之后"。

对于只涉及现金和银行存款的业务，一般只编付款凭证，不再编收款凭证，以避免重复。

记账凭证上必须有填制人员、审核人员、记账人员和会计主管签章。对收款凭证和付款凭证必须先审核，后办理收、付业务。出纳人员应在有关凭证上签章，以明确经济责任。对已办妥收款或付款的凭证和所附的原始凭证，出纳人员要当即加盖"收讫"或"付讫"戳记，以免重收、重付。

2. 记账凭证的审核

记账凭证是根据审核无误的原始凭证填制的，是登记账簿的依据。为了保证账簿登记的准确性，记账前必须对已编制的记账凭证由专人负责进行认真严格的审核。审核的内容主要有以下几个方面：

（1）审核记账凭证是否附有原始凭证，是否同所附原始凭证内容相符，金额是否一致。

（2）审核记账凭证中应借、应贷的会计科目是否正确，应借应贷的金额是否一致，账户核算的内容是否符合会计制度的规定。

（3）审核记账凭证的摘要栏是否填列清楚，有无繁琐或不明确的地方。

（4）审核记账凭证的完整性、合规性。审核记账凭证应填写的项目是否填列齐全，有关人员的签名或签章是否齐全。

在审核中如发现记账凭证有记录不全或错误时，应重新填制或按规定办理更正手续。只有经过审核无误的记账凭证，才能据以登记账簿。

三、会计账簿

（一）账簿的意义

账簿是由若干具有专门格式并以一定形式联结在一起的账页组成的，以会计凭证为依据对企业经济业务进行全面、系统、连续、分类地记录和核算的簿籍。

各单位通过会计凭证的填制和审核，可将每日发生的经济业务记录和反映在会计凭证上，但由于会计凭证数量多，资料分散，不能综合反映企业的财务状况和经营成果，且查阅起来非常不方便，因此需要在记账凭证的基础上，进一步进行加工、分类、整理，以提供全面、系统和连续的会计资料。这一任务是通过设置和登记账簿完成的。

通过账簿记录，既能按照经济业务发生的时间反映业务的发生情况，又能按照经济业务的类别反映各类业务的发生情况，提供分类核算资料，既可提供总括的核算资料，又可提供明细核算资料。

设置和登记账簿，在会计核算上有着重要的作用，它可以为企业经营管理提供全面、系统的核算资料，可以为计算财务成果、编制会计报表提供依据，还可以利用账簿的核算资料为财务分析和会计检查提供依据。

（二）账簿的种类

企业在日常核算工作中对于账簿的设置，应根据企业规模的大小、业务的繁简和会计核算的需要而定，既要有严密性和完整性，又要便于全面反映生产经营状况和分析、检查。会计账簿可按用途和外表形式进行分类。

1. 账簿按用途分类

账簿按其用途可分为三大类：序时账簿、分类账簿和备查账簿。

（1）序时账簿又称日记账，是按经济业务发生和完成的时间先后顺序进行登记的账簿。日记账又分为两种，一种是普通日记账，即把发生的所有经济业务，全部按照时间的先后顺序进行登记。由于普通日记账不能反映经济业务的分类情况，并且登记普通日记账要花费大量的时间和精力，查阅也不方便，因此只在早期时使用，以后逐渐被另外一种日记账，即特种日记账所代替。特种日记账是选择一部分业务，一般是发生频繁、需要经常查核、比较重要的经济业务，按照时间顺序逐笔登记的日记账。例如对现金收付业务设置现金日记账，对银行存款收付业务设置银行存款日记账，用以加强对货币资金的监督和控制。

（2）分类账簿，即按照账户对经济业务进行分类核算和监督的账簿。按概括程度的不同，分为总分类账簿和明细分类账簿。

总分类账簿也称总账，是根据一级会计科目，分类连续记录经济业务总括情况的账簿，它反映的会计指标是全面的、总括的。明细分类账也称明细账，是根据一级科目所属的明细科目分类连续地反映某一类经济业务详细情况的账簿，它所提供的会计指标是具体的、详细的。总分类账和明细分类账所提供的会计指标是编制会计报表的基本依据。

（3）备查账簿，也称为辅助账簿，是指对日记账和分类账未能记载或记载不全的会计事项进行补充登记的账簿，它可以对某些经济业务的内容提供必要的参考资料。如"租入固定资产登记簿"、"代销商品登记簿"、"代管商品及物资登记簿"等都属于备查账簿。备查账簿没有固定格式，各企业可以根据具体情况和实际需要进行设置。

2. 账簿按外表形式分类

账簿按其外表形式，可以分为订本式账簿、活页式账簿和卡片式账簿。

（1）订本式账簿，是指在启用前进行顺序编号并固定装订成册的账簿。订本账一般用于现金日记账、银行存款日记账和总分类账。这种账簿的优点是可以防止账页散失和非法抽换；缺点是账页固定，不便于分工记账，也不能根据需要增减账页。

（2）活页式账簿，是指可以随时取放，并由装在账夹中的账页所组成的账簿。这种账簿的优点是可以根据需要增添或重新排列账页，并且可以同时分工记账；缺点是账页容易丢失和被抽换。采用活页账，平时按账页顺序编号，并在会计期末装订成册。装订完毕后，应按实际账页数顺序编号，并加目录。明细账多采用活页式账簿。

（3）卡片式账簿，是指由许多分散的印有一定格式的卡片装在卡片箱（盒）内保管的账簿。可以随取随放，它实质上也是一种活页式账簿。卡片式账簿具有一般活页账的优缺点，另外它不需每年更换，可以跨年度使用。"固定资产明细账"、"低值易耗品明细账"一般采用这种形式。

（三）账簿登记的方法

1. 现金日记账和银行存款日记账的登记

现金日记账是用以序时逐笔登记库存现金收、付、存情况的账簿。它由出纳人员根据审核后的收、付款凭证，逐日逐笔顺序登记。现金日记账一般采用三栏式。登记时，应填明日期、凭证号数、摘要、对方科目、收入金额和付出金额。为了清晰地反映现金收付业务的账户对应关系，在"摘要栏"后应设"对方科目"栏。通过对方科目登记可以看出现金的来路去向，检查收、付业务是否合理、合法，是否符合有关规定。每日收付款项登记完毕，应分别计算现金收入和现金付出的合计数及结存数，并将账面结存数和库存现金实存数核对，以保证账款相符。现金日记账的一般格式及登记方法如表 2-16 所示。

表 2-16　现金日记账

第　　页

年		凭证号码		对方科目	摘要	收入	付出	结余
月	日	现收	现付					

银行存款日记账是用以序时逐笔登记银行存款收、付、存情况的账簿。它是由出纳人员根据审核无误的收、付款凭证逐日逐笔顺序登记，其格式、登记方法与现金日记账相同，这里不再重复。银行存款日记账应定期与银行送来的对账单进行核对，以检查和监督款项的收付情况。银行存款日记账的格式与现金日记账的格式基本相同。

2. 分类账的登记方法

（1）总分类账的登记

总分类账是按照一级会计科目开设的，分类记录全部经济业务的账簿。由于总分类账能够全面、总括地反映企业的资产、负债、所有者权益、收入、费用和损益情况，每个单位都必须设置一本总分类账。总分类账应采用订本式账簿，其账页格式一般采用借、贷、余三栏式。登记总账的依据和方法取决于所采用的会计核算程序。总分类账可以直接根据各种记账凭证逐笔进行登记，也可以定期将各种记账凭证汇总，编制出科目汇总表，再据此进行登记。

总分类账的账页格式如表 2-17 所示。

表 2-17　总分类账

会计科目　　　　　　　　　　　　　　　　　　　　　　　　第　　页

年		凭证号码	对方科目	摘要	借方	贷方	借或贷	余额
月	日							

（2）明细分类账的登记方法

明细分类账是按照明细分类科目分设账页，分类连续反映经济业务的账簿。明细分类账一般采用活页式账簿，也有的采用卡片式账簿，如固定资产明细账等。明细分类账的账页格式主要有三栏式、数量金额式、多栏式三种。

①三栏式明细分类账，账页内只设有借方、贷方和余额三个金额栏，不设数量栏。这种格式适用于只需要进行金额核算的应收账款、应付账款等账户的明细核算。三栏式明细账页的格式同总分类账的格式基本相同。

②数量金额式明细账，账页内分设收入、付出、结存的数量栏、单价栏和金额栏，这种格式明细账用于既要进行金额明细核算，又要进行数量明细核算的财产物资项目，如原材料、库存商品、产成品等账户的明细核算。它能提供各种财产物资收入、发出、结存等的数量和金额资料，便于开展业务和加强管理。数量金额式明细账的格式如表 2-18 所示。

表 2-18　明细分类账

（数量金额式账页）

会计科目　　　　　　　　　　　　　　　　　　　　　　　　　　　　第　　页

年		凭证号码	摘要	收　入			发　出			结　存		
月	日			数量	单价	金额	数量	单价	金额	数量	单价	金额

③多栏式明细账，在一张账页上按明细科目分设若干专栏，集中反映有关明细项目的核算资料。如管理费用明细账，它在借方栏下可分设若干专栏，如工资和福利费、折旧费、修理费、办公费等。多栏式明细账多用于费用、成本、收入等项目的明细核算。管理费用明细账的格式如表 2-19 所示。

表 2-19　管理费用明细账

明细科目　　　　　　　　　　　　　　　　　　　　　　　　　　　　第　　页

年		凭证号码	摘要	借　　方					贷方	金额
月	日			工资和福利费	折旧费	修理费	办公费	水电费		

各种明细分类账的登记方法，应根据会计所记录的经济业务内容、业务量的大小和经营管理上的要求而定。一般说来，应根据原始凭证、原始凭证汇总表或记账凭证逐笔进行登记，也可以逐日或定期汇总登记。

（3）总账与明细账的关系与平行登记

总分类账和明细分类账是相互联系、相互制约的。首先，总账与明细账反映经济业务的范围不同。总账是为所有总分类科目开设的，反映全部经济内容；而明细账是为某一明细科目开设的，反映某类经济业务。其次，二者提供指标的详细程度不同。总分类账提供总括核算资料，明细账提供具体详细的核算资料；总分类账统驭其所属的明细账，而明细账对总账起着补充说明的作用。为了使总账与明细账有机地结合起来，总分类账与明细账应该进行平行登记。总账与明细账的平行登记可以概括为以下四点，即：

①同依据登记。对发生的每项经济业务，要根据会计凭证，一方面在有关的总账中进行总括登记，另一方面要在有关的明细分类账中进行明细登记。

②同时期登记。对发生的经济业务一方面登记总账，另一方面在有关明细账中登记，两者应该在同一时期进行。

③同方向登记。登记总分类账户及其所属的明细分类账户时，借贷记账方向必须一致。

④同金额登记。登记总分类账户及其所属的明细分类账户时，记入总分类账户的金额必须与记入其所属的一个或几个明细分类账户的金额合计数相等。

（四）账簿的登记规则

会计账簿是企业重要的会计档案，为了保证记录工作的严肃性和合法性，防止舞弊行为，明确记账责任，会计人员在启用新账时，应在账簿的扉页上填制"账簿启用表"和"经营账簿人员一览表"，详细填明企业名称、账簿名称、账簿编号、账簿页数和启用日期等。并填列会计主管人员、记账人员姓名，加盖公章，由会计主管人员和记账人员签章。如记账人员更换时，应在会计主管监督下办理交接手续，并由移交人和接管人双方都签章，以明确责任。

登记账簿是会计核算的一项重要的工作，为了保证记账准确、及时、清晰和规范，会计人员应遵守下列规则：

1. 必须根据经过审核无误的记账凭证登记账簿。

2. 登记账簿必须要用蓝（黑）色墨水钢笔或规定使用的圆珠笔书写，不得使用铅笔或不合规定的圆珠笔登账，红色墨水只能在结账、画线、改错和冲账时使用。

3. 登记账簿时，应将记账凭证的日期、凭证种类和编号、摘要和金额逐项记入账内，并在凭证上作出"√"符号，表示已登记入账，以避免重记、漏记。

4. 各种账簿必须按事先编定的页码，逐页逐行连续地登记，不得隔页、跳行，如不慎发生隔页、跳行，应在空页或空行处用红笔画对角线注销，并注明"作废"字样，同时由经手人盖章。对各种账簿的账页不得任意抽换和撕毁，以防舞弊。

5. 登记账簿必须按记账凭证上的分录所指的借、贷方向登记，凡需要结出余额的账簿，在结出余额后，应在"借或贷"栏内写明"借"或"贷"字样，没有余额的账户，应在该栏内写"平"字，同时在余额栏内写"0"。

6. 每登记一张账页时，应在账页的最后一行加计本页发生额及余额，并在摘要栏内注明"过次页"字样，同时在下一页的首行登记上页加计的发生额及余额，并在摘要栏内注明"承前页"字样。

7. 账簿记录发生错误时，不得刮、擦、挖、补，不得随意涂改，应根据错误情况，采用适当的方法进行更正。

（五）结账、对账

1. 对账

对账就是核对账簿记录，其目的是保证账簿记录的正确性和完整性。由于种种原因，会计人员不可避免地会发生记账、过账、计算等各种差错，为了保证账簿记录的正确性，为编制会计报表提供真实可靠的数据资料，在结账前，会计人员还必须做好对账工作，以做到账证相符。为此，对账的内容应包括以下三个方面：

（1）账证核对，将账簿记录与会计凭证核对，这是保证账账相符、账实相符的基础。

（2）账账核对，是指各种账簿之间有关数字的相互核对，主要有：总分类账中，全部账户的借方余额合计数应同贷方余额合计数核对相符；总分类账中"现金"、"银行存款"账户的余额应同现金、银行存款日记账中的余额核对相符；总分类账中，各账户的期末余额与其所属明细分类账期末余额合计核对相符；会计部门有关财产物资明细账期末余额应与财产物资保管部门的明细分类账的期末余额核对相符。

（3）账实核对，是指将各种财产物资的账面余额与实存数额进行核对，做到账实相符。主要包括：现金日记账的账面结存数应每天与库存现金的实存数核对；银行存款日记账的收入、付出和结存数，应定期与开户银行送来的对账单核对相符；各种债权、债务明细账账面余额应定期与有关债务、债权单位的账面余额核对相符；各种财产物资账的账面余额应定期与实存数额核对相符。

上述账实核对工作一般是经过财产清查来进行的。

2. 结账

结账就是计算并结转各种账簿的本期发生额和期末余额。结账工作主要包括以下内容：

（1）查明本期所发生的经济业务是否已经全部填制取得会计凭证，登记入账，不能为赶编报表而提前结账，也不能先编会计报表后结账。

（2）按照会计制度和成本计算要求，结转各费用、收入类账户，以计算和确定企业最终的财务成果，并结转本年利润和利润分配账户。

（3）在全部业务登记入账的基础上，结出各种账簿的本期发生额和期末余额，并按规定在账簿上作出结账标记。

月度结账时，在各账户最后一笔账目下，结出账户的本期发生额和期末余额，并在摘要栏内注明"本月发生额及余额"或"本月合计"字样，并在数字的上下端各画一条通栏红线。年度结账时，在12月的月结下面，结出年度发生额及余额，并在摘要栏内注明"年度发生额及余额"或"本年合计"字样，并在数字下端画双红线，表示"封账"。

新年度开始时，应根据上年度各账户余额过入新账簿各账户第一行，并在摘要栏内注明"上年结转"字样。

以上我们初步介绍了设置和运用会计科目、复式记账、填制和审核凭证、设置和登记账簿几种主要的会计核算方法，其他几种方法如财产清查、编制会计报表等将在后面结合旅游企业具体会计业务来加以介绍。

四、记账程序

记账程序，是指从填制、审核、整理、汇总各种记账凭证，到登记日记账、明细账和总分类账等各种账簿的账务处理程序。建立合理的记账程序，对于正确地组织会计工作，提高核算工作的效率，具有重要意义。合理的记账程序，应与企业规模的大小和业务的繁简等实际情况相适应，应能正确地、及时地提供全面、系统的核算资料，并力求简化核算手续。

目前，旅游企业常用的记账程序，有科目汇总表记账程序和记账凭证记账程序两种。它们的根本区别在于，登记总账的依据和程序不同。

1. 科目汇总表记账程序

科目汇总表记账程序的特点是先定期将全部记账凭证汇总编制科目汇总表，然后据以登记总分类账。其核算步骤如下：

（1）根据原始凭证或原始凭证汇总表填制记账凭证；

（2）根据收款凭证和付款凭证逐笔登记现金日记账、银行存款日记账；

（3）根据记账凭证和原始凭证登记各明细分类账；

（4）根据记账凭证编制科目汇总表；

（5）根据科目汇总表登记总分类账；

（6）月终，现金日记账、银行存款日记账的余额与总账有关账户余额核对，各明细分类账户余额合计与总账有关账户余额核对；

（7）核对无误的情况下，根据总分类账和明细分类账编制会计报表。

科目汇总表记账程序如图 2-2 所示。

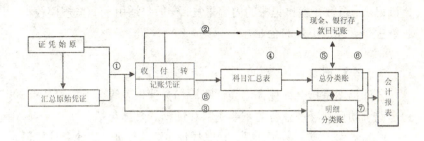

图 2-2　科目汇总表记账程序示意图

科目汇总表的一般格式如表 2-20 所示。

表 2-20　科目汇总表

200×年 3 月 1 日至 15 日　　　　　　　　　　　　第　　号

会计科目	总张数	本期发生额		记账凭证起止号数
		借方	贷方	
合　计				

这种会计核算形式的优点是可以简化总账的登记工作，还可以定期通过科目汇总表进行试算平衡，便于及时发现问题。但科目汇总表反映不出账户的对应关系，不便于了解经济业务的内容，也不便于查对账目。科目汇总表适用于规模较大、业务量较多的企业。

2. 记账凭证记账程序

记账凭证记账程序的特点，是直接根据记账凭证逐笔登记总分类账。这种记账程序的优点在于记账过程比较简单明白，账簿关系清楚，账户对应关系明确，易于理解，总分类账的记录内容详细，便于看账、用账、查账；但其缺点是登记总分类账的工作量较大，总分类账与现金日记账、银行存款日记账的内容重复，一般只适用于一些规模较小、业务量少、凭证不多的企业。

五、会计档案

会计档案是指会计凭证、会计账簿和会计报表等会计核算资料，它是记录和反映经济业务的重要史料和证据。具体包括：

1. 会计凭证类：原始凭证、记账凭证、汇总凭证、其他会计凭证。

2. 会计账簿类：总账、明细账、日记账、固定资产卡片、辅助账簿、其他会计账簿。

3. 财务报告类：月度、季度、年度财务报告，包括会计报表、附表、附注及文字说明，其他财务报告。

4. 其他类：银行存款余额调节表、银行对账单、其他应当保存的会计核算资料、会计档案移交清册、会计档案保管清册、会计档案销毁清册。

因此，会计档案是各单位重要的档案之一，也是国家档案的重要组成部分。各单位必须建立和健全会计档案的立卷、归档、保管、调阅和销毁等管理制度。

（一）会计档案的管理

各单位每年形成的会计档案，都应由财会部门按照归档的要求整理立卷并装订成册。当年会计档案，在会计年度终了以后，可暂由财会部门保管一年，期满以后，原则上应由财务部门编造清册移交本单位的档案管理部门保管。各单位对会计档案必须进行科学管理，存放有序，查找方便，确保安全，严防毁坏、散失和泄密。

保存的会计档案应为本单位使用，原则上不得外借。如有特殊需要，须经有关方面批准，并办理严格的手续方可借出。

按照财政部和国家档案局于 1984 年 6 月联合发布的《会计档案管理办法》规定，各种会计档案的保管期限，根据其特点分为永久和定期两类。定期保管分为 3 年、5 年、10 年、15 年、25 年五种。

具体的会计档案保管期限见表 2-21。

表 2-21　会计档案保管期限表

序号	档案名称	保管期限	备注
一、	会计凭证类		
1	原始凭证	15 年	
2	记账凭证	15 年	
3	汇总凭证	15 年	
二、	会计账簿类		
4	总账	15 年	包括日记总账
5	明细账	15 年	
6	日记账	15 年	现金和银行存款日记账保管 25 年
7	固定资产卡片		固定资产报废清理后保管 5 年
8	辅助账簿	15 年	
三、	财务报告类		包括各级主管部门汇总财务报告
9	月、季度财务报告	3 年	包括文字分析
10	年度财务报告（决算）	永久	包括文字分析
四、	其他类		
11	会计移交清册	15	
12	会计档案保管清册	永久	
13	会计档案销毁清册	永久	
14	银行存款余额调节表	5 年	
15	银行对账单	5 年	

（二）会计档案的移交及销毁

撤销、合并单位和建设单位完工后的会计档案，应随同单位的全部档案一并移交给指定的单位，并按规定办理交接手续。

会计档案保管期满需要销毁时，由档案部门提出意见，会同财会部门共同鉴定，严格审查，编制会计档案销毁清册。机关、团体和事业单位报本单位领导批准后销毁；国有企业经企业领导审查，报经上级主管部门批准后销毁。对于其中未了结的债权债务的原始凭证，应单独抽出，另行立卷，由档案部门保管，到结清债权债务时为止。建设单位在建期间的会计档案不得销毁。各单位按规定销毁会计档案时，应由档案部门和财会部门共同派员监销。各级主管部门销毁会计档案时应由同级财政部门、审计部门派员参加监销，销毁后监销人员在销毁清册上签名、盖章。

复习思考题

1. 什么是会计要素？各会计要素反映了什么内容？确认计量的条件是什么？

2. 会计要素的计量属性有哪些？它们的含义分别是什么？

3. 什么是会计等式？有几种表示方式？

4. 什么是会计科目？什么是账户？它们有何联系？

5. 试述借贷记账方法的基本原理。

6. 什么是会计凭证？有哪些种类？

7. 试述原始凭证的基本内容与审核。

8. 试述记账凭证的基本内容与审核。

9. 什么是会计账簿？有哪些种类？

10. 试述平行登记的原则。

11. 试述会计循环。

12. 试述会计核算形式。

习题一

一、目的：通过判断理解各会计要素的定义及其确认条件和计量属性。

二、判断下列说法是否正确，若不正确，说明理由。

1. 某企业用银行存款400万元购买生产用原材料，该购买行为尽管使企业经济利益流出了400万元，但并不会导致企业所有者权益的减少，它使企业增加了另外一项资产（存货），在这种情况下，就不应当将该经济利益的流出确认为费用。（　　）

2. 某企业与银行达成了两个月后借入 2 000 万元的借款意向书，该交易应形成企业的负债。（　）

3. 甲企业和乙施工单位签订了一项厂房建造合同，建造合同尚未履行，即建造行为尚未发生，甲企业不能因此而确认在建工程或者固定资产。（　）

4. 某企业用银行存款偿还了一笔应付账款 1 000 万元，该企业应将该经济利益的流出作为费用予以确认。（　）

5. 企业在对会计要素进行计量时，一般应当采用公允价值。（　）

习题二

一、目的：　熟悉六大会计要素之间的变化关系。

二、资料：

2011 年 7 月 1 日，A 单位投资创办某酒店从事餐饮服务。A 单位以银行存款 500 000 元投入酒店，7 月份该饭店发生如下业务：

1. 6 日，向银行借入 100 000 元。

2. 8 日，从银行提取现金 4 000 元备用。

3. 11 日，购买物料用品 5 000 元，以银行存款支付。

4. 12 日，以银行存款支付本月房租 16 000 元。

5. 15 日，以现金支付本月水电费 1 500 元。

6. 19 日，购置设备一台价值 80 000 元，货款暂欠。

7. 23 日，商品部组织货源，需要预付部分货款 7 400 元。

8. 本月零星采购加工用材料共计 8 600 元，均以现金支付，该材料本期已全部消耗。

9. 31 日，本月各日餐饮收入共计 198 000 元，均已收现并存入银行。

三、要求：根据上述资料：

1. 确定 7 月 1 日的资产总额、负债总额和所有者权益总额；

2. 分析计算 7 月 1 日企业资产、负债的变化额；

3. 计算 7 月份的利润（亏损额）；

4. 确定 7 月 1 日结账后的资产总额、负债总额和所有者权益总额。

习题三

一、目的：熟悉会计循环。

二、资料：

某酒店 2012 年 3 月份发生以下经济业务：

1. 4 日，收到 A 公司投资 2 000 000 元，存入银行。

2. 5 日，从银行提取现金 6 000 元备用。

3. 8 日，收到某旅行社归还前欠旅行费用 9 800 元，已存入银行。

4. 12 日，以银行存款支付前欠水产公司货款 23 600 元。

5. 15 日，从银行提取现金 45 000 元，发工资。

6. 15 日，以现金发放职工工资 45 000 元。其中客房部 18 000 元，餐饮部 21 000 元，商品部 2 000 元，企业管理部门 4 000 元。

7. 21 日，开具转账支票支付商品采购款 3 670 元。

8. 25 日，购入不需安装设备一台，原值 20 000 元，货款以支票支付。

9. 30 日，计提本月固定资产折旧费，客房部应提 189 000 元，餐饮部应提 5 200 元，商品部应提 4 300 元，管理部门应提 4 700 元。

10. 31 日，汇总各部门本月收入如下：

	取得收入	收回款项	尚未收回
客房部	12 800	87 000	41 000
餐饮部	197 600	174 000	23 600
商品部	32 000	32 000	0

三、要求：

1. 根据以上资料确定应编制的记账凭证类型，并编制相应的记账凭证。

2. 根据记账凭证，登记有关总分类账户，并结出本期发生额（以 T 型账户代替）。

3. 编制总分类账户本期发生额试算平衡表。

第三章　流动资产的核算

【学习目的】

- 了解流动资产的核算内容
- 熟悉会计结算业务
- 掌握货币资金和存货的账务处理
- 掌握交易性金融资产的账务处理

【基本内容】

货币资金

- 现金
- 银行存款
- 外币
- 其他货币资金

结算业务

- 三票三式
- 一证一卡

应收款项

- 应收账款
- 应收票据
- 其他应收款

存货

- 存货的概念
- 原材料
- 低值易耗品
- 库存商品
- 存货的期末计价

- 存货的清查

交易性金融资产

- 概念
- 账务处理
- 实例

第一节 货币资金的核算

货币资金是以货币形态存在的资产，包括现金、银行存款和其他货币资金三部分。

货币资金具有两个明显特点，即普遍可接受性和最强的流动性。由于可以不受限制地用于各项支付，方便经济业务的开展，同时，因很容易被挪用、侵占，应加强货币资金的核算，防止意外事件和损失的发生，保护其安全。

一、现金核算

（一）现金的性质与使用范围

现金是货币资金的组成部分，是流动性最强的一种货币性资产，可以随时用其购买所需要的物资、支付有关费用、偿还债务，也可以随时存入银行。

广义的现金除了库存现金外，还包括银行存款和其他货币资金及现金等价物等。也就是说，现金包括库存纸币、硬币、企业持有的个人支票、旅行支票、银行汇票、邮政汇票、信用卡提款单、本票及银行存款等。狭义的现金仅指库存现金。

国务院颁发的《现金管理暂行条例》规定，开户单位可在下列范围内使用现金：（1）职工工资、津贴；（2）个人劳务报酬；（3）根据国家规定颁发给个人的科学技术、文化艺术、体育等各种奖金；（4）各种劳保、福利费用以及国家规定的对个人的其他支出；（5）向个人收购农副产品和其他物资的价款；（6）出差人员必须随身携带的差旅费；（7）零星支出；（8）中国人民银行确定需要支付现金的其他支出。

除按规定可以使用现金外，其他用途应当通过开户银行进行转账结算。

（二）现金收、支、存的内部控制

旅游企业在办理有关现金收支业务时，必须完善内部控制，减少发生差错、舞弊、欺诈的机会。现金内部控制制度要求，自始至终不允许一笔经济业务由单独一人操纵和处理。旅游企业应配备专职的出纳人员，出纳人员不得兼管收入、费用、债权、债务账目的登记工作以及稽核和会计档案的保管工作。

1. 现金收入的内部控制

旅游企业现金收入应于当日送存银行，对现金收入的日期和金额要严格控制。签发收款凭证与收款应由不同的经办人员负责办理，即由销售部门业务人员填制发票和票据，出纳员收款，会计员记账；应控制收据和销货发票的数量和编号，要有票据领用手续；还应建立"收据销号"制度，监督收入款项的入账。"收据销号"就是根据开出收据的存根与已入账的收据联，按编号、金额逐张核对注销。

2. 现金支出的内部控制

现金支出控制的要点是保证不支付任何未经有关主管人认可批准的付款项目，严格遵守国家的结算制度和现金管理制度。要按国家规定的范围使用现金，采购、出纳、记账工作应分别由不同的经办人完成。现金支票的签发和付款要两人分别盖章，互相监督；任何一项付款业务都必须有原始凭证并由经办人签字，主管人审核同意，会计人员审核认定后，出纳员才能据以付款。

3. 库存现金的内部控制

库存现金是指留存在旅游企业出纳员处的现金。一般情况下，应由银行和旅游企业共同根据实际需要，核定给开户单位日常零星开支所需的库存现金限额，以及旅游企业用来找零的现金额。一经确定了库存现金限额，超过部分必须在当天或次日上午由旅游企业解交银行。未经银行许可，旅游企业不得擅自从已收入的现金中坐支；不准瞒报用途套取现金；不准用银行账户代其他单位和个人存入或支取现金；不准用单位收入的现金以个人名义存入储蓄；不准保留账外公款，即不得"公款私存"，不得设置小金库等。出纳人员必须做到日清、日结，不得以不符合财务制度和会计凭证手续的"白条"和单据抵充库存现金，必须每日核对账款是否相符。

（三）库存现金的核算

为了反映旅游企业库存现金的收支和结存情况，旅游企业应设置"现金日记账"，现金日记账是按照现金收付业务发生的先后顺序，逐日逐笔进行登记的一种序时明细账。

现金日记账格式见表 3-1。

表 3-1 现金日记账

年		凭证号数	摘要	对方科目	收入	支出	收或支	结存
月	日							

每笔发生的现金收入和现金支出业务，都必须根据审核无误的原始凭证编制现金收款凭证、付款凭证，由出纳人员按业务发生的顺序，逐日逐笔地据以登记现金日记账。

收入现金时，借记"库存现金"科目，贷记"主营业务收入"或其他有关科目；支出现金时，贷记"库存现金"科目，借记"原材料"或其他有关科目。"库存现金"账户余额在借方。月份终了，"现金日记账"的余额应与"库存现金"总账的余额核对相符，有外币现金的旅游企业，应当分别以人民币和各种外币设置"现金日记账"进行明细核算。旅游企业内部各部门周转使用的备用金，应在"其他应收款"科目核算。

二、银行存款

银行存款就是旅游企业存放在银行或其他金融机构的货币资金。按照国家有关规定，凡是独立核算的旅游企业都必须在当地银行开立账户，旅游企业除按规定的限额保留库存现金外，超过限额的现金必须存入银行，除了在规定的范围内可以用现金直接支付的款项外，在经营过程中所发生的一切货币收支业务，都必须通过银行存款账户进行结算。

（一）银行存款账户的设立

根据《银行账户管理办法》，银行账户分为基本存款账户、一般存款账户、临时存款账户和专用存款账户。

1. 基本存款账户

基本存款账户是指存款人办理日常转账结算和现金收付的账户。存款人的工资、奖金等现金的支取只能通过本账户办理。开立基本存款账户时，存款人应向开户银行提出开户申请，出具当地工商行政管理机关核发的《企业法人营业执照》，送交盖有存款印章的印鉴卡片，经银行审核同意，并凭中国人民银行当地分支机构核发的开户许可证，即可开立该账户。根据《银行账户管理办法》的规定，存款人只能在银行开立一个基本账户，不能多头开立基本账户。旅游企业在开立基本存款账户的同时，向开户银行购买支票和其他各种单据。

2. 一般存款账户

一般存款账户是存款人在基本存款账户以外的银行借款转存、与基本存款账户的存款人不在同一地点的附属非独立核算单位开设的账户。存款人可以通过本账户办理转账结算和现金缴存，但不能办理现金支取。开立一般存款账户时，存款人应向开户银行开具借款合同、借款借据或出具基本存款户的存款人同意其附属的非独立核算单位开户的证明，送交盖有存款人印章的印鉴卡片，经银行审核同意后，即可开立该账户。

3. 临时存款账户

临时存款账户是指存款人因临时经营活动需要开立的账户。存款人可以通过该账户办理转账结算和根据国家现金管理规定办理现金收付。外地临时机构可以申请开立该账户，并须出具当地工商行政管理机关核发的临时执照，临时经营活动需要的单位和个人可以申请开立账户，并须出具当地有部门同意设立外来临时机构的批件。存款人送交盖有存款人印章的印鉴卡片，经审核同意后，可开立该账户。

4. 专用存款账户

专用存款账户是指存款人因特定用途需要开立的账户。这种特定用途的资金范围包括：基本建设的资金、更新改造的资金、特定用途需要专户管理的资金。存款人应填制开户申请书，提供有关部门批准立项的文件或国家有关文件的规定，送交盖有存款人印章的印鉴卡片，经银行审核同意后开立账户。

旅游企业使用银行存款账户时，必经严格遵守银行的各项规定，合法使用。旅游企业应指定专人鉴发银行支票，不得出借出租或转让给其他单位或个人，不得签发空头支票和远期支票。收支凭证必须如实填明款项来源或用途，不得弄虚作假，不得套取现金。

（二）银行结算方式

1. 银行结算的原则

恪守信用，履约付款。谁的钱进谁的账，由谁支配。银行不垫支。

2. 银行的结算方式

旅游企业发生的货币资金收付业务可以采用支票、本票、汇票、汇兑、委托收款、托收承付、信用证和信用卡等方式进行结算。被简称为"三票三式，一证一卡"。

企业间银行结算基本关系如图 3-1 所示。

（1）银行支票　，是银行存款人签发给收款人办理结算或委托开户银行将款项支付给收款人的收据。我国《票据法》按照支付票款方式，将支票分为普通支票、现金支票和转账支票，现金支票只能用于支取现金，转账支票只能用于转账不得支取现金。普通支票既可以用来支取现金，也可用来转账，目前还没有使用。支票是旅游企业结算方式中采用最多的形式之一，目前用于同城结算。支票必须记载以下事项：①标明"支票"的字样；②无条件支付的委托；③确定的金额；④付款人名称；⑤出票日期；⑥出票人签章。未记载以上事项之一的，支票无效。

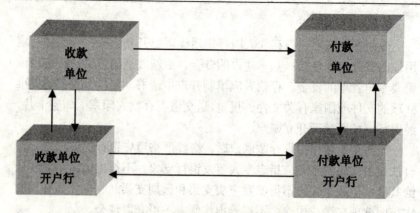

图 3-1　企业间银行结算基本关系图

　　支票上未记载金额和收款人名称的，经出票人授权可以补记。企业必须对支票进行严格管理和保管。第一，使用支票要建立健全支票管理制度，要组织有关人员认真学习《支付结算办法》和《中华人民共和国票据法》及有关规定，严格执行《转账支票手册》，加强内部空白支票购领、使用、登记、销号监控管理。第二，空白支票必须与印章分开存放，并指定专人分别保管和签发，不得随意携带空白支票外出购物，不得在空白支票上预先盖好印鉴备用，更不得出租、出借支票或转让支票给其他单位和个人使用。第三，由于银行清分机对清理、分拣的支票在平整、直挺等方面要求较高，且单联式支票未装订成本，因此应使用人民银行统一制作的支票盒和支票夹，对支票进行妥善保管，保证支票的干燥、切口边缘的齐整，外出携带支票时，保持支票的平整，以避免因清分机无法识别而影响资金的及时清算。

　　（2）银行本票，是由银行签发的，承诺自己在见票时无条件支付确定的金额给收款人或者持票人的票据。它用于同城结算。银行本票是银行提供的一种信用，见票即付，可当场抵用。银行本票分为：转账和现金两种。申请人或收款人为单位的，不得申请现金银行本票；申请人和收款人均为个人时，才能申请现金银行本票。

　　银行本票的提示付款期限自出票日起 1 个月。在银行开立存款账户的持票人向开户银行提示付款时，应在银行本票背面"背书人签章"

栏签章，签章应与预留银行签章相同，并将银行本票、进账单送交开户银行，银行审查无误后办理转账。

未在银行开立存款账户的个人持票人，凭注明"现金"字样的银行本票向指定代理付款人支取现金的，应在银行本票背面"背书人签章"栏签章，记载本人身份证件名称、号码及发证机关，并交验本人身份证件及复印件，银行审核无误后支付现金。

（3）汇票，是指出票人委托付款人于到期日无条件支付一定金额给受款人的票据。汇票根据不同划分标准分为数种，即银行汇票、商业汇票等。

①银行汇票，是出票银行签发的，由其在见票时按照实际结算金额无条件支付给收款人或者持票人的票据。银行汇票分为：转账和现金两种。申请人或收款人为单位的，不得申请现金银行汇票；申请人和收款人均为个人时，才能申请现金银行汇票。持票人向银行提示付款时，在银行汇票背面"持票人向银行提示付款签章"处签章，签章应与预留银行签章相同，并将银行汇票、解讫通知和填制的进账单一并送交开户银行。银行汇票的提示付款期限自出票日起1个月。

填明"现金"字样和代理付款银行的银行汇票丧失，由失票人通知汇票上记载的代理付款行办理挂失止付。银行受理挂失止付，按票面金额千分之一向挂失止付人收取手续费；手续费不足五元的，按五元计收。

②商业汇票，商业汇票是由出票人签发的，委托付款人在指定日期无条件支付确定的金额给收款人或者持票人的票据。商业汇票分为商业承兑汇票和银行承兑汇票。在银行开立存款账户的法人以及其他组织之间，必须具有真实的交易关系或债权关系，才能使用商业汇票。商业汇票可以流通转让。商业汇票付款期限，最长不得超过6个月；商业汇票的提示付款期限，自汇票到期日起10日。商业承兑汇票由银行以外的付款人承兑，是由出票人签发经付款人承兑，或由付款人签发并承兑，或由收款人签发经付款人承兑的票据。银行承兑汇票是由出票人签发并由其开户银行承兑的票据。持票人应在提示付款期限内作成委托收款背书，并将汇票和填制的进账单送交开户银行，通过同

城票据交换收妥后入账。承兑人为异地的，持票人可匡算邮程，提前通过开户银行办理委托收款。符合条件的商业汇票的持票人需要资金时，可持未到期的商业汇票连同贴现凭证向银行申请贴现。已承兑的商业承兑汇票丧失，可以由失票人通知承兑人和承兑人开户银行挂失止付。已承兑的银行承兑汇票丧失，可以由失票人通知承兑银行挂失止付。银行受理挂失止付，按票面金额千分之一向挂失止付人收取手续费；手续费不足五元的，按五元计收。

（4）汇兑，是付款人委托银行将其款项支付给收款人的结算方式，单位和个人的各种款项结算，可使用汇兑结算。汇兑分为信汇、电汇两种方式，由汇款人在填写汇兑凭证时选择。自1996年1月1日起在全国各联行点实行了电子汇兑。无论采用信汇还是电汇，均可在24小时内到账抵用。

（5）委托收款，是收款人委托银行向付款人收取款项的结算方式。委托收款结算凭证按款项划回的方式不同，分为邮寄和电划两种，由收款人选用。单位和个人凭已承兑的商业汇票、债券、存单等付款债务证明办理款项的结算，均可使用委托收款结算方式。委托收款便于收款人主动收款，该结算方式适用范围十分广泛，无论是同城还是异地都可以使用。

收款人办理委托款应向开户银行填写委托收款凭证，提供收款依据、付款人开户银行寄来的委托收款凭证，经审查无误，应及时通知付款人，付款人接到通知和有关的附件，应在规定的付款期内付款。付款期为3天，付款人开户银行发出付款通知的次日算起（付款期内遇法定假日顺延）。付款人在付款期内未向银行提出异议，银行视作同意付款，并在付款期满的次日（节假日顺延）银行开始营业时，将款项主动划给收款人。如提付款，属于全部提付的，不作账务处理；属于部分拒付的，旅游企业应在付款期内出具部分拒付理由书并退回有关单位。

（6）托收承付，是根据购销合同由收款人发货后，委托开户银行向异地付款人收取款项，由付款人向银行承认付款的结算方式。按划回方式的不同，托收承付结算凭证有邮寄和电划两种，由收款人选用。

每笔结算起点金额为 1 万元。

采用托收承付的适用范围有两个：一是使用结算方式的单位必须是国有旅游企业，供销合作社以及生产经营管理较好，并经开户银行审查同意的城乡集体所有制工业旅游企业；二是办理结算的款项必须是商品交易以及因商品交易而产生的业务供应的款项。除符合前述适用范围的规定外，还必须具备以下两个前提条件：一是收付双方使用托收承付结算必须签有符合《经济合同法》的购销合同，并在合同上订明使用异地托收承付结算方式。二是收款人办理托收，必须具有商品确已发运的证件（包括铁路、航运、公路等运输部门签发的运单、运单副本和邮局包裹回执）。

采用异地托收承付结算方式，结算过程包括托收和承付两个阶段。

托收是指收款人根据购销合同发货后委托银行向付款人收取款项的行为。收款人办理托收，应填制托收凭证，盖章后并发运证件或其他符合托收承付结算的有关证明和交易单据送交银行。

承付是指由付款人向银行承认付款的行为。付款人开户银行收到托收凭证及其附件后，应当及时通知付款人。付款人在承付期内审查核对，安排资金。付款人的承付期是依验单付款还是验货付款而不相同，验单付款的承付期为 3 天，从付款人开户银行发出承付通知的次日算起（承付期内遇节假日顺延）。验货付款的承付期为 10 天，从运输部门向付款人发出提货通知的次日算起，收付双方在合同中明确规定，并在托收凭证上注明验货付款期限的，银行从其规定。付款人在承付期内，未向银行表示拒绝付款，银行即作承付，并在承付期满的次日（节假日顺延）银行开始营业时，将款项主动从付款人的账户内付出，按照收款人指定的划款方式，划给收款人。付款人在承付期满银行营业终了时，如无足够资金支付，其不足部分，即为逾期未付款项，按逾期付款处理。付款人开户银行对付款人逾期支付的款项，应当根据逾期付款金额和逾期天数，按每天万分之五计算逾期付款赔偿金。

（7）国内信用证，是一家银行（开证行）依据其客户（开证申请人）的请求或批示，向另一人（受益人）开立的一种书面约定，根据这一约定，如果受益人满足了信用证中规定的要求，开证行将向受益人支付信用证中约定的金额。简单地说，信用证是开证行应开证申请人的请求向受益人所做的一种有条件的付款保证。

适用于国内企业之间商品交易的信用证结算。其业务特点是：①一家银行做出的付款、议付或履行信用证项下其他义务的承诺不受申请人与开证行、申请人与受益人之间关系的制约；②受益人在任何情况下，不得利用银行之间或申请人与开证行之间的契约关系；③在信用证结算中，各有关当事人处理的只是单据，而不是与单据有关的货物及劳务。其使用范围包括：①国内信用证只限于办理转账结算，不得支取现金；②信用证与作为其依据的购销合同相互独立，银行在处理信用证业务时，不受购销合同的约束。

（8）信用卡，是银行、金融机构向信誉良好的单位、个人提供的，能在指定的银行提取现金，或在指定的商店、饭店、宾馆等购物和享受劳务时进行记账结算的一种信用凭证。其基本形式是一张附有证明的卡片，通常用特殊塑料制成，其标准为：卡片长 85.72 毫米，宽 53.975 毫米，厚 0.762 毫米（国内标准与国际标准一致），上面印有发行银行的名称、有效期、号码、持卡人姓名等内容。我国目前发行的信用卡主要有：牡丹卡、长城卡、万事达卡、维萨卡、金穗卡、龙卡、太平洋卡等。使用信用卡结算具有如下特点：①方便，可以凭卡在全国各地大中城市的有关银行提取现金或在同城、异地的特约商场、商店、饭店、宾馆购物和消费。②通用性，它可用于支取现金，进行现金结算，也可以办理同城、异地的转账业务，代替支票、汇票等结算工具，具有银行户头的功能。③在存款余额内消费，可以善意透支。信用卡的持卡人取现或消费以卡内存款余额为限度，当存款余额减少到一定限度时，应及时补充存款，一般不透支，如急需，允许在规定限额内小额善意透支，并计付透支利息。

（三）银行存款的核算

旅游企业存放在银行或其他金融机构的货币资金是通过"银行存款"账户进行核算的。银行存款的核算与现金核算一样，也应进行序时核算。"银行存款"账户除总分类账外，还有"银行存款日记账"。其格式见表 3-2。

表 3-2　银行存款日记账

年		凭证号数	摘要	结算凭证		收入	付出	结存
月	日			种类	号数			
3	25	略	余额					83000.00
	26		汇出邮购款	汇兑			45000.00	38000.00
	27		购办公用品	转支	#22171		1050.00	36950.00
	28		营业款解行	转支	#22172	8500.00		45450.00
	29		支付火车款	转支	#56726		5606.00	39844.00
	30		营业款解行	汇票	#10321	3660.00		43504.00
	30		支付货款	现支			10100.00	33404.00
	31		提现				500.00	32904.00

旅游企业在不同的结算方式下，根据有关的原始凭证编制银行存款的收付款凭证，记入旅游企业的"银行存款日记账"。旅游企业将款项存入银行或其他金融机构时，借记"银行存款"科目，贷记"库存现金"或有关科目；提取或支付在银行或其他金融机构中的存款时，借记"库存现金"或其他有关科目，贷记"银行存款"科目。

采用支票结算方式的，对于收到的支票，应在收到支票的当日填制进账单连同支票送交银行，根据银行盖章退回的进账单第一联和有关的原始凭证编制收款凭证，借记"银行存款"科目，贷记有关科目；对于付出的支票，应根据支票存根和有关原始凭证及时编制付款凭证，借记有关科目，贷记"银行存款"科目。

采用委托收款结算的，借记"银行存款"，贷记有关科目；在委托付款结算时，借记有关科目，贷记"银行存款"科目。

采用异地托收承付结算方式的，收款单位对于托收款项，应在收到银行的收账通知时，根据收账通知和有关原始编制收款凭证；付款单位对于承付的款项，应于承付时根据托收承付结算凭证的承付通知和有关发票账单等原始凭证，编制付款凭证。旅游企业采用异地托收承付结算方式主要用于采购原材料和商品，当收到开户银行转来异地托收凭证及附件后，应根据合同核对单证或验货后，在规定的承付期内向银行承付货款，支付货款时，应借记"原材料"或"库存商品"，贷记"银行存款"。

旅游企业应及时、正确地逐日逐笔序时登记银行存款的收支业务。银行本票、银行汇票、汇兑、信用证和信用卡等方式都要通过"其他货币资金"科目核算，商业汇票则通过应收票据或应付票据核算。

（四）银行余额调节表

旅游企业在银行中开设的往来账户，一般进出频繁，为了掌握存在银行的资金量，必须根据每天存入银行的款项和签发支票所支用的数额，随时计算在银行中的往来存款金额并经常与银行核对。旅游企业和银行对账是通过银行送来的对账单与旅游企业的银行日记账逐笔核对的。核对时，要注意核对金额、结算凭证的种类和号数。每月终了时，旅游企业账面余额与银行对账单余额如不一致，必须查明原因，可通过编制"银行存款余额调节表"核对清楚。

旅游企业账与银行账不一致的原因主要有：

1. 旅游企业记账或结账错误；
2. 银行记账或结账错误；
3. 存在未达账项。

未达账项是指旅游企业与银行之间由于结算凭证传递存在着时间先后，形成了一方已经入账，而另一方尚未入账的款项。未达账项有四种情况：

1. 银行已经收账，而旅游企业尚未收账的款项；
2. 银行已经付账，而旅游企业尚未付账的款项；
3. 旅游企业已经收账，而银行尚未收账的款项；
4. 旅游企业已经付账，而银行尚未付账的款项。

如果旅游企业与银行的账务记录都是正确的，那么通过调节表的计算，双方的账面余额应当相等。其计算公式如下：

银行存款日记账余额＋银行已收旅游企业未收的款项－银行已付旅游企业未付的款项＝银行对账单余额＋旅游企业已收银行未收的款项－旅游企业已付银行未付的款项

核对的步骤：

1. 将银行日记账与银行对账单逐笔核对勾销。
2. 发现差错立即更正，如果银行差错应立即通知银行。
3. 编制银行存款余额的调节表。其格式如表 3-3 所示。

表 3-3　银行存款余额调节表

年　月　日

项目	金额	项目	金额
银行存款日记账余额 加：银行已收企业未收项 减：银行已付企业未付款项		银行对账单余额 加：企业已收银行未收款项 减：企业已付银行未付款项	
调节后余额		调节后余额	

三、其他货币资金

在旅游企业的经营资金中，有些货币资金如外埠存款、银行本票存款、银行汇票存款、信用卡存款、信用证保证金存款等，因其存款地点和用途都与库存现金和银行存款不同，在会计上称为其他货币资金。为核算这些内容应设置"其他货币资金"科目，按外埠存款的开户银行、银行汇票、银行本票、信用证的收款单位等设置明细账。有信用卡业务的企业应当在信用卡明细科目中按开出信用卡的银行和信用卡的种类设置明细账。

（一）银行本票存款

银行本票是申请人将款项交存银行，由银行签发给其凭以办理转账结算或支取现金的票据。

采用银行本票结算方式的，收款单位按照规定受理银行本票后，应将银行本票连同进账单交送银行办理转账，根据盖章退回的进账单第一联和有关原始凭证；付款单位在填送"银行本票申请书"并将款项交存银行，收到银行签发的银行本票后，根据申请书存根联编制付款凭证。

【例】某饭店申请办理银行本票 10 000 元，在取得银行本票时，编制会计分录如下：

借：其他货币资金——银行本票存款　　　　10 000

　　贷：银行存款　　　　　　　　　　　　　　10 000

使用银行本票后，应根据发票账单等凭证，编制会计分录如下：

借：原材料（或有关科目）　　　　　　　8 000

　　应交税金——应交增值税（进项税款）　1 360

　　　贷：其他货币资金——银行本票存款　　9 360

（二）银行汇票存款

银行汇票是汇款人将款项交存当地银行，由银行签发给汇款人持往异地办理转账结算或支取现金的票据。

采用银行汇票结算方式的，收款单位应根据银行的收账通知和有关的原始凭证编制收款凭证，付款单位应在收到签发的银行汇票后，根据"银行汇票委托书（存根）"编制付款凭证。

【例】某酒店要求银行办理银行汇票 10 000 元，旅游企业填送银行汇票委托书将 10 000 元交存银行，取得银行汇票后，根据银行退回的委托书存根，编制会计分录如下：

借：其他货币资金——银行汇票存款　　　10 000

　　贷：银行存款　　　　　　　　　　　　　10 000

旅游企业使用银行汇票后：

借：原材料　　　　　　　　　　　　　　7 000

　　应交税金——应交增值税（进项税额）　1 190

　　　贷：其他货币资金——银行汇票存款　　8 190

银行汇票使用完毕转销：

借：银行存款　　　　　　　　　　　　　1 810

　　贷：其他货币资金——银行汇票存款　　　1 810

（三）外埠存款

汇兑是指汇款人委托银行将款项汇给外地收款人的结算方式。汇兑分信汇和电汇两种。

信汇凭证一式四联：一联回单，二联支款凭证，三联收款凭证，四联收账通知。

采用汇总结算方式的，收款单位对于汇入的款项，应在收到银行的收账通知时，据以编制收款凭证；付款单位对于汇出的款项，应在向银行办理汇款后，根据汇款回单编制付款凭证。

【例】某酒店到外地进行临时或零星采购时，用信汇汇往采购地银行开立采购专户的款项 40 000 元，编制会计分录如下：

借：其他货币资金——外埠存款　　　　　　40 000
　　贷：银行存款　　　　　　　　　　　　　　40 000

使用采购专户款项时，根据采购员交来的供应单位发票等报销凭证 30 000 元，编制会计分录如下：

借：原材料　　　　　　　　　　　　　　　30 000
　　应交税金——应交增值税（进项税额）　 5 100
　　贷：其他货币资金——外埠存款　　　　　 35 100

采购完毕，将多余的外埠存款转回当地银行，编制会计分录如下：

借：银行存款　　　　　　　　　　　　　　4 900
　　贷：其他货币资金——外埠存款　　　　　　4 900

（四）信用证保证金存款

信用证保证金存款是指旅游企业为取得信用证按规定存入银行的保证金。信用证是指开证行依照申请人的申请开出的，凭符合信用证条款的单据支付的付款承诺，并明确规定该信用证为不可撤销、不可转让的跟单信用证。

采用信用证结算方式的，收款单位收到信用证后，即备货装运出口，签发证票，连同信用证，送交银行，根据议付单据及退还的信用证等有关凭证编制收款凭证，付款单位在接到开证行备款赎单通知时，根据付款赎回的有关单据编制付款凭证。

【例】某旅游企业要求银行为供货单位开出信用证 60 000 元，根据开户银行盖章退回的由旅游企业提交的"信用证委托书"回单，编制会计分录如下：

借：其他货币资金——信用证存款　　　　　60 000
　　贷：银行存款　　　　　　　　　　　　　　60 000

旅游企业收到供货单位信用证结算凭证及所附发票账单，经核对无误后，编制会计分录如下：

借：原材料   4 000
　　应交税金——应交增值税   680
　贷：其他货币资金——信用证存款   4 680

旅游企业未用完的信用证保证余额 1 320 元，转回开户银行旅游企业户头，编制会计分录如下：

借：银行存款   1 320
　贷：其他货币资金——信用证存款   1 320

（五）信用卡存款

信用卡是银行发给资信情况较好的公司和有稳定收入的个人，便于其购买商品或取得服务的信用凭证。

旅游企业应按规定填制申请表，连同支票和有关资料一并送交发卡银行，根据银行盖章退回的进账单第一联，借记"其他货币资金——信用卡"科目，贷记"银行存款"科目。旅游企业用信用卡购物或支付有关费用，借记有关科目，贷记"其他货币资金——信用卡"科目。旅游企业在信用卡使用过程中，需要向其账户续存资金的，按实际续存的金额，借记"其他货币资金——信用卡"科目，贷记"银行存款"科目。

四、外币核算

（一）外币管理

近年来，随着改革开放的不断深入与现代旅游企业制度的建立和完善，旅游企业在经营活动中，越来越多地涉及了大量的外币业务。

1. 外汇

外汇是指以外国货币表示的用于国际结算的支付手段。根据我国的外汇管理条例规定，外汇的具体内容包括：（1）外国货币，含纸币和铸币；（2）外币有价证券，包括政府公债、国库券、公司债券、股票、息票等；（3）外币支付凭证，包括票据（支票、汇票、期票）、银行存款凭证、邮政储蓄凭证等；（4）其他外汇资金。

2. 外汇汇率

外汇汇率又称汇价，是指两种货币之间的比价，也就是用一种货币单位表示另一种货币单位的价格，两种货币的兑换，在银行称为外汇买卖，外汇有买入价、卖出价及中间价。外汇中间价是以人民币计算的外汇买入价和外汇卖出价的平均价。一个国家的外汇汇率，是以外国货币来表示本国货币的价格还是以本国货币来表示外国货币的价格，称为汇率的标价法。目前国际上有两种汇率的标价方法，一种是直接标价方法，另一种是间接标价方法。

直接标价法是用一定单位的外国货币为标准来计算折合若干单位的本国货币。例如，1 美元=8.2728 元人民币。目前我国的汇价是采用直接标价法。

间接标价法是以一定单位的本国货币来计算折合若干单位的外国货币。例如，纽约外汇市场 1 英磅=1.8724 美元。

3. 外汇管理制度

我国的外汇管理主要内容有：实行外汇收入结汇制，实行银行售汇制，允许人民币在经常项目下有条件兑换，建立银行间外汇市场，改进汇率形成机制，保持合理及相对稳定的人民币汇率。按执行制度规定涉及外汇业务的旅游企业分为两类，一类是允许开立现汇账户的旅游企业，如境内外资旅游企业和允许开立现汇账户的其他旅游企业，有外币业务时，需要进行外币现金和银行存款以及外币债权债务的核算；另一类是不允许开立现汇账户的旅游企业，如境内其他旅游企业，有外币业务时，应进行外币兑换。

（二）外汇兑换

为了方便国外客人，那些不允许开立现汇账户的旅游企业受银行委托，可以按国家当天公布的人民币汇价提供外汇兑换业务。旅游企业代理兑换的外汇主要有可自由兑换的外币现钞、信用卡和旅行支票等。

外币现钞仅限于中国人民银行公布的人民币汇价表上所列的种类，兑入时，应鉴别其真伪，不能鉴别的不予收兑。

信用卡是外国银行或专门机构向消费者提供的一种消费信贷，消费者可凭卡到信用卡发行机构特约的商店、宾馆、银行，购物、接受服务和提取小额现金。目前，我国旅游企业受理的外币信用卡主要有：运通卡、大来卡、发达卡、日本卡、万事达卡、百万卡和签证卡等。

受理信用卡时，应识别真伪，是否在有效期内，是否被列入"取消名单"，验证持卡人的身份及其印签相符后，在规定的限额内结算购物款或服务费，并按规定收取一定的手续费。

旅行支票是银行或旅行社发行的，专供旅行者购买、备附旅行费用的一种全额支票，它的特点是：面额固定、携带安全、兑换方便、挂失补偿。旅行支票分人民币旅行支票和外币旅行支票两种。外币旅行支票是由外国银行发行的定额支票，由于外币旅行支票来自不同的国家和不同的发行银行，兑换人员平时应熟悉各种常用的票据，对不熟悉的或有疑问的必须查对原票样，谨防假冒。

旅游企业开设外币代兑点，一般由委托银行拨付代兑备用金（一定数额的人民币）及有关的空白凭证、印章、刷卡机和工具等。代兑点每日营业终了，应根据有关兑换凭证填列"代兑外币结汇明细表"，连同兑换入的外币送交委托银行，由委托银行补足代兑备用金。代兑外汇的手续费由委托银行定期结付转至旅游企业的代兑点。

【例】中国银行在某大酒店设有代兑点，2003年2月共收兑外汇折合人民币10 000元，代兑手续费率为2%，今收到中国银行付来代兑手续费200元，编制会计分录如下：

借：银行存款   200

贷：其他业务收入   200

（三）外币存款的核算

允许开立现汇账户的旅游企业，在银行账户下除分设人民币外，还应设立有关外币的银行存款日记账，进行明细核算。其格式如表3-4所示。

表3-4　银行存款日记账（美元户）

年		凭证号	摘要	对方科目	借　方			贷　方			借或贷	余　额		
月	日				原币	汇率	人民币	原币	汇率	人民币		原币	汇率	人民币

旅游企业发生外币业务时，通常应当采用交易日的即期汇率（通常是指公布的当日人民币外汇牌价的中间价）作为折合汇率。汇率变动不大的，也可以采用即期汇率的近似汇率（通常为当期平均汇率或加权平均汇率）进行折算。期末各外币账户的余额应当分别外币货币性项目和外币非货币性项目进行处理。

货币性项目是指企业持有的货币资金和将以固定或可确定的金额收取的资产或者偿付的负债，包括外币现金、外币银行存款、以外币结算的债权债务（如应收账款、预付账款、短期借款、长期借款、应付账款、应付票据、应付工资、应付股利、预收账款等）。对于外币货币性项目，按期末即期汇率进行调整，产生的差额，作为汇兑损益，记入"财务费用"等科目，同时调增或调减外币货币性项目的记账本位币金额。

非货币性项目，是指货币性项目以外的项目，包括存货、长期股权投资、固定资产、无形资产等。对于以历史成本计量的外币非货币性项目，由于已在交易发生日按当日即期汇率折算，资产负债表日不应改变其原记账本位币金额，不产生汇兑差额。对于以公允价值计量的外币非货币性项目，如交易性金融资产（股票、基金等）采用公允价值确定日的即期汇率折算，折算后的记账本位币金额与原记账本位币金额的差额，作为公允价值变动（含汇率变动）处理，计入当期损益。

【例】某大酒店外币业务以当期人民币的加权平均汇率 8.32 元/美元作为记账汇率，该酒店 7 月份发生下列外汇业务：

（1）2 日，客房收入 8 000 美元，当日存入银行。编制会计分录如下：

借：银行存款——美元户 US$8 000　　　　66 560

　　贷：营业外收入——客房　　　　　　　　　66 560

（2）8 日，购进厨房设备一台，计 20 000 美元，以美元存款支付，拨交厨房使用。编制会计分录如下：

借：固定资产　　　　　　　　　　　　166 400

　　贷：银行存款——美元户 US$20 000　　166 400

（3）12 日，发放外籍管理人员工资 8 000 美元，以外币转账支付。编制会计分录如下

借：应付职工薪酬——外籍人员 US$8 000　　66 560
　　贷：银行存款——美元户 US$8 000　　66 560

（4）18 日，以外币存款 4 000 美元，支付前欠 W 公司货款。编制会计分录如下：

借：应付账款——W 公司 US$4 000　　33 280
　　贷：银行存款——美元户 US$4 000　　33 280

（5）31 日，当日人民币汇价中间价为 8.28 元/美元，按规定将外币存款账户余额 16 000 美元按期末人民币汇价折合人民币，作为外币账户的期末人民币余额，调整银行存款（美元户）账户余额。编制会计分录如下：

调整公式如下：

调整额=期末外币金额（期末汇率－期初汇率）

调整额为正数时，表明增值，借：银行存款，贷：财务费用；调整额为负数时，表明减值，借：财务费用，贷：银行存款。

调整额=16 000（8.28－8.32）=－640（元）

借：财务费用——汇兑损失　　640
　　贷：银行存款——美元户　　640

该酒店 7 月份银行存款（美元户）日记账登记如表 3-5 所示。

表 3-5　银行存款日记账（美元户）

年		凭证号	摘要	对方科目	借　方			贷　方			借或贷	余　额		
月	日				原币	汇率	人民币	原币	汇率	人民币		原币	汇率	人民币
7	1	略	余额								借	40,000	8.32	332,800
	2		客房收入	营业收入	8,000	8.32	66,560				借	48,000	8.32	399,360
	8		购入厨房设备	固定资产				20,000	8.32	166,400	借	28,000	8.32	232,960
	12		支付外籍人员工资	应付工资				8,000	8.32	66,560	借	20,000	8.32	166,400
	18		支付前欠贷款	应付账款				4,000	8.32	33,280	借	16,000	8.32	133,120
	31		调整汇率转账	财务费用						640	借	16,000	8.28	132,480

外币现金及外币债权、债务账均应比照银行存款（外币户）的方法记账。

第二节 应收及预付款项的核算

应收及预付款项是指旅游企业在经营活动中，因商品或劳务已经提供或因购买货物等而预先支付供货单位货款，从而取得的向其他单位或个人收取货款及劳务款的要求权，包括应收账款、预付账款、应收票据和其他应收款项。

一、应收及预付款项

应收账款是指企业因销售商品、产品或提供劳务而形成的债权。旅游企业的应收账款是指各种营业性的应收未收款项。如应收的综合服务费、房费、餐费、交通费、销售商品的各种款项，在相对拖欠严重的企业里，加强应收款项的核算具有十分必要的意义。

（一）应收及预付款项的确认

《企业会计准则》规定，应收及预付款项应当按实际发生额记账。也就是说，在商品、产品已经交付，劳务已经提供，合同已经履行，销售手续已经完备时，确认应收账款的入账金额。

（二）应收账款账务处理

为了反映应收账款的增减变动情况，应设置"应收账款"账户。企业发生应收账款时，借记本科目，贷记"主营业务收入"科目；收回款项时，借记"银行存款"科目，贷记本科目。期末余额在借方，表示尚未收回的应收账款数。"应收账款"账户应按不同的结算单位设置明细分类账进行核算。

【例】某酒店客房部为 Z 公司提供客房服务，价款 8 000 元，以转账结算。依据有关凭证编制会计分录如下：

借：应收账款——Z 公司　　　　　　　　　8 000
　　贷：主营业务收入——客房收入　　　　　　8 000

收到该企业划来的款项时，编制会计分录如下：

借：银行存款　　　　　　　　　　　　　　　8000

　　贷：应收账款——海信公司　　　　　　　　　　8 000

企业预收的有关单位的款项，也在本账户中核算。

【例】H 商城预订宴席 10 桌，每桌 600 元，共计 6 000 元，收到定金 3 000 元转账支票，存入银行，编制会计分录如下：

借：　银行存款　　　　　　　　　　　　　　3 000

　　贷：应收账款——H 商城宴席定金　　　　　　3 000

宴席结束，10 桌宴席价款 6 000 元，外加酒水 400 元，共计 6 400 元，扣除预定金之后，收到支票 3 400 元，存入银行，编制会计分录如下：

借：银行存款　　　　　　　　　　　　　　　3 400

　　应收账款——H 商城宴席定金　　　　　　　3 000

　　贷：主营业务收入——餐厅　　　　　　　　　6 000

　　　　　　　　　　——小卖部　　　　　　　　　400

预收款项较多的企业，也可单设“预收账款”账户。预付账款与应收账款都属于企业的债权，但两者产生的原因不同，应收账款是企业应收的销货款，预付账款是企业的购货款，即预先付给供货方客户的款项。企业对供货方客户预付账款时，应借记“预付账款”科目，贷记“银行存款”科目。以后收到预购的原材料或商品时，借记“原材料”等科目，贷记“预付账款”科目，补付的货款，借记“预付账款”科目，贷记“银行存款”科目；退回多付的货款，借记“银行存款”科目，贷记“预付账款”科目。

二、应收票据

（一）应收票据概述

1. 应收票据的概念

应收票据，是指企业因销售商品、产品、提供劳务等而收到的商业汇票，它包括银行承兑汇票和商业承兑汇票。

2. 应收票据的计价

应收票据一般按其面值记价，即企业收到应收票据时，按照票据的票面价值或票面金额入账。但对于带息的应收票据，应于期末按应收票据的票面价值和确定的利率计提利息，计提的利息应增加应收票据的账面余额。需要指出的是，到期不能收回的应收票据，应按其账面余额转入应收账款，不再计提利息。

（二）应收票据的核算

为了反映和监督企业应收票据的取得和回收情况，企业应设置"应收票据"科目进行核算。

1. 不带息应收票据

不带息应收票据的到期价值等于应收票据的面值。企业销售商品、产品或提供劳务收到开出、承兑的商业票据时，按应收票据的面值，借记"应收票据"科目，按实现的营业收入，贷记"主营业务收入"科目，按专用发票上注明的增值税额，贷记"应交税金——应交增值税（销项税额）"科目。应收票据到期收回时，按票面金额，借记"银行存款"科目，贷记"应收票据"科目。商业承兑汇票到期，承兑人违约拒付或无力支付票款，企业收到银行退回的商业承兑汇票、委托收款凭证、未付票款通知书或拒绝付款证明等，将到期票据的票面金额转入"应收账款"科目。

【例】某酒店销售一批商品给 H 公司，货已发出，货款 10 000 元，增值税额为 1 700 元。按合同约定 3 个月以后付款，H 公司交给某酒店一张不带息 3 个月到期的商业承兑汇票，面额 11 700 元。某酒店应作如下账务处理：

借：应收票据　　　　　　　　　　　　　　11 700
　　贷：主营业务收入　　　　　　　　　　10 000
　　　　应交税金——应交增值税（销项税额）　1 700

3 个月后，应收票据到期，某酒店收回款项 1 700 元，存入银行。

借：银行存款　　　　　　　　　　　　　　11 700
　　贷：应收票据　　　　　　　　　　　　11 700

如果该票到期，H 公司无力偿还票款，某酒店应将到期票据的票面金额转入"应收账款"科目。

　　借：应收账款　　　　　　　　　　　　11 700
　　　　贷：应收票据　　　　　　　　　　　　　　11 700

　　2. 带息应收票据

　　企业收到的带息应收票据，除按照上述原则进行核算外，还应于期末，按应收票据的票面价值和确定的利息计算计提票据利息，并增加应收票据的账面余额，同时，冲减"财务费用"。到期不能收回的带息应收票据，转入"应收账款"科目核算后，期末不再计提利息，其所包括的利息，在有关备查簿中进行登记，待实际收到时再冲减收到当期的财务费用。

　　票据利息的计算公式为：

　　应收票据利息=应收票据票面金额×票面利息×期限

　　上式中，"票面利息"一般指年利息；"期限"指签发日至到期日的时间间隔（有效期）。票据的期限，有按月表示和按日表示两种。

　　票据期限按月表示时，应以到期月份中与出票日相同的那一天为到期日。如 4 月 15 日签发的三个月票据，到期日应为 7 月 15 日。计算利息使用的利率要换成月利率（年利率÷12）。

　　票据期限按日表示时，应从出票日起按实际经历天数计算。通常出票日和到期日，只能计算其中的一天，即"算首不算尾"或"算尾不算首"。例如，4 月 15 日签发的 90 天票据，其到期日应为 7 月 14 日，即 90 天－4 月份剩余天数－5 月份实有天数－6 月份实有天数=90－（30－15）－31－30=14（天）。同时，计算利息使用的利率，要换算成日利率（年利率÷365）。

　　带息应收票据到期收回票款时，应按收到的本息，借记"银行存款"科目，按账面余额，贷记"应收票据"科目，按其差额（未计提利息部分），贷记"财务费用"科目。

　　【例】某饭店 2011 年 9 月 1 日销售一批商品给 S 公司，货已发出，专用发票上注明的销售收入为 10 000 元，增值税额为 1 700 元。收到 S 公司交来的商业承兑汇票一张，期限为 6 个月，票面利率为 5%。某饭店应作如下账务处理：

（1）收到票据时：

借：应收票据 11 700

　　贷：主营业务收入 10 000

　　　应交税金——应交增值税（销项税额） 1 700

（2）年度终了（2011 年 12 月 31 日），计提票据利息：

票据利息=11 700×5%÷12×4=195（元）

借：应收票据 1 950

　　贷：财务费用 1 950

（3）票据到期收回款项：

收款金额=11 700×（1+5%÷12×6）=11 992.5（元）

2011 年未计提的票据利息=11 700×5%÷12×2=97.5（元）

借：银行存款 11 992.5

　　贷：应收票据 11 895

　　　财务费用 97.5

3. 应收票据转让

　　企业可以将自己持有的商业汇票背书转让。背书是指持票人在票据背面签字，签字人称为背书人，背书人对票据的到期付款负连带责任。

　　企业将持有的应收票据背书转让，以取得所需物资时，按应计入取得物资成本的价值，借记"原材料"、"库存商品"等科目，按专用发票上注明的增值税额，借记"应交税金——应交增值税（进项税额）"科目，按应收票据的账面余额，贷记"应收票据"科目，如有差额，借记或贷记"银行存款"等科目。

　　如为带息应收票据，企业将持有的应收票据背书转让，以取得所需物资时，按应计入取得物资成本的价值，借记"原材料"、"库存商品"等科目，按专用发票上注明的增值税额，借记"应交税金——应交增值税（进项税额）"科目，按应收票据的账面余额，贷记"应收票据"科目，按尚未计提的利息，贷记"财务费用"科目，按应收或应付的金额，借记或贷记"银行存款"等科目。

4. 应收票据贴现

应收票据贴现是指持票人因急需资金，将未到期的商业汇票背书后转让给银行，银行受理后，从票面金额中扣除按银行的贴现率计算确定的贴现息后，将余额付给贴现企业的业务活动。在贴现中，企业付给银行的利息称为贴现利息，银行计算贴现利息的利率称为贴现率，企业从银行获得的票据到期值扣除贴现利息后的货币收入，称为贴现所得。其公式为：

贴现所得＝票据到期值－贴现利息

贴现利息＝票据到期值×贴现率×贴现期

贴现期＝票据期限－企业已持有票据期限

带息应收票据的到期值，是其面值加上按票据载明的利率计算的票据全部期间的利息；不带息应收票据的到期值就是其面值。

【例】某饭店因急需资金，于6月7日将一张5月8日签发、120天期限、票面价值50 000元的不带息商业汇票向银行贴现，年贴现率为10%。则：

票据到期日为9月5日（5月份24天，6月份30天，7月份31天，8月份31天，9月份4天），票据持有天数30天（5月份24天，6月份6天），贴现期为90（120－30）天，到期值50 000元，贴现利息1 250（50 000×10%×90÷360）元，贴现所得48 750（50 000－1 250）元。

有关账务处理如下：

借：银行存款　　　　　　　　　　　　　48 750

　　财务费用　　　　　　　　　　　　　1 250

　　贷：应收票款　　　　　　　　　　　　　50 000

如果贴现的商业承兑汇票到期，承兑人的银行账户不足支付，银行即将已贴现的票据退回申请贴现的企业，同时从贴现企业的账户中将票据款划回。此时，贴现企业应按所付票据本息转作"应收账款"，借记"应收账款"科目，贷记"银行存款"科目。如果申请贴现企业的银行存款账户余额不足，银行将作为逾期贷款处理，贴现企业应借记"应收账款"科目，贷记"短期借款"科目。

三、其他应收款

（一）其他应收款的内容

其他应收款是指企业发生的除应收货款及应收劳务款、应收股利、应收利息、长期应收款等以外的其他应收及暂付债权，包括企业发生的各种赔款、备用金以及应向职工收取的各项垫付款项等。

（二）其他应收款账务处理

企业应设置"其他应收款"账户，这是个资产类账户，借方登记其他应收账发生额，贷方登记收回各种款项数，期末余额在借方表示应收未收的其他应收款项。其他应收款明细账按应收的结算单位或个人来设置，采用三栏式账。主要项目举例如下：

1. 赔偿款

【例】某酒店一台机器发生非正常报废，根据保险协议，应向保险公司收取赔偿款 20 000 元。编制会计分录如下：

借：其他应收款——保险公司　　　　　　20 000
　　贷：固定资产清理　　　　　　　　　　　　20 000

收到上述赔款时：

借：银行存款　　　　　　　　　　　　　20 000
　　贷：其他应收账款——保险公司　　　　　　20 000

2. 备用金

备用金也称零用金是财务部门拨付给所属有关部门或个人的用于日常零星开支、零星采购和找零或小额差旅费用等方面的现金。

拨付备用金必须明确使用范围，建立领用、保管和报销制度，并由专人经管。备用金有非定额和定额两种管理方法。

（1）非定额备用金

非定额备用金管理是用款部门根据实际需要向财务部门领取备用金，用后凭有关支出凭证报销时，财务部门作减少其备用金处理，如再有需要，则可办理借款手续，这种方法适用于预支差旅费等备用金管理。

（2）定额备用金

定额备用金是指企业拨付给内部用款单位或职工个人在一定限

额内周转使用的款项。

如果企业认为该部门的备用金没有继续设置的必要而予以取消，该部门应在报销的同时，交回剩余的备用金。编制会计分录为借记"库存现金"或"管理费用"科目，贷记"其他应收款"科目。

四、坏账处理

坏账是指企业无法收回的应收账款。由于发生坏账而产生的损失，称为坏账损失。现行制度规定确认坏账损失应符合下列条件：第一，因债务人破产或者死亡，以其破产财产或者遗产清偿后，仍然不能收回的应收账款；第二，因债务人逾期未履行偿债义务超过三年仍然不能收回的应收账款。

在现行会计准则下，坏账损失的核算一般采用备抵法。

备抵法是按期估计坏账损失，计提坏账准备，当某一应收账款全部或者部分被确认为坏账时，应根据其金额冲减坏账准备，同时转销相应的应收账款金额。备抵法首先要按期估计坏账损失。估计坏账损失主要有三种方法，即应收账款余额百分比法、账龄分析法和销货百分比法。

1. 应收款项余额百分比法

现行制度规定采用的方法。这个方法是根据会计期末应收账款的余额估计坏账损失，据此提取坏账准备。财务制度规定旅游企业，应按会计期末应收账款余额的3‰～5‰提取坏账准备。采用这种方式，一方面按期估计坏账损失计入资产减值损失；另一方面设置"坏账准备"科目，待实际发生坏账时冲销坏账准备和应收账款的金额，使资产负债表上的应收账款反映扣减估计坏账后的净值。

【例】某饭店从 2009 年开始计提坏账准备。2009 年末应收账款余额为 1 200 000 元，坏账准备的提取比例为 5‰，则计提坏账准备为：

坏账准备提取额=1 200 000×5‰=6 000（元）

借：资产减值损失　　　　　　　　　　　　6 000

　　贷：坏账准备　　　　　　　　　　　　　　6 000

2010 年 11 月，企业发现有 1 600 元的应收账款无法收回，按有关规定确认为坏账损失。

　　借：坏账准备　　　　　　　　　　　　　1 600
　　　　贷：应收账款　　　　　　　　　　　　　1 600

　　2010 年 12 月 31 日，该企业应收账款余额为 1 440 000 元。按本年年末应收账款余额应保持的坏账准备金额（即坏账准备的余额）为：

　　1 440 000×5‰=7 200（元）

　　年末计提坏账准备前，"坏账准备"科目的贷方余额为：

　　6 000－1 600=4 400（元）

　　本年度应补提的坏账准备金额为：

　　7 200－4 400=2 800（元）

　　有关账务处理如下：

　　借：资产减值损失　　　　　　　　　　　2 800
　　　　贷：坏账准备　　　　　　　　　　　　　2 800

　　2011 年 5 月 20 日，接银行通知，企业上年度已冲销的 1 600 元坏账又收回，款项已存入银行。有关账务处理如下：

　　借：应收账款　　　　　　　　　　　　　1 600
　　　　贷：坏账准备　　　　　　　　　　　　　1 600
　　借：银行存款　　　　　　　　　　　　　1 600
　　　　贷：应收账款　　　　　　　　　　　　　1 600

　　2011 年 12 月 31 日，企业应收账款余额为 1 000 000 元。本年末坏账准备余额为：

　　1 000 000×5‰=5 000（元）

　　至年末，计提坏账准备前的"坏账准备"科目的贷方余额为：

　　7 200+1 600=8 800（元）

　　本年度应冲销多提的坏账准备金额为：

　　8 800－5 000=3 800（元）

　　有关账务处理如下：

　　借：坏账准备　　　　　　　　　　　　　3 800
　　　　贷：资产减值损失　　　　　　　　　　　3 800

2. 账龄分析法

账龄分析法，是根据应收款项账龄的长短来估计坏账的方法。账龄指的是顾客所欠账款的时间。采用这种方法，企业利用账龄分析表所提供的信息，确定坏账准备金额。确定的方法按各类账龄分别估计其可能成为坏账的部分。

【例】某企业 2011 年 12 月 31 日应收账款账龄及估计坏账损失如表 3-6。

表 3-6　应收账款账龄表

应收账款账龄	应收账款金额	估计损失‰	估计损失金额
未到期	60 000	0.5	300
过期 1 个月	40 000	1	400
过期 2 个月	30 000	2	600
过期 3 个月	20 000	3	600
过期 3 个月以上	10 000	5	500
合　计	160 000		2 400

如表 3-6 所示，该企业 2011 年 12 月 31 日估计的坏账损失为 2 400元，所以，"坏账准备"科目的账面余额应为 2 400 元。

假设在估计坏账损失前，"坏账准备"科目有贷方余额 1 000 元，则该企业还应计提 1 400 元（2 400－1 000）。有关账务处理如下：

借：资产减值损失　　　　　　　　　　　　1 400
　　贷：坏账准备　　　　　　　　　　　　　　1 400

再假设在估计坏账损失前，"坏账准备"科目有贷方余额 2 600 元，则该企业应冲减 200 元（2 600－2 400）。有关账务处理如下：

借：坏账准备　　　　　　　　　　　　　　200
　　贷：资产减值损失　　　　　　　　　　　　200

3. 销货百分比法

销货百分比法，是以赊销金额的一定百分比作为估计坏账的方法。企业可以根据过去的经验和有关资料，估计坏账损失与赊销金额之间的比率，也可用其他更合理的方法进行估算。

第三节　存货的核算

一、存货概念

（一）存货及其分类

存货是指企业在日常活动中持有以备出售的产成品或商品，处在生产过程中的在产品，在生产或提供劳务过程中耗用的材料和物料等，包括各种原材料、在产品、商品、周转材料等。

存货区别于固定资产等非流动资产的最基本的特征是，企业持有存货的最终目的是为了出售，包括可供直接出售的产成品、商品以及需经过进一步加工后出售的原材料等。

（二）存货的盘存方法

企业确定存货的实物数量有两种方法：一种是实地盘存制，另一种是永续盘存制。

实地盘存制也称定期盘存制，是指会计期末通过对全部存货进行实地盘点，以确定期末存货的结存数量，然后分别乘以各项存货的单价，计算出期末存货的总金额，记入各有关存货科目，倒算出本期已耗存货成本。

基本等式如下：

期初存货+本期购货=本期耗用+期末存货

式中，期初存货成本和本期购货成本这两项数字可以从账上取得，期末存货成本要通过期末实地盘存确定，本期耗用成本可以用上述公式计算出来。

永续盘存制也称账面盘存制，是指对存货项目设置经常性的库存记录，即分品名、规格设置存货明细账，逐笔或逐日地登记存货的收支情况，并随时记列结存数。通过会计账簿资料就可以完整地反映存货的收入、发生和结存情况。采用永续盘存制，每年至少应对存货进行一次全面盘点。

实地盘存制的主要优点是简化存货的日常核算工作；缺点主要是期末工作量大，不能随时反映存货的收发存动态情况，容易掩盖自然和人为的损失，也不能随时结转成本，仅适用于某些自然消耗大、数量不稳定的鲜活商品等。永续盘存制的优点是有利于加强对存货的管理，通过账簿记录中的账面结存数，结合不定期的实地盘点，将实际盘存数与账存数相核对，可以查明溢余或短缺的原因；缺点是存货明细记录的工作量较大。因此，企业可以根据存货类别和管理要求分别选用。

（三）存货入账价值

《企业会计准则》规定："存货应当按照成本进行初始计量。存货成本包括采购成本、加工成本和其他成本。"

1. 采购成本

存货的采购成本，包括购买价款、相关税费、运输费、装卸费、保险费以及其他可归属于存货采购成本的费用。

2. 加工成本

存货的加工成本，包括直接人工费以及按照一定方法分配的制造费用。制造费用，是指企业为生产产品和提供劳务而发生的各项间接费用。企业应当根据制造费用的性质，合理地选择制造费用分配方法。

3. 其他成本

存货的其他成本，是指除采购成本、加工成本以外的，使存货达到目前场所或状态所发生的其他支出。

（四）存货发出的计价

在实际工作中，企业存货进出量很大，存货的品种繁多，存货的单位成本多变，期末存货与发出存货之间分配成本，可以采用不同的方法计算，按照国际惯例，结合我国的实际情况，常见的存货计价方法有：个别计价法、先进先出法、加权平均法、移动加权平均法。

1. 个别计价法

个别计价法，又称个别认定法，采用这一方法，按照各种存货，逐一辨认各批发出存货和期末存货所属的购进批别，分别按其购入时所确定的单位成本作为计算各批发出存货和期末存货成本的方法。

采用这种方法，计算发出存货的成本和期末存货的成本比较合理、准确，但实务操作的工作量大，仅适用于单价较高、收发次数较少的原材料。

2. 先进先出法

先进先出法是假定先购入的存货在后购入的存货成本之前转出，据此确定发出存货和期末存货的成本的方法。

【例】某酒店 2011 年 3 月份甲商品存货明细账如表 3-7 所示。

采用先进先出法，期末存货成本比较接近现时的市场价值，缺点是会计核算工作量比较大。而且当物价上涨时，会高估企业当期利润和库存存货价值；反之，会低估企业存货价值和当期利润。

3. 加权平均法

加权平均法又称月末一次加权平均法，以本月全部收货数量加月初存货数量作为权数，去除本月全部收货成本加上月初存货成本，计算出存货的加权平均单位成本，从而确定存货的发出和库存成本。计算公式如下：

$$存货单位成本=\frac{月初结存金额+\Sigma（本月各批收货的实际单位成本×本月各批收货的数量）}{月初结存数量+本月各批收货数量}$$

本月发出成本＝本月发出数量×存货单位成本

月末库存成本＝月末库存数量×存货单位成本

仍以上述甲商品存货明细账为例，采用加权平均法计算其存货成本如下：

表3-7　原材料明细账

原材料名称：甲商品　　　　　　　　　　　　　　　　　计量单位：千克

2011年		凭证号数	摘要	收入			支出			结存		
月	日			数量	单价	金额	数量	单价	金额	数量	单价	金额
3	1									300	50	15 000
										300	50	15 000
	10	1	购入	900	60	54 000				900	60	54 000
	11	2	发出				300	50	15 000			
							500	60	30 000	400	60	24 000
										400	60	24 000
	18	3	购入	600	70	42 000				600	70	42 000
	20	4	发出				400	60	24 000			
							400	70	28 000	200	70	14 000
										200	70	14 000
	23	5	购入	200	80	16 000				200	80	16 000
										200	70	14 000
	31		流转成本	1 700	—	112 000	1 600	—	97 000	200	80	16 000

$$甲商品存货单位成本 = \frac{15\,000 + 54\,000 + 42\,000 + 16\,000}{300 + 900 + 600 + 200} = 63.5（元）$$

采用加权平均法，只在月末一次计算加权平均单价，比较简单，有利于手工记账，但这种方法平时无法从账上提供发生和结存存货的单价及金额，不利于加强对存货的管理。

4. 移动加权平均法

移动加权平均法，是指本次采购的成本加原有库存成本，除以本次收货数量加原有库存数量，据以计算加权单价，并对发出存货进行计价的一种方法：

仍以上述甲商品明细账为例，采用移动平均法计算其存货成本如

表 3-8 所示。

表 3-8　原材料明细账

原材料名称：甲商品　　　　　　　　　　　　　　计量单位：千克

2011 年		凭证号数	摘要	收　入			支　出			结　存		
月	日			数量	单价	金额	数量	单价	金额	数量	单价	金额
3	1									300	50	15 000
	10	1	购入	900	60	54 000				1 200	57.5	69 000
	11	2	发出				800	57.5	46 000	400	57.5	23 000
	18	3	购入	600	70	42 000				1 000	65	65 000
	20	4	发出				800	65	52 000	200	65	23 000
	23	5	购入	200	80	16 000				400	72.5	65 000
			合计	1 700		112 000	1 600		98 000	400	72.5	

移动加权平均法的优点在于能使管理者及时了解存货的结存情况，但采用这种方法，每次收货都要计算一次平均单价，计算工作量较大，适合电算化会计操作。

上表中第一批收货后的平均单位成本和第一批发货的存货成本及当时结存的存货成本计算如下：

第一批收货后的平均单位成本 $=\dfrac{15\,000+54\,000}{300+900}=57.5$（元）

第一批发货的存货成本 $=800\times57.5=46\,000$（元）

当时结存的存货成本 $=400\times57.5=23\,000$（元）

以后每批的计算依此类推。

（五）存货成本的结转

企业销售存货，应当将已售存货的成本结转为当期损益，计入营业成本。这就是说，企业在确认存货销售收入的当期，应当将已经销售存货的成本结转为当期营业成本。

存货为商品、产成品的，企业应采用先进先出法、移动加权平均法、月末一次加权平均法和个别计价法确定已销售商品的实际成本。存货为非商品存货的，如材料等，应将已出售的材料的实际成本予以结转，计入当期其他业务成本。这里所讲的材料销售不构成企业的主营业务。如果材料销售构成了企业的主营业务，则该材料为企业的商品存货，而不是非商品存货。

对已售存货计提了存货跌价准备，还应结转已计提的存货跌价准备，冲减当期主营业务成本或其他业务成本，实际上是按已售产成品或商品的账面价值结转主营业务成本或其他业务成本。企业按存货类别计提存货跌价准备的，也应按比例结转相应的存货跌价准备。

企业的周转材料（如包装物和低值易耗品）符合存货定义和确认条件的，按照使用次数分次计入成本费用。金额较小的，可在领用时一次计入成本费用，以简化核算，但为加强实物管理，应当在备查簿上进行登记。

二、原材料

原材料是指旅游企业在经营过程中直接用于加工或制造商品，并用以向客户提供服务的一次性流动资产。原材料按其经济内容可以分为：（1）食品原材料；（2）燃料；（3）物料用品；（4）照相、洗染、修理原材料等。为了反映原材料的收发存情况，须设置"原材料"账户进行实际成本核算。"原材料"账户是资产类账户，其借方表示各种原材料的购入及其他原因增加的数额，贷方表示各种原材料发出及其他原因减少或转出，其余额在借方，表示各种原材料库存的实际额。本科目可按食品原材料、燃料、物料用品以及照相、洗染、修理原材料等设置明细账。原材料明细账格式如图3-9所示。

表 3-9 原材料明细账

年		凭证号数	摘要	收　入			支　出			结　存		
月	日			数量	单价	金额	数量	单价	金额	数量	单价	金额

（一）食品原材料分类及账务处理

1. 食品原材料的分类

（1）原材料按其在餐饮产品中所起作用分：

①粮食类，是指制作主食品的米、粳米、糯米、面粉等原材料。

②副食类，是指鸡、鸭、鱼、肉及各种蔬菜等原材料。

③干菜类，是指木耳、香菇、黄花菜、贡菜、干鱼翅、干海带等。

④其他类，是指除粮食类、副食类、干菜类以外的各种材料，如调料、油、盐、醋等。

（2）食品原材料按其存放地点分：

①入库管理原材料，适用于购进量大、能较长时间储存的材料，如粮油、干货、调味品等。

②不入库管理的原材料，适用于进量少、且不能长时间储存的材料，如肉、蔬菜等鲜活类材料。

2. 食品原材料购进的核算

在外购食品原材料的过程中，如果先付款后收货，以支付货款的时间作为原材料购进的入账时间。如果先收货后付款，以验收入库的时间作为原材料购进的入账时间。旅游企业购进食品原材料，通常有两种情况：一种是根据厨房提出的"原材料请购单"，采购员购进后将原材料直接交厨房，由其验收签字后，交采购员转财会部门入账；另一种是由仓库保管员按照定额管理要求，提出"原材料请购单"，采购员采购后交仓库验收，填写"入库单"后交财会部门入账。

企业购入食品原材料并验收入库的，借记"原材料——食品原材料"账户，购入原材料直接交厨房耗用的，则不通过"原材料——食品原材料"账户核算，可直接借记"主营业务成本"账户。

【例】某大酒店 5 月 2 日向粮店购进粳米 1 000 千克，单价 3 元，金额 3 000 元，货款已支付，粳米已验收入库，另以现金支付粳米运费 100 元，编制会计分录如下：

借：原材料——食品原材料——粮食类　　　　　3 100

　　贷：银行存款　　　　　　　　　　　　　　3 000

　　　　库存现金　　　　　　　　　　　　　　　100

　　某酒店 6 月 4 日购进螃蟹 20 千克，单价 50 元，金额 1 000 元，以现金支付，螃蟹由厨房直接验收领用，编制会计分录如下：

借：主营业务成本　　　　　　　　　　　1 000
　　贷：库存现金　　　　　　　　　　　　　1 000

3. 原材料发出核算

厨房根据需要领用原材料时，应填制领料单到仓库保管员处领料，如领料单数量较多，可由仓库定期编制领料单汇总表，交财会部门，财会部门据以借记"主营业务成本"账户，贷记"原材料——食品原材料"账户。"领料单"一般是一式三联，一联交领料部门留存，据以登记生产记录；一联交保管员据以发料，并登记原材料仓库明细账；一联为"领料汇总表"的附件转交财会部门审查记账。

（二）物料用品

1. 物料用品核算范围

物料用品是指除原材料、燃料、低值易耗品以外的用品物资，包括企业的日常用品、办公用品、包装物品、日常维修用材料、零配件等。

（1）日常用品，是指为旅游客人备用的茶叶、小食品、纪念品等，以及旅游客房、餐厅等营业部门的清洁用品、纸制用品、碗筷瓷器及玻璃器皿等。

（2）办公用品，是指为客人备用的文具纸张、企业办公用品等。

（3）包装物品，是指企业的各种桶、筐、箱、坛、袋等包装用品。

（4）日常维修用品，是指维修工具、修理用材料等，如电灯、铁锁、玻璃、木材等。

（5）零机件，是指维修用的零件、配件等。

2. 物料用品的核算

从市场上采购物料用品并验收入库后，应借记"原材料——物料用品"账户，贷记"银行存款"账户。

【例】某酒店 7 月 5 日购进一批维修配件，金额为 6 000 元，货款以支票支付，并以现金支付运费 50 元，已验收入库，根据支票存根、采购计划、发票和运费单据，编制会计分录如下：

借：原材料——物料用品——零配件　　　　　 6 050

　　贷：库存现金　　　　　　　　　　　　　　　 50

　　　　银行存款　　　　　　　　　　　　　　 6 000

　　物料用品发出时，要求有关部门和人员填制领料单，办理领料手续，保管人员应将领料单定期汇总编制"耗用物料用品汇总表"，送交财会部门凭以入账，财会部根据不同的领用部门借记"销售费用"或"管理费用"账户，贷记 "原材料"账户。

　　【例】餐饮部门进行设备维修，领用零配件 2 500 元，管理部门领用办公用品 1 000 元，根据有关单据，编制会计分录如下：

借：销售费用——餐饮部——零件　　　　　　 2 500

　　管理费用——办公用品　　　　　　　　　 1 000

　　贷：原材料——物料用品——零配件　　　　 2 500

　　　　　　　　　——办公用品　　　　　　　 1 000

三、低值易耗品

（一）低值易耗品核算的范围

　　旅游企业在业务经营活动中，需要一定数量的劳动资料，按劳动资料与经营业务的关系、价值大小及使用年限的长短，可分为低值易耗品和固定资产两种。不够作为固定资产的劳动资料都是低值易耗品，如柜台、货架、家具、营业用具、玻璃器皿、针棉织品以及在经营过程中周转使用的包装容器等。

　　低值易耗品的特点是价值低、易损耗、品种多、数量大，有的使用期限较短，购置和报废比较频繁。为了方便管理和简化核算，将低值易耗品列入流动资产进行核算。

　　为反映低值易耗品的增减变化及结存情况，应设置"低值易耗品"账户进行核算。这个账户属于资产类账户，借方表示购进、自制、盘点或其他原因增加数；贷方表示领用、摊销、报废、出售或其他原因减少数；余额在借方，表示低值易耗品的期末实存数。

（二）低值易耗品购进核算

企业购进低值易耗品，应以低值易耗品的买价，加上可以直接认定的运杂费为实际成本，记入"低值易耗品"借方，运杂费不宜按品种划分时，可列"销售费用——运杂费"账户。

【例】某大酒店 5 月 3 日购入行李推车 2 台，单价 100 元，共计金额 200 元，以转账支票付，同时以现金支付运费 30 元，行李推车已验收入库，根据发票、支票存根、入库单等凭证，编制会计分录如下：

借：低值易耗品　　　　　　　　　　　　230
　　贷：库存现金　　　　　　　　　　　　30
　　　　银行存款　　　　　　　　　　　　200

（三）低值易耗品的领用和摊销

低值易耗品要投入使用，并且在使用过程中不断发生磨损，从而使其价值逐渐减少，直至报废。因此，必须按一定的方法计算低值易耗品的磨损价值，一次或分次摊入有关费用。低值易耗品摊销的方法有一次摊销法、五五摊销法，企业可根据低值易耗品的特点和管理的要求选用。

1. 一次摊销法

一次摊销法是指低值易耗品在领用时将低值易耗品的全部价值借记"销售费用（管理费用等）——低值易耗品摊销"账户，贷记"低值易耗品"账户。采用一次摊销法的优点是核算手续简便；缺点是企业费用负担不均衡，不利于实物管理。这种方法适用于价值低、使用期短、一次领用不多的低值易耗品。

2. 五五摊销法

五五摊销法是指低值易耗品在领用时先摊销其账面价值的一半，报废时再摊销其账面价值的另一半。在领用时，借记"低值易耗品——在用"，贷记"低值易耗品——在库"，并按其价值的 50% 借记"管理费用"、"销售费用"等账户，贷记"低值易耗品——低值易耗品摊销"账户，报废时，同上摊销其价值的另外 50%。报废转销，借记"低值易耗品——低值易耗品摊销"，贷记"低值易耗品——在用"。

【例】某大酒店前台部领用行李推车 2 台，单价 115 元，共计金额

230 元，采用分期摊销法，从领用之月起分 8 个月摊销。

当领用行李推车时，编制会计分录如下：

借：低值易耗品——在用　　　　　　　　　　230

　　贷：低值易耗品——在库　　　　　　　　　　230

领用时 50%摊销，编制会计分录如下：

借：销售费用——低值易耗品摊销　　　　　　115

　　贷：低值易耗品——低值易耗品摊销　　　　115

报废时，摊销另 50%：

借：销售费用——低值易耗品摊销　　　　　　115

　　贷：低值易耗品——低值易耗品摊销　　　　115

将报废低值易耗品从账中转销：

借：低值易耗品——低值易耗品摊销　　　　　230

　　贷：低值易耗品——在用　　　　　　　　　　230

采用五五摊销法的优点是领用的低值易耗品仍保留在账面上，便于进行实物控制，有利于低值易耗品资产的安全和完整。

四、库存商品的核算

库存商品是指饭店商品部、餐饮部或附设商场等库存的各种商品，以及进行生产加工服务的照相等企业附设小卖部库存的商品，如烟、酒、服装、工艺品等。对库存商品的核算，一般采用"售价核算法"，即"售价记账，实物负责制"。也就是按所经营商品的品种、类别划分为若干柜组，按营业柜组确定实物负责人，实物负责人对其所经营的全部商品负责，财会部门设置"库存商品"，同时按商品类别或实物负责人设置"库存商品"明细账，用售价金额核算各实物负责人的商品进销存情况，售价与进价的差额记入"商品进销差价"科目，"商品进销差价"明细账也与"库存商品"明细账一样按照类别或实物负责人设置。期末通过计算进销差价率的办法计算本期已销商品应分摊的进销差价，并据以调整本期销售成本。

$$进销差价率＝\frac{期末分摊前"商品进销差价"余额}{"库存商品"期末余额+}\times100\%$$
$$本期"主营业务收入"贷方发生额$$

本期已销商品应分摊的

进销差价　　　　　　＝本期商品销售收入×进销差价率

【例】某饭店商品部购进一批工艺品不含税价 10 000 元，进项增值税 1 700 元，共计 11 700 元。该批工艺品不含税售价 15 000 元，增值税 2 550 元，共计 17 550 元。商品验收入库，货款已通过银行支付，本期销售取得收入不含税价 12 000 元，销项增值税 2 040 元，共计 14 040 元。根据购销业务有关的原始凭证，编制会计分录如下：

1.购进商品并验收入库时：

借：库存商品——工艺组　　　　　　　　　　15 000

　　应交税费——应交增值税（进项税额）　　1 700

　　　贷：银行存款　　　　　　　　　　　　　　11 700

　　　　商品进销差价——工艺品组　　　　　　　5 000

2.销售商品时：

借：银行存款　　　　　　　　　　　　　　　14 040

　　　贷：主营业务收入——商品部　　　　　　　12 000

　　　　应交税费——应交增值税（销项税额）　2 040

3.平时结转商品销售成本：

借：主营业务成本——商品成本　　　　　　　12 000

　　　贷：库存商品——工艺品组　　　　　　　　12 000

4.期末调整成本时：

$$进销差价率＝\frac{5\ 000}{3\ 000+12\ 000}\times100\%=33.33\%$$

本期已销商品应分摊的进销差价＝12 000×33.33%=4 000（元）

借：商品进销差价——工艺品组　　　　　　　4 000

　　　贷：主营业务成本——商品成本　　　　　　4 000

五、存货的期末计价

企业会计制度规定，企业的存货应当在期末时按成本与可变现净值孰低计量，对可变现净值低于存货成本的差额，计提存货跌价准备。

（一）成本与可变现净值孰低法的含义

成本与可变现净值孰低法是指对期末存货按照成本与可变现净值两者之中较低者计价的方法。即当成本低于可变现净值时，期末存货按成本计价；当可变现净值低于成本时，期末存货按可变现净值计价。

这里所讲的"成本"是指存货的历史成本，即按前面所介绍的以历史成本为基础的存货计价方法（如先进先出法等）计算得出的期末存货价值。

这里所讲的"可变现净值"是指在日常活动中，存货的估计售价减去至完工时估计将要发生的成本、估计的销售费用以及相关税费后的金额。预计可变现净值应当以当期取得的最可靠的证据为基础预计，如果在期末时预计与价格和成本相关的期后事件可能会发生，则在预计时必须考虑与期后事件相关的价格与成本的波动。

可变现净值＝估计售价－估计完工成本－估计销售费用－相关税费

当存在下列情况之一时，通常表明存货的可变现净值低于成本：

1. 市价持续下跌，并且在可预见的未来无回升的希望；

2. 企业使用该项原材料生产的产品的成本大于产品的销售价格；

3. 企业因产品更新换代，原有库存原材料已不适应新产品的需要，而该原材料的市场价格又低于其账面成本；

4. 因企业所提供的商品或劳务过时或消费者偏好改变而使市场的需求发生变化，导致市场价格逐渐下跌；

5. 其他足以证明该项存货实质上已经发生减值的情况。

（二）成本与可变现净值孰低法的应用

采用成本与可变现净值孰低对存货进行期末计价时，期末结存存货的价值通常可以采用以下三种方法确定：

1. 单项比较法，也称为逐项比较法或个别比较法，是指将存货中每一项存货的成本和可变现净值进行比较，每项存货均取其较低者来确定结存存货的价值。

2. 分类比较法，是指将存货中每一类存货的成本与可变现净值进行比较，每类存货取其较低者来确定期末结存存货的价值。

3. 总额比较法，也称为综合比较法，是指将全部存货的总成本与可变现净值总额进行比较，以较低者作为期末结存存货的价值。

【例】某企业有 A、B、C、D 四种存货，按其性质的不同分为甲、乙两大类。各种存货的成本与可变现净值已经确定，分别按三种方法确定期末结存存货的价值，如表 3-10 所示。

表 3-10　期末存货成本与可变现净值比较表

金额单位：元

项　目	成本	可变现净值	单项比较法	分类比较法	总额比较法
A 存货	1 000	1 400	1 000		
B 存货	2 000	1 900	1 900		
甲类存货	3 000	3 300		3 000	
C 存货	3 000	3 100	3 000		
D 存货	4 000	3 800	3 800		
乙类存货	7 000	6 900		6 900	
总　计	10 000	10 200	9 700	9 900	10 000

由表 3-10 可见，单项比较法确定的期末存货价值最低（9 700 元），分类比较法次之（9 900 元），总额比较法最高（10 000 元）。其原因是单项比较法所确定的均为各项存货的最低价。

企业会计制度规定，存货跌价准备应按单个存货项目的成本与可变现净值计量；如果某些存货具有类似用途并与在同一地区生产和销售的产品系列相关，且实际上难以将其与该产品系列的其他项目区别开来进行估价的存货，可以合并计量成本与可变现净值；对于数量繁多、单价较低的存货，可以按存货类别计量成本与可变现净值。

（三）成本与可变现净值孰低法的账务处理

1. 成本低于可变现净值

如果期末结存存货的成本低于可变现净值，则不需做账务处理，资产负债表中的存货仍按期末账面价值所示。

2. 可变现净值低于成本

如果期末存货的可变现净值低于成本，则必须在当期确认存货跌价损失，并进行有关账务处理。具体做法是：期末，比较成本与可变现净值已计算出应计提的准备，然后与"存货跌价准备"科目的余额已提数进行比较，若应提数大于已提数，应予补提；反之，应冲销部分已提数。提取和补提存款跌价准备时，借记"资产减值损失——存货减值损失"科目，贷记"存货跌价准备"科目；如以前减记存货价值的影响因素已经消失，已计提跌价准备的存货的价值以后又得以恢复时，应按恢复增加的数额，借记"存货跌价准备"科目，贷记"资产减值损失——存货减值损失"科目。但是，当已计提跌价准备的存货的价值以后又得以恢复其冲减的跌价准备金额，应以"存货跌价准备"科目的余额冲减至零为限。

【例】某饭店采用"成本与可变现净值孰低法"进行期末存货计价。2000 年年末存货的账面成本为 100 000 元，可变现净值为 95 000 元，应计提的存货跌价准备为 5 000 元。根据上述资料，应作如下账务处理：

借：资产减值损失——存货减值损失　　　　5 000
　　贷：存货跌价准备　　　　　　　　　　　　5 000

假设 2001 年年末存货的种类和数量未发生变化（下同），且存货的可变现净值为 90 000 元，应计提的存货跌价准备为 10 000 元（100 000-90 000）。由于前期已计提 5 000 元，应补提存货跌价准备 5 000 元。

借：资产减值损失——存货减值损失　　　　5 000
　　贷：存货跌价准备　　　　　　　　　　　　5 000

假设 2002 年年末存货的可变现净值为 97 000 元，应冲减已计提的存货跌价损失准备 7 000（97 000－90 000）元。

借：存货跌价准备　　　　　　　　　　　　7 000
　　贷：资产减值损失——存货减值损失　　　　7 000

假设 2003 年年末存货的可变现净值为 101 000 元，应冲减已计提的存货跌价准备 3 000 元（100 000－97 000）（以"存货跌价准备"科目余额冲减至零为限）。

借：存货跌价准备　　　　　　　　　　　3 000
　　贷：资产减值损失——存货减值损失　　　　　3 000

（四）存货的转销

存货的转销，是指将存货的账面价值全部转入当期损益。企业会计制度规定，当存在以下一项或若干项情况时，表明存货的可变现净值为零，应将存货账面价值全部转入当期损益：

1. 已霉烂变质的存货；
2. 已过期且无转让价值的存货；
3. 生产中已不再需要，并且已无使用价值和转让价值的存货；
4. 其他足以证明已无使用价值和转让价值的存货。

企业当期发生上述情况时，应按存货的账面价值，借记"资产减值损失——存货减值损失"科目，按已计提的存货跌价准备，借记"存货跌价准备"科目，按存货的账面余额，贷记"库存商品"等科目。

六、存货的清查

存货清查是通过对存货的实物查对并与账面资料比较，确定各项存货的实存数与账存数是否相符的一种专门方法。企业进行存货清查盘点，应当编制"存货盘存报告单"，并将其作为存货清查的原始凭证。其格式如表 3-11 所示。

表3-11　存货盘存报告单

编号	名称	规格	堆位	单位	上月库存数			本月购进			本月发出			账面结存			盘存数			盘盈或盘亏		
					数量	单价	金额	数量	单价	金额	数量	单价	金额	数量	单价	金额	数量	单价	金额	数量	单价	金额
	合　计																					
总经理：　食品管理部门经理：　　总会计师：　食品主管：　材料会计：　仓管员：　稽核：　制表：																						

经过存货盘存记录的实存数与存货的账面记录核对，若账面存货小于实际存货，为存货的盘盈；反之，为存货的盘亏。对于盘盈和盘亏的存货要记入"待处理财产损溢"科目，查明原因进行处理。"待处理财产损溢"科目是资产类科目，借方表示盘亏和盘盈转出数额，贷方表示盘盈和盘亏转出数额，余额表示尚待处理的盘亏数或盘盈数，本科目按盘盈、盘亏的资产种类和项目进行明细核算。

（一）存货的盘盈核算

企业对于盘盈的存货，根据"存货盘存报告单"所列的金额，编制会计分录如下：

借：原材料（低值易耗品、库存商品）
　　贷：待处理财产损益——待处理流动资产损益

盘盈的存货，通常是由企业日常收发计量上的差错所造成的，其盘盈的存货按规定手续报经批准后，可冲减管理费用，编制会计分录如下：

借：待处理财产损益——待处理流动资产损益
　　贷：管理费用——存货盘亏和毁损

（二）存货的盘亏核算

企业对于盘亏的存货，根据"存货盘存报告单"编制如下会计分录：

借：待处理财产损益——待处理流动资产损益
　　贷：原材料（低值易耗品、库存商品）

对于购进的商品发生非正常损失引起盘亏，存货应负担的增值税，应一并转入"待处理财产损益"科目。

借：待处理财产损益——待处理流动资产损益
　　贷：应交税金——应交增值税（进项税额转出）

对于盘亏的存货应根据造成盘亏的原因，分情况进行转账：

（1）属于定额内损耗以及存货日常收发计量上的差错，扣除残料价值、可以收回的保险赔偿和过失人赔偿，净损失经批准后转作管理费用。

借：管理费用
　　贷：待处理财产损益——待处理流动资产损益

（2）属于应由保险赔偿、过失人赔偿的损失，应作其他应收款处理。

借：其他应收款

贷：待处理财产损益——待处理流动资产损益

（3）属于自然灾害等非常原因而发生的存货损失，应先扣除处置收入、可以收回的保险赔偿和过失人赔偿，将净损失作营业外支出。

借：营业外支出——非常损失

贷：待处理财产损益——待处理流动资产损益

旅游企业存货的清查盘点，可分为定期盘点和不定期盘点两种，定期盘点一般在月末、季末、年终进行。不定期盘点是指临时性的盘点以及发生事故损失、会计交接、存货调价等进行的盘点清查。

第四节　交易性金融资产的核算

一、交易性金融资产的概念

根据《企业会计准则》的规定，交易性金融资产主要是指企业为了近期内出售而持有的金融资产。比如，企业以赚取差价为目的从二级市场购入的股票、债券、基金等。

企业应设置"交易性金融资产"科目，本科目核算企业持有的以公允价值计量且其变动计入当期损益的金融资产，包括为交易目的所持有的债券投资、股票投资、基金投资、权证投资和直接指定为以公允价值计量且其变动直接计入当期损益的金融资产。本科目应当按照交易性金融资产的类别和品种，分别以"成本"、"公允价值变动"进行明细核算。

二、交易性金融资产的主要账务处理

1. 交易性金融资产

企业取得交易性金融资产时，应当按照该金融资产取得时的公允价值作为其初始确认金额；取得交易性金融资产所支付价款中包含了已宣告但尚未发放的现金股利或已到付息期但尚未领取的债券利息的，应当单独确认为应收项目；取得交易性金融资产所发生的相关交易费用应当在发生时计入投资收益。

会计处理如下：

借：交易性金融资产——成本

　　应收股利/利息

　　投资收益

　贷：银行存款

2. 交易性金融资产持有期间

企业在持有交易性金融资产期间，（1）收到买价中包含的股利/利息，借：银行存款，贷：应收股利/利息；（2）确认持有期间享有的股利/利息，借记"应收股利/利息"，贷记"投资收益"，同时，借记"银行存款"，贷记"应收股利/利息"。票面利率与实际利率差异较大的，应采用实际利率计算确定债券利息收入。

3. 资产负债表日交易性金融资产价值的确定

资产负债表日如果交易性金融资产的公允价值大于账面余额，借记"交易性金融资产——公允价值变动"，贷记"公允价值变动损益"；如果资产负债表日公允价值小于账面余额，则作相反分录。

4. 出售交易性金融资产

出售交易性金融资产时，应当将该金融资产出售时的公允价值与其初始入账金额之间的差额确认为投资收益，账务处理如下：

借：银行存款

　贷：交易性金融资产——成本

　　交易性金融资产 ——公允价值变动

　　投资收益

同时，按初始成本与账面余额之间的差额确认投资收益/损失，借记或贷记"公允价值变动损益"，贷记或借记"投资收益"。

三、交易性金融资产的会计处理举例

【例】甲公司 2010 年 5 月 10 日从证券交易所购入乙公司发行的

股票 10 万股准备短期持有，以银行存款支付投资款 458 000 元，其中含有 3 000 元相关交易费用。编制会计分录如下：

  借：交易性金融资产——成本   458 000
    贷：银行存款   458 000

2010 年 9 月 10 日，乙公司宣告发放现金股利 4 000 元。编制会计分录如下：

  借：应收股利   4 000
    贷：投资收益   4 000
  借：银行存款   4 000
    贷：应收股利   4 000

2010 年 12 月 31 日该股票的市价为 5 元/股，编制会计分录如下：

  借：交易性金融资产——公允价值变动 45 000
    贷：公允价值变动损益   45 000

2011 年 6 月 18 日，甲公司将所持的乙公司的股票出售，共收取款项 520 000 元。甲公司出售的乙公司股票应确认的投资收益=520 000－500 000=20 000 编制会计分录如下：

  按售价与账面余额之差确认投资收益
  借：银行存款   520 000
    贷：交易性金融资产——成本   455 000
          ——公允价值变动 45 000
     投资收益   20 000
  按初始成本与账面余额之差确认投资收益/损失
  借：公允价值变动损益   45 000
    贷：投资收益   45 000

复习思考题

1. 现金管理的主要内容有哪些？
2. 银行转账的结算方式有哪几种？它们各自有什么特点？
3. 什么是坏账损失？确认坏账的依据是什么？

4. 坏账损失的核算有哪几种方法？

5. 其他应收款包括的主要内容有哪些？

6. 什么是存货？包括哪些内容？

7. 存货的价值是由哪几部分构成的？

8. 存货发出有哪几种计价方法？它们各自有何特点？试比较它们的优缺点。

9. 低值易耗品的领用、摊销和报废应如何进行核算？

10. 库存商品按售价如何进行核算？

11. 存货成本和可变现净值孰低法是何含义？如何进行核算？

12. 存货清查中对出现的盘盈、盘亏应如何处理？在会计上如何反映？

13. 表明存货减值的迹象有哪些？

14. 交易性金融资产具有什么特点？

习题一

一、目的：练习存货发出的计价方法。

二、资料：

某企业 11 月份甲种存货购入和领用的情况如下：

1. 月初甲种存货余额为 2 000 公斤，单价 60 元。

2. 3 日，购进 800 公斤，单价 62 元。

3. 7 日，领用 1 200 公斤。

4. 10 日，购进 1 100 公斤，单价 59 元。

5. 13 日，购进 600 公斤，单价 61 元。

6. 19 日，领用 1 500 公斤。

7. 25 日，购进 1 200 公斤，单价 58 元。

8. 29 日，领用 900 公斤。

三、要求：

1. 分别用先进先出法、加权平均法、个别计价法登记存货明细分类账（以表代账）；

2. 分别计算确定本月发出存货的成本；

3. 分别计算确定月末该存货的期末余额。

习题二

一、目的：练习流动资产的核算。

二、资料：某企业 2010 年 8 月份发生的一部分经济业务如下：

1. 职工李×预借差旅费 3 000 元，以现金支付。

2. 开出转账支票支付购买原材料的货款 18 900 元，运杂费 1 100 元，材料已验收入库。

3. 预付货款 9 000 元购买食品材料，以银行存款支付。

4. 收到银行转来某旅行社付前欠旅行团的旅行费用 29 000 元。

5. 供应科去外地采购材料，委托银行开立 25 000 元外埠采购专户存款，已开出委托书。

6. 某日，销售商品货款 19 000 元（含增值税）尚未收回。

7. A 客户所欠账款 4 500 元，由于 A 公司已撤销，确认欠款全部无法收回，经批准作坏账处理。

8. 销售商品一批，价税合计 20 000 元，对方交来为期 6 个月的银行承兑汇票一张，票面金额为 20 000 元，签发日为 8 月 5 日。

9. 购物料用品 A20 包，单价 50 元，物料用品 B10 包，单价 16 元，物料用品已验收入库，货款尚未支付。

10. 购入燃料乙 10 吨，单价 400 元，运杂费 150 元，燃料已验收入库，货款已收。

11. 李×出差回来报销差旅费 2 600 元，余款退回。

12. 企业因急需资金将 8 月 5 日收到的为期 6 个月的无息商业汇票向银行申请贴现，面值为 20 000 元，贴现率 12%，贴现日为 8 月 25 日，贴现金额已收存银行。如果上述票据属有息票据，年息率为 6%，其他条件不变，作出贴现账务处理。

13. 收到以前年度已转为坏账的应收账款 18 000 元，款项已存入银行。

14. 本月领用材料汇总如下：

	客房部	餐饮部	企业管理部门
食品原材料		5 600	
燃料	1 200	890	600
物料用品	670	350	450

15. 原材料盘亏 20 公斤，单价 1.3 元，经调查，其中 3 公斤属定额内消耗，其余 17 公斤属仓库保管人员失职造成的，经批准决定由保管人员赔偿。

三、要求：根据上述业务编制会计分录。

习题三

一、目的：练习交易性金融资产的会计处理。

二、资料：

2010 年 1 月 1 日，甲企业从二级市场支付价款 1 020 000 元（含已到付息但尚未领取的利息 20 000 元）购入某公司发行的债券，另发生交易费用 20 000 元。该债券面值 1 000 000 元，剩余期限为 2 年，票面年利率为 4%，每半年付息一次，甲企业将其划分为交易性金融资产。其他资料如下：

1. 2010 年 1 月 5 日，收到该债券 2006 年下半年利息 20 000 元。

2. 2010 年 6 月 30 日，该债券的公允价值为 1 150 000 元（不含利息）。

3. 2010 年 7 月 5 日，收到该债券半年利息。

4. 2010 年 12 月 31 日，该债券的公允价值为 1 100 000 元（不含利息）。

5. 2011 年 1 月 5 日，收到该债券 2010 年下半年利息。

6. 2011 年 3 月 31 日，甲企业将该债券出售，取得价款 1 180 000 元（含 1 季度利息 10 000 元）。假定不考虑其他因素。

三、要求：根据上述业务编制会计分录。

第四章 长期资产的核算

【学习目的】
- 了解固定资产的折旧方法
- 掌握固定资产清理的核算
- 熟悉长期待摊费用账务处理
- 熟悉持有至到期投资、可供出售金融资产账务处理
- 了解长期股权投资相关内容

【基本内容】

固定资产
- 固定资产取得
- 固定资产折旧
- 固定资产减少

无形资产
- 无形资产计价
- 无形资产取得、转让和摊销

长期待摊费用
- 长期待摊费用内容
- 长期待摊费用的摊销

长期应收款
- 长期应收款内容
- 长期应付款的核算

第一节　固定资产概述

一、固定资产划分标准

（一）概念

固定资产是指同时具有下列特征的有形资产：（1）为生产商品、提供劳务、出租或经营管理而持有的；（2）使用寿命超过一个会计年度。不属于生产经营主要设备的物品，单位价值在 2 000 元以上，并且使用期限超过两年的，也作为固定资产。

（二）固定资产特点

固定资产与流动资产相比较，具有如下特点：（1）可长期地服务于业务经营过程中，并在较长的使用期限中不明显改变原来的实物形态。（2）购置的价值一般较高，其投入的资金不能像投入的原材料那样可一次性从产品销售收入中回收，而是在使用过程中，随着磨损程度以折旧的形式逐渐地、部分地计入费用，并从服务收入或产品销售收入中得到补偿。因此其核算方法也不同于流动资产。

固定资产与低值易耗品的区别在于使用年限和价值大小的不同。但有些如玻璃器皿和专用工具虽然符合固定资产条件，因易损坏而被列为低值易耗品。

二、固定资产的分类

（一）固定资产按用途分类

1. 经营用固定资产，是指直接参加企业生产经营活动或服务于企业经营过程的固定资产。如：房屋、机器设备、交通运输工具等。

2. 非经营用固定资产，是指不直接参加或服务于旅游企业经营活动的固定资产。如：职工食堂、托儿所、俱乐部、医务室等用于职工生活和福利的房屋、设备等。

按用途分类，便于分类反映和监督不同经济用途的固定资产之间的组成、变化情况，使企业合理配置固定资产。

（二）固定资产按使用情况分类

1. 使用中的固定资产，是指正在使用的营业用和非营业用固定资产。对于淡季停用和大修理暂停使用以及存放在使用部门备用的机器设备，均应列入使用中的固定资产。

2. 未使用固定资产，是指旅游企业购进而尚未使用、尚待安装及进行改建扩建的固定资产和经批准停止使用的固定资产。

3. 不需用固定资产，是指不适于本企业使用或多余的等待处理的固定资产。

按使用情况分类，可以正确反映和监督旅游企业固定资产的使用情况，促使其提高固定资产利用效益，便于正确计提固定资产折旧。

（三）固定资产综合分类

1. 房屋及建筑物，房屋是指企业各部门用房，以及房屋不可分离的附属设备，如电梯、卫生设备等。建筑物是指房屋以外的围墙、水塔和企业内花园、喷水池等。

2. 机器设备，是指用于经营服务的厨房设备、洗衣设备，用于产生电力、冷暖气的各种设备，以及各种通讯设备、电子计算机系统设备等。

3. 交通运输工具，是指用于经营服务和企业内部运输的各种车辆，如小汽车、卡车、电瓶车等。

4. 家具设备，是指用于经营服务和经营管理部门的各种家具设备、办公用设备、各类地毯等。

5. 电器及影视设备，是指用于企业经营服务或管理用的闭路电视播放设备、音响、电视机、电冰箱、摄像机等。

6. 文体娱乐设备，是指健身房、娱乐厅用的各种设备，如台球桌、各种乐器等。

7. 其他设备，是指不属于以上各类的其他经营管理用固定资产，如工艺摆设、消防设备等。

这种分类可以反映各类不同的固定资产类别，并为确定不同类别的固定资产的折旧年限奠定了基础。

三、固定资产账户的设置

(一)固定资产的总分类核算

为了便于对固定资产的取得、折旧和减少的核算，旅游企业应设置"固定资产"、"累计折旧"、"固定资产清理"、"工程物资"、"在建工程"、"固定资产减值准备"等科目。

1. "固定资产"科目，是核算固定资产原始价值及结存情况的科目。固定资产原价增加时，记入借方，固定资产原价减少时，记入贷方，余额在借方，反映现有固定资产原价。

2. "累计折旧"科目，是"固定资产"科目的备抵科目。通过"固定资产"和"累计折旧"科目的对比，可以得出固定资产净值。"累计折旧"科目，是核算现有固定资产折旧累计数额增减变化及结存情况的科目。计提折旧时，记入贷方，转出减少的固定资产折旧时，记入借方，余额在贷方，反映现有固定资产的折旧累计数。

3. "固定资产清理"科目，核算旅游企业因出售、报废和毁损等原因转入清理的固定资产净值及其在清理过程中所发生的清理费用和清理变价收入。该科目借方反映出售或报废和毁损固定资产的净值、清理费用等，贷方反映出售固定资产的价款、残料变价收入、保险公司赔款或过失人赔款等。该科目借方大于贷方，为清理净损失；贷方大于借方则为清理净收益。清理的净收益或净损失，应分别转入"营业外收入"或"营业外支出"科目。

4. "工程物资"科目，核算旅游企业为基建工程、更新改造工程和大修理工程准备的各种物资的实际成本，包括为工程准备的材料、尚未交付安装的需要安装设备的实际成本，以及预付大型设备款和基本建设期间根据项目概算购入为生产准备的工具及器具等的实际成本。"工程物资"科目应分别设置"专用材料"、"专用设备"、"工器具"等明细科目进行核算。

5. "在建工程"科目，核算企业进行基建工程、安装工程、技术改造工程、大修理工程等发生的实际成本，包括需要安装设备的价值，并分别设置"建筑工程"、"安装工程"、"在安装设备"、"待摊支出"以及"单项工程"等明细科目进行核算。

6. "固定资产减值准备"科目，企业应当在期末或者至少在每年年度终了，对固定资产逐项进行检查，如果由于市价持续下跌，或技术陈旧、损坏、长期闲置等原因导致其可收回金额低于账面价值的，应当将可收回金额低于其账面价值的差额作为固定资产减值准备。固定资产减值准备应按单项资产计提。企业发生固定资产减值时，借记"资产减值损失"科目，贷记本科目；资产减值损失一经确认，在以后会计期间不得转回。本科目期末贷方余额，反映企业已提取的固定资产减值准备。

（二）固定资产明细分类核算

旅游企业财会部门应设置固定资产明细账进行明细核算。可以采用固定资产卡片或固定资产登记簿，对每项固定资产进行有效的控制。

四、固定资产计价

旅游企业为正确核算成本，如实反映固定资产新旧程度和使用情况，必须对所有固定资产正确评估。而固定资产以货币计价，可以综合反映固定资产增减变化和结存情况。对固定资产正确地计价，是做好固定资产综合核算的必要条件。固定资产的计价有原始价值、重置价值和净值三种。

（一）原始价值

原始价值又称原值或原价，是指旅游企业在购建或以其他方式取得固定资产时所发生的全部支出，具体包括全部建造安装成本或买价加上包装费、运杂费和安装费。如从国外进口的，还包括依法交纳的关税。改扩建的固定资产，应按改扩建前的固定资产价值加上改扩建支出，减去改扩建过程中的变价收入的净额作为其原始价值。

（二）重置价值

重置价值是按照目前的生产条件，重新购建同样的固定资产所需的全部支出。一般情况下，这种计价方式在发现账外固定资产和接受捐赠固定资产时采用，或按国家规定对固定资产重新估价时使用。

（三）净值

净值又称折余价值，是指固定资产原始价值减去累计折旧额后的余额，反映其现有价值。

原始价值、重置价值可以如实反映固定资产的原始投资额和作为计算折旧的依据，净值可以反映企业当前实际占用在固定资产方面的资金。净值与原始价值相比可了解其新旧程度。

第二节　固定资产取得的核算

一、固定资产的价值构成

固定资产应按其取得时的成本作为入账的价值，取得时的成本包括买价、进口关税、运输和保险等相关费用，以及为使固定资产达到预定可使用状态前所必要的支出。固定资产取得时的成本应当根据具体情况分别确定：

1. 购置的不需要经过建造过程即可使用的固定资产，按实际支付的买价、相关税费、使固定资产达到预定可使用状态前所发生的可归属于该项资产的运输费、装卸费、安装费、专业人员服务费等，作为入账价值。

2. 自行建造的固定资产，按建造该项资产达到预定可使用状态前所发生的必要支出，作为入账价值。

3. 投资者投入的固定资产，按投资合同或协议约定的价值，作为入账价值，但合同或协议约定价值不公允的除外。

4. 融资租入的固定资产，按租赁开始日租赁资产的公允价值与最低租赁付款额的现值两者中较低者，加上初始直接费用作为入账价值。

5. 在原有固定资产的基础上进行改建、扩建的，按原固定资产的账面价值，加上由于改建、扩建而使该项资产达到预定可使用状态前发生的支出，减改建、扩建过程中发生的变价收入，作为入账价值。

6. 企业接受的债务人以非现金资产抵偿债务方式取得的固定资产，或以应收债权换入固定资产的，按应收债权的账面价值加上应支付的相关税费，作为入账价值。涉及补价的，按以下规定确定受让的固定资产的入账价值：

（1）收到补价的，按应收债权的账面价值减去补价，加上应支付的相关税费，作为入账价值；

（2）支付补价的，按应收债权的账面价值加上支付的补价和应支付的相关税费，作为入账价值。

7. 以非货币性交易换入的固定资产，非货币性资产交换同时满足下列条件的，应当以公允价值和应支付的相关税费作为入账价值：

（1）该项交换具有商业性质；

（2）换入资产或换出资产的公允价值能够可靠地计量。换入资产和换出资产公允价值均能够可靠计量的，应当以换出资产的公允价值作为入账基础，但有确凿证据表明换入资产的公允价值更加可靠的除外。

未同时满足上述条件的非货币性资产交换，按换出资产的账面价值加上应支付的相关税费，作为入账价值。涉及补价的，按以下规定确定换入固定资产的入账价值：

（1）收到补价的，按换出资产的账面价值加上应支付的相关税费减去补价后的余额，作为入账价值；

（2）支付补价的，按换出资产的账面价值加上应支付的相关税费和补价，作为入账价值。

8. 接受捐赠的固定资产，应按以下规定确定其入账价值：

（1）捐赠方提供了有关凭据的，按凭据上标明的金额加上企业负担的运输费、保险费等，作为入账价值。

（2）捐赠方没有提供有关凭据的，按如下顺序确定其入账价值：

①同类或类似固定资产存在活跃市场的，按同类或类似固定资产的市场价格估计的金额，加上企业负担的运输费、保险费等，作为入账价值；

②同类或类似固定资产不存在活跃市场的，按该接受捐赠的固定资产的预计未来现金流量现值，作为入账价值。

③如受赠的系旧的固定资产，按照上述方法确定的价值，减去按该项资产的新旧程度估计的价值损耗后的余额，作为入账价值。

9. 盘盈的固定资产，按同类或类似固定资产的重置价值作为入账价值。

10. 经批准无偿调入的固定资产，按调出单位的账面价值加上发生的运输费、安装费等相关费用，作为入账价值。

固定资产的入账价值中，还应当包括企业为取得固定资产而交纳的契税、耕地占用税、车辆购置税等相关税费。

企业购置计算机硬件所附带的、未单独计价的软件，与所购置的计算机硬件一并作为固定资产管理。

已达到预定可使用状态但尚未办理竣工决算手续的固定资产，可先按估计价值记账，待确定实际价值后，再进行调整。

二、购入固定资产

企业购入固定资产可分为不需要安装和需要安装的两种。

(一) 不需要安装

购入不需要安装的固定资产，其入账的原始价值包括企业实际支付的购买价款、包装费、运杂费、保险费、专业人员服务费和相关税费（不含可抵扣的增值税进项税额）等。

【例】某宾馆购入货车一辆，价款 100 000 元，以转账支票支付，货车已验收使用。作如下会计分录：

借：固定资产　　　　　　　　　　　　　　　100 000
　　贷：银行存款　　　　　　　　　　　　　　100 000

(二) 需要安装的固定资产

购入需要安装的固定资产，其入账价值是在需要安装资产取得成本的基础上，加上安装调试成本等。核算时，先在"在建工程"账户核算，安装完毕交付使用时再由"在建工程"账户转入"固定资产"账户。

【例】某饭店购入需安装的洗涤设备一台，价值 80 000 元，并支付安装费 800 元。

(1) 购入验收入库时，作分录如下：

借：工程物资——专用设备　　　　　　　　　80 000
　　贷：银行存款　　　　　　　　　　　　　　80 000

（2）领用安装时，作分录如下：

借：在建工程——安装洗涤设备　　　　　　　80 000
　　贷：工程物资——专用设备　　　　　　　　　　80 000

（3）支付工程费用时，作分录如下：

借：在建工程——安装洗涤设备　　　　　　　800
　　贷：银行存款　　　　　　　　　　　　　　　　800

（4）当安装完毕，交付使用时，作分录如下：

借：固定资产　　　　　　　　　　　　　　　80 800
　　贷：在建工程——安装洗涤设备　　　　　　　80 800

三、自行建造固定资产

旅游企业自行建造的固定资产，可以有自营建造和出包建造两种方式，应按不同的方式分别进行会计处理。

（一）自营

旅游企业采用自营方式进行固定资产工程主要通过"工程物资"和"在建工程"科目进行核算。

【例】某饭店采用自营方式建筑房屋一幢，为工程购置物资 190 000元，全部用于工程建设，为工程支付的建设人员工资 48 000 元，为工程借款发生利息 21 000 元，工程完工验收交付使用。

（1）购买工程物资，作分录如下：

借：工程物资——专用材料　　　　　　　　190 000
　　贷：银行存款　　　　　　　　　　　　　　　190 000

（2）领用工程物资，作分录如下：

借：在建工程——房屋工程　　　　　　　　190 000
　　贷：工程物资——专用材料　　　　　　　　　190 000

（3）支付建设人员工资，作分录如下：

借：在建工程——房屋工程　　　　　　　　48 000
　　贷：应付职工薪酬——工资　　　　　　　　　48 000

（4）结转为工程借款而发生的利息，作分录如下：

借：在建工程——房屋工程　　　　　　　21 000
　　贷：应付利息　　　　　　　　　　　　　　　21 000

（5）工程完工验收，结转工程成本时，作分录如下：

借：固定资产——房屋　　　　　　　　259 000
　　贷：在建工程——房屋工程　　　　　　　259 000

（二）出包

旅游企业采用出包方式建造固定资产，工程的具体支出在承包单位核算，在这种方式下，"在建工程"账户实际成为企业与承包单位的结算账户。

【例】某饭店以出包方式建造仓库一座，预付工程款 200 000，工程完工决算，根据竣工工程决算表，需补付工程价款 15 000 元。作分录如下：

（1）预付工程款时：

借：在建工程——仓库工程　　　　　　200 000
　　贷：银行存款　　　　　　　　　　　　　200 000

（2）补付工程价款时：

借：在建工程——仓库工程　　　　　　　15 000
　　贷：银行存款　　　　　　　　　　　　　　15 000

（3）根据竣工工程决算表，结转工程成本时：

借：固定资产——仓库　　　　　　　　215 000
　　贷：在建工程——仓库工程　　　　　　　215 000

四、投资转入固定资产

由其他单位投资转入的固定资产，应按投资合同或协议约定的价值借记"固定资产"账户，贷记"实收资本"账户，但合同或协议约定价值不公允的除外。在投资合同或协议约定价值不公允的情况下，按照该项固定资产的公允价值作为入账价值。

【例】某饭店接受某宾馆投资转入的固定资产一台，账面原价550 000 元，投资合同约定价值 480 000 元，在收到该项固定资产时，作分录如下：

借：固定资产　　　　　　　　　　　　480 000
　　贷：实收资本　　　　　　　　　　　480 000

五、融资租入固定资产

融资租入的固定资产，应当单设明细科目进行核算。企业应在租赁开始日，按租赁开始日租赁资产的公允价值与最低租赁付款额的现值两者中较低者，加上初始直接费用作为入账价值，借记本科目或"在建工程"科目，按最低租赁付款额，贷记"长期应付款——应付融资租赁款"科目，按发生的初始直接费用，贷记"银行存款"等科目，按其差额，借记"未确认融资费用"科目。租赁期满，如合同规定将设备所有权转归承租企业，应进行转账，将固定资产从"融资租入固定资产"明细科目转入有关明细科目。

如果融资租赁资产占企业资产总额比例等于或小于30%的，在租赁开始日，企业也可按最低租赁付款额作为固定资产的入账价值。企业应按最低租赁付款额，借记本科目，贷记"长期应付款——应付融资租赁款"科目。

六、接受捐赠固定资产

接受捐赠的固定资产，按确定的入账价值，借记本科目，按本来应交的所得税，贷记"递延所得税负债"科目，按确定的入账价值减去未来应交所得税后的余额，贷记"营业外收入"科目，按应支付的相关税费，贷记"银行存款"等科目。

七、无偿调入的固定资产

企业按照有关规定并报经有关部门批准无偿调入的固定资产，按调出单位的账面价值加上新的安装成本、包装费、运杂费等，作为调入固定资产的入账价值。企业调入需要安装的固定资产，按调入固定资产的原账面价值以及发生的包装费、运杂费等，借记"在建工程"等科目，按调入固定资产的原账面价值，贷记"递延收益"科目，以后按折旧进度分期确认为"营业外收入"，按所发生的支出，贷记"银行存款"等科目；发生的安装费用，借记"在建工程"等科目，贷记"银行存款"、"应付职工薪酬"等科目。工程达到可使用状态时，按工程的实际成本，借记本科目，贷记"在建工程"科目。

第三节　固定资产折旧核算和减少的核算

一、固定资产折旧概述

固定资产折旧是指固定资产在使用过程中，由于损耗而逐渐地、部分地转移到费用中去的那部分以货币表现的价值。

（一）固定资产折旧的性质

企业的固定资产可以长期参加生产经营活动而仍保持其原有的实物形态，但其价值是随着固定资产的使用而逐渐转移到生产的产品中构成费用，然后通过销售商品，收回货款，弥补了费用，从而使这部分价值损耗得到补偿。

固定资产的损耗分为有形损耗和无形损耗两种：有形损耗是指固定资产由于使用和自然力的影响而引起的使用价值和价值的损失，如机械磨损和自然条件的侵蚀等。无形损耗是指由于科学技术进步、产品升级换代等引起的固定资产价值的损失。随着科学技术的飞速发展，无形损耗造成的固定资产贬值显得越来越突出。

（二）固定资产折旧的范围

企业应当对所有的固定资产计提折旧，但是，已提足折旧仍继续使用的固定资产和单独计价入账的土地除外。在确定计提折旧范围时还应注意以下几点：

1. 固定资产应自达到预定可使用状态时开始计提折旧，终止确认时或划分为持有待售非流动资产时停止计提折旧。

2. 固定资产提足折旧后，不论能否继续使用，均不再计提折旧，提前报废的固定资产也不再补提折旧。

3. 已达到预定可使用状态但尚未办理竣工决算的固定资产，应当按照估计价值确定其成本，并计提折旧；待办理竣工决算后再按实际成本调整原来的暂估价值，但不需要调整原已计提的折旧额。

二、固定资产折旧的方法

会计上计算折旧的方法很多，如直线法、工作量法、加速折旧法等。固定资产折旧方法的选用直接影响到企业成本、费用的计算，以及企业的收入和纳税，从而影响国家的财政收入。这里重点介绍以下四种计算折旧的方法。

（一）年限平均法

年限平均法又称直线法，是将固定资产的折旧均衡地分摊到各期的一种方法。计算公式如下：

$$固定资产年折旧额=\frac{固定资产原值-预计净残值}{固定资产预计使用年限}$$

$$月折旧额=\frac{年折旧额}{12}$$

固定资产折旧率，是指某期间固定资产折旧额和原值的比率。它反映了固定资产在某期间内的磨损和损耗程度。运用固定资产折旧率来计算固定资产折旧的公式为：

$$固定资产年折旧率=\frac{1-预计净残值率}{固定资产预计使用年限}\times100\%$$

$$月折旧率=年折旧率\ /\ 12$$

$$年折旧额=固定资产原值\times年折旧率$$

$$月折旧额=年折旧率\ /\ 12$$

由于固定资产种类繁多，数额大且经常变化，运用折旧率来计算折旧可以避免计提折旧手续的繁琐。同时，固定资产折旧可以分为个别或单项折旧率、分类折旧率和综合折旧率，应根据具体情况与需要来计算固定资产的折旧。

【例】某饭店有客车一辆，原值 150 000 元，预计净残值率为 5%，预计使用年限 15 年。求月折旧率和月折旧额。

$$月折旧率=\frac{1-5\%}{15\times12}\times100\%=0.53\%$$

月折旧额＝150 000×0.53%＝795（元）

（二）工作量法

工作量法是根据实际工作量计提折旧的一种方法，计算公式如下：

$$工作量折旧额＝\frac{固定资产原值×（1-净残值率）}{预计总工作量}$$

＝某项固定资产月折旧额×该项固定资产当月工作量

【例】某饭店有冷藏车一辆，原值63 000元，在预计使用年限内可以行驶500 000公里，本月份共行驶12 000公里。计算该项固定资产折旧额。

单位工作量应提折旧额＝63 000/500 000＝0.126（元／公里）

本月份应计提折旧额＝0.126×12 000＝1 512（元）

（三）双倍余额递减法

双倍余额递减法是在不考虑固定资产净残值的情况下，根据每期期初固定资产账面余额和双倍的直线法折旧率计算固定资产折旧额的一种方法。其计算公式为：

$$折旧率＝\frac{2}{预计使用年限}×100\%$$

折旧额＝（原值－已提折旧额）×折旧率

＝固定资产账面净值×折旧率

实行双倍余额递减法计提固定资产折旧，应当在其固定资产折旧年限到期以前两年内，将固定资产净值扣除残值后平均摊销。

【例】某饭店有大型空调一台，原值90 000元，预计使用5年，残值6 000元。其折旧额计算如下：

折旧率＝2／5×100%＝40%

第一年折旧额＝90 000×40%＝36 000（元）

第二年折旧额＝（90 000－36 000）×40%＝21 600（元）

第三年折旧额＝（54 000－21 600）×40%＝12 960（元）

$$第四、五年折旧额＝\frac{32 400-12 960-6 000}{2}＝6 720（元）$$

（四）年数总和法

年数总和法是将固定资产的原值减去净残值后的净额乘以一个逐年递减的分数计算每年的折旧额。分子代表固定资产尚可使用的年数，分母代表使用年数的逐年数字总和。计算公式如下：

$$年折旧率＝\frac{尚可使用年数}{预计使用年限的年数总和}$$

$$＝\frac{预计使用年限－已使用年限}{预计使用年限×（预计使用年限＋1）÷2}$$

年折旧额＝（固定资产原值－预计净残值）×年折旧率

【例】某饭店固定资产原值 50 000 元，预计使用年限为 5 年，预计净残值 2 000 元。用年数总和法计算，如下表所示。

年份	尚可使用年限	原值—净残值	变动折旧率	每年折旧额
1	5	48 000	5/15	16 000
2	4	48 000	4/15	12 800
3	3	48 000	3/15	9 600
4	2	48 000	2/15	6 400
5	1	48 000	1/15	3 200

三、固定资产折旧的会计处理

固定资产计提折旧时，应以月初可提取折旧的固定资产账面原值为依据。当月增加的固定资产，当月不提折旧，从下月起计提折旧；当月内减少的固定资产，当月仍提折旧，从下月起停止计提折旧。因此，企业各月计算提取折旧时，可以在上月计提折旧的基础上，对上月固定资产的增减情况进行调整后计算当月应计提的折旧额。

当月固定资产应计提的折旧额＝上月固定资产计提的折旧额＋上月增加固定资产应计提的折旧额－上月减少固定资产应计提的折旧额

在会计实务中，各月计提折旧的工作一般是通过编制"固定资产折旧计算表"来完成的。例如，某宾馆某月份的固定资产折旧计算表如表 4-1 所示。

表 4-1　固定资产折旧计算表

使用部门	固定资产项目	上月折旧额	上月增加固定资产 原价	折旧额	上月减少固定资产 原价	折旧额	本月折旧额	分配费用
客房部	房屋	3 000					3 000	销售费用
	电器设备	15 000					15 000	
	家具	900					900	
	小计	18 900					18 900	
餐饮部	房屋	2 000					2 000	
	电器设备	12 000	40 000	200			12 200	
	小计	14 000					14 200	
商品部	房屋	2 100					2 100	
	运输工具	14 000			30 000	900	13 100	
	小计	16 100					15 200	
管理部	房屋建筑	1 200					1 200	管理费用
	运输工具	1 500					1 500	
	小计	2 700					2 700	
合计		51 700	40 000	200	30 000	900	51 000	

根据表 4-1 固定资产折旧计算资料，编制如下会计分录：

借：销售费用——客房部　　　　　　　18 900

　　　　　　——餐饮部　　　　　　　14 200

　　　　　　——商品部　　　　　　　15 200

　　管理费用——管理部　　　　　　　 2 700

　　贷：累计折旧　　　　　　　　　　51 000

"累计折旧"是固定资产的备抵科目，当计提固定资产折旧额和增加固定资产而相应增加其已提折旧时，记入该科目贷方；因出售、报废清理、盘亏等原因减少固定资产而相应转销其所提折旧时，记入该科目借方；该科目的余额在贷方，反映企业现有固定资产的累计折旧额。在资产负债表中，累计折旧作为固定资产的减项单独列示。

四、固定资产的减少

在企业生产经营过程中，对那些不适用或不需要的固定资产，可以出售转让，也可以用固定资产对外投资、捐赠、抵偿债务，还可能由于调拨、盘亏等原因发生固定资产的减少。

（一）固定资产的投资转出

旅游企业经常以自己拥有的固定资产作价投入其他企业参与企业的经营，来拓宽经营渠道，开创盈利新途径。对外投资时，应以评估确认的价值作为其投资额，加上应支付的相关税费，借记"长期股权投资"科目，按该项固定资产已提折旧，借记"累计折旧"科目，按该项固定资产已计提的减值准备，借记"固定资产减值准备"科目，按固定资产账面原值贷记"固定资产"科目。按应支付的相关税费，贷记"银行存款"、"应交税费"等科目。

【例】A 宾馆以一辆轿车向 B 宾馆投资，小轿车账面原值 160 000 元，已提折旧 39 000 元，已计提的减值准备 1 000 元，经双方协商同意以净值作为投资，轿车已交付对方。A 宾馆可作如下分录：

借：长期股权投资——其他投资　　　　　120 000
　　累计折旧　　　　　　　　　　　　　 39 000
　　固定资产减值准备　　　　　　　　　　1 000
　　贷：固定资产　　　　　　　　　　　　　　160 000

（二）固定资产的出售、报废

企业因出售、报废、捐赠、毁损等原因减少的固定资产应通过"固定资产清理"科目核算。

1. 固定资产的出售

企业中存在不需用的固定资产，需要出售。固定资产的出售与报废都须在报经领导批准后方能执行。企业出售固定资产，取得收入时，借记"银行存款"账户，贷记"固定资产清理"账户，发生出售费用时，借记"固定资产清理"账户，贷记"银行存款"等账户。通过"固定资产清理"账户来核算固定资产出售的净收益或净损失。按照有关规定，企业销售不动产，还应按销售额计算缴纳营业税。

【例】某宾馆有一建筑物，原价 2 000 000 元，已使用 6 年，计提折旧 300 000 元，固定资产减值准备 10 000 元，支付清理费 10 000 元，出售的价格收入为 1 900 000 元，营业税率为 5%。编制如下分录：

（1）固定资产转入清理：

借：固定资产清理　　　　　　　　　　　　1 690 000

　　累计折旧　　　　　　　　　　　　　　300 000

　　固定资产减值准备　　　　　　　　　　10 000

　　　贷：固定资产　　　　　　　　　　　　　　2 000 000

（2）支付清理费用：

借：固定资产清理　　　　　　　　　　　　10 000

　　　贷：银行存款　　　　　　　　　　　　　　10 000

（3）收到价款时：

借：银行存款　　　　　　　　　　　　　　1 900 000

　　　贷：固定资产清理　　　　　　　　　　　　1 900 000

（4）计算应缴纳的营业税（1 900 000×5％＝95 000元）：

借：固定资产清理　　　　　　　　　　　　95 000

　　　贷：应交税费——应交营业税　　　　　　　95 000

（5）上交营业税：

借：应交税费——应交营业税　　　　　　　95 000

　　　贷：银行存款　　　　　　　　　　　　　　95 000

（6）结转固定资产清理后的净收益：

借：固定资产清理　　　　　　　　　　　　105 000

　　　贷：营业外收入　　　　　　　　　　　　　105 000

2. 固定资产的报废

旅游企业购入的固定资产由于长期使用而不断磨损，以致丧失了使用功能，就需要进行报废清理。企业在清理报废的固定资产过程中所发生的各种支出称为清理费用。如房屋、建筑物的拆除费用和机器设备的拆卸费用。固定资产清理过程中所取得的各种收入，称为固定资产变价收入。企业取得固定资产变价收入时，借记“银行存款”账户，贷记“固定资产清理”账户；发生清理费用时，借记“固定资产清理”账户，贷记“银行存款”等账户，并通过“固定资产清理”账户来核算固定资产清理的净收益或净损失。固定资产报废而清理的净收益作为“营业外收入”，净损失作为“营业外支出”。

【例】某宾馆有旧房屋一幢，原值 450 000 元，已提折旧 435 000 元，使用期满经批准报废。清理过程中，以银行存款支付清理费 12 700 元，拆除的残料变卖收入 16 800 元存入银行。编制如下分录：

（1）固定资产转入清理：

借：固定资产清理　　　　　　　　　　　15 000

　　累计折旧　　　　　　　　　　　　　435 000

　　贷：固定资产　　　　　　　　　　　　　450 000

（2）支付清理费用：

借：固定资产清理　　　　　　　　　　　12 700

　　贷：银行存款　　　　　　　　　　　　　12 700

（3）残料出售收入：

借：银行存款　　　　　　　　　　　　　16 800

　　贷：固定资产清理　　　　　　　　　　　16 800

（4）结转固定资产清理净损益：

借：营业外支出——处置非流动资产损失　10 900

　　贷：固定资产清理　　　　　　　　　　　10 900

（三）固定资产无偿调出

企业按照有关规定并报经有关部门批准无偿调出固定资产，调出固定资产的账面价值以及清理固定资产所发生的费用，仍然通过"固定资产清理"科目核算，清理所发生的净损失通过营业外支出核算。企业应按调出固定资产账面价值，借记"固定资产清理"科目，按已提折旧，借记"累计折旧"科目，按该项固定资产已计提的减值准备，借记"固定资产减值准备"科目，按固定资产原价，贷记"固定资产"科目；发生的清理费用，借记"固定资产清理"科目，贷记"银行存款"、"应付职工薪酬"等科目；调出固定资产发生的净损失，借记"营业外支出"科目，贷记"固定资产清理"科目。

（四）固定资产的清查

企业于每年编制年度财务报告前，应当对固定资产进行全面的清查。平时，可根据需要，组织局部的轮流清查或抽查，固定资产的清查方法是实地盘点。

企业应对固定资产定期或者至少每年实地盘点一次。对盘盈、盘亏、毁损的固定资产，应当查明原因，写出书面报告，并根据企业的管理权限，经股东大会或董事会或经理（厂长）会议或类似机构批准后，在期末结账前处理完毕。如盘盈、盘亏、毁损的固定资产，在期末结账前尚未经批准的，在对外提供财务会计报告时应按上述规定进行处理，并在会计报表附注中作出说明；如果期后批准处理的金额与已处理的金额不一致，应当按期差额调整会计报表相关项目的年初数。

1. 盘盈固定资产

在财产清查时，如果盘盈固定资产，按会计制度规定，应按重置价值，借记"固定资产"科目，贷记"以前年度损益调整"科目，计算应纳所得税，借记"以前年度损益调整"科目，贷记"应交税费——应交所得税"科目，并补提盈余公积，贷记"盈余公积"，之后调整利润分配，借记"以前年度损益调整"科目，贷记"利润分配——未分配利润"科目。

【例】盘盈彩电一台，经调查市场上的价格为 3 500 元，经考察有六成新。作分录如下：

（1）盘盈固定资产：

借：固定资产　　　　　　　　　　　　　2 100
　　贷：以前年度损益调整　　　　　　　　　　2 100

（2）计算所得税、补提法定盈余公积：

借：以前年度损益调整　　　　　　　　　682.5
　　贷：应交税费——应交所得税　　　　　　　 525
　　　　盈余公积——法定盈余公积　　　　　　157.5

（3）调整利润分配：

借：以前年度损益调整　　　　　　　　1 417.5
　　贷：利润分配——未分配利润　　　　　　　1 417.5

2. 盘亏固定资产

企业发生固定资产盘亏时，应按盘亏固定资产的账面价值，借记"待处理财产损益——待处理固定资产损益"科目，按已提折旧，借记"累计折旧"科目，按该项固定资产已计提的减值准备，借记"固定资产减值准备"科目，按固定资产的原价，贷记"固定资产"科目。盘亏的固定资产报经批准转销时，按可收回的保险赔偿或过失人赔偿，借记"其他应收款"科目，按应计入营业外支出的金额，借记"营业外支出——盘亏损失"科目，贷记"待处理财产损益——待处理固定资产损益"科目。

【例】某企业进行财产清查时盘亏设备一台，其账面原价为 50 000元，已提折旧为 15 000 元，该设备已计提的减值准备为 5 000 元。有关账务处理如下：

（1）盘亏固定资产：

借：待处理财产损益

　　——待处理固定资产损益　　　　　　　30 000

　　累计折旧　　　　　　　　　　　　　　15 000

　　固定资产减值准备　　　　　　　　　　5 000

　　贷：固定资产　　　　　　　　　　　　　　50 000

（2）报经批准转销

借：营业外支出——盘亏损失　　　　　　　30 000

　　贷：待处理财产损益

　　　　——待处理固定资产损益　　　　　　　30 000

（五）固定资产减值准备

为了客观、真实、准确地反映期末固定资产的实际价值，企业在编制资产负债表时，应合理地确定固定资产的期末价值。

企业的固定资产在使用过程中，由于存在有形损耗（如自然磨损等）和无形损耗（如技术陈旧等）以及其他原因，导致可收回金额低于其账面价值，这种情况称之为固定资产价值减值。

企业会计制度规定，企业应当定期或者至少于每年年度终了对各项资产逐项进行检查，如果由于市价持续下跌，或技术陈旧、损坏、长期闲置等原因导致其可收回金额低于账面价值的，应当将可收回金额低于账面价值的差额作为固定资产减值准备。对存在下列情况之一的固定资产，应当按照该项固定资产的账面价值全额计提固定资产减值准备：

1. 长期闲置不用，在可预见的未来不会再使用，且已无转让价值的固定资产；

2. 由于技术进步等原因，已不可使用的固定资产；

3. 虽然固定资产尚可使用，但使用后产生大量不合格品的固定资产；

4. 已遭毁损，以至于不再具有使用价值和转让价值的固定资产；

5. 其他实质上已经不能再给企业带来经济利益的固定资产。

旅游企业应当合理地计提固定资产减值准备，但不得设置秘密准备。

旅游企业发生固定资产减值时，应按可收回金额低于其账面价值的差额，借记"资产减值损失——固定资产减值损失"科目，贷记"固定资产减值准备"科目；固定资产的资产减值损失一经确认，在以后会计期间不得转回。

旅游企业已全额计提减值准备的固定资产，不再计提折旧。在资产负债表中，固定资产减值准备应当作为固定资产净值的减项反映。

旅游企业的在建工程也应当定期或者至少于每年年度终了，对其进行全面检查，如果有证据表明在建工程已经发生了减值，应当计提减值准备。

第四节　无形资产核算

一、无形资产概述

（一）概念

无形资产是指企业拥有或者控制的没有实物形态的可辨认非货币性资产。

（二）内容

无形资产一般包括：专利权、非专利技术、商标权、著作权、土地使用权、特许经营权等。

专利权是指国家专利主管机关依法授予发明创造专利申请人，对其发明创造在法定期限内所享有的专有权利。

商标权是商标专用权的简称，它是经工商管理局核准注册的商标，得到国家法律确认和保护，商标注册人对注册商标享有专用的权利。注册商标是企业保护自己独有的商品区别于其他经营者经营同一商品的特殊标识。

土地使用权，我国的城镇土地一律归国家所有，但在一定时间、条件下其使用权归属某个单位和个人，这就在客观上形成了企业的一定资产。企业为自身的发展、对外联营，可以用土地使用权作价对外投资，来参与另一企业的经营，从而从另一企业分得利润。

特许经营权也称专营权，是指企业在某一地区经营或销售某种特定商品的权利，或是一家企业接受另一家企业使用其商标、商号、技术秘密等的权利。前者一般是由政府机构授权，准许企业使用或在一定地区享有经营某种业务的特权，如水、电、邮电、通讯等专营权，烟草专卖权，饭店管理公司品牌特许经营等；后者是指企业间依照签订的合同，有限期或无限期使用另一家企业的商标、商号、技术秘密等的权利，如连锁店分店使用总店的名称等。

非专利技术是指不为外界所知，在生产经营活动中已采用的，不享有法律保护的，可以带来经济效益的各种技术和诀窍。

（三）特征

1. 不具有实物形态。无形资产不具有物质实体，不是人们直接可以看见、触摸的，是隐形存在的资产。

2. 由企业拥有或者控制，并能为其带来未来经济利益的资源。

3. 具有可辨认性。无形资产必须是能够区别于其他资产可单独辨认的，商誉虽然也是没有实物形态的非货币性资产，但其不具有可辨认性，所以不构成无形资产。

4. 属于非货币性资产。无形资产没有发达的交易市场，为企业带来未来经济利益的情况不确定，不属于以固定或可确定的金额收取的资产，属于非货币性资产。

二、无形资产的计价

企业会计制度按无形资产取得方式的不同，对无形资产成本的确定做了明确规定。

1. 购入的无形资产，按购买价款、相关税费以及直接归属于使该项资产达到预定用途所发生的其他支出作为实际成本。对于一揽子购入的无形资产，其成本通常应按该无形资产和其他资产的公允价值相对比确定。如果一揽子购入的无形资产与其他资产在使用上不可分离，在使用年限方面也基本一致，则无需与其他资产分开来核算。

2. 投资者投入的无形资产，按投资合同或协议约定的价值作为实际成本，但合同或协议约定价值不公允的除外。

3. 旅游企业自行开发并按法律程序申请取得的无形资产，按自满足无形资产确认条件后至达到预定用途前所发生的支出总额作为无形资产的实际成本，但是对于以前期间已经费用化的支出不再调整。企业研究开发项目的支出，应当区分研究阶段支出与开发阶段支出，研究阶段的支出应当于发生时计入当期损益。

4. 企业购入的土地使用权，或以支付土地出让金方式取得的土地使用权，按实际支付的价款及相关税费作为实际成本，并作为无形资产核算；土地使用权用于自行开发建造厂房等地上建筑物时，土地使用权的账面价值不与地上建筑物合并计算其成本，仍作为无形资产进行核算，单独进行摊销。

三、无形资产的账务处理

（一）无形资产的取得

1. 购入的无形资产

企业购入无形资产时，应按实际支付的价款、相关税费以及直接归属于使该项资产达到预定用途所发生的其他支出，借记"无形资产"科目，贷记"银行存款"等科目。

2. 投资者投入的无形资产

一般情况下，投资者以无形资产向企业投资时，企业应按投资合同或协议约定的价值，借记"无形资产"科目，贷记"实收资本"或

"股本"等科目。如果投资合同或协议约定价值不公允的,应按无形资产的公允价值入账。

3. 自行开发的无形资产

企业自行开发并按法律程序申请取得的无形资产,应按自满足无形资产确认条件后至达到预定用途前所发生的支出总额,借记"无形资产"科目,贷记"银行存款"等科目。企业在研究与开发过程中,研究阶段的支出全部费用化,计入当期损益(管理费用);开发阶段的支出符合条件的资本化,借记"无形资产"科目,贷记"研发支出"科目,不符合资本化条件的计入当期损益(管理费用)。如果确实无法区分研究阶段的支出和开发阶段的支出,应将其所发生的研发支出全部费用化,计入当期损益。

4. 购入的土地使用权

企业购入的土地使用权,或以支付土地出让金方式取得的土地使用权,应按照实际支付的价款及相关税费,借记"无形资产"科目,贷记"银行存款"等科目;待土地使用权用于自行开发建造厂房等地上建筑物时,仍作为无形资产进行核算,单独进行摊销。

【例】某饭店从当地政府购入一块土地使用权,以银行存款支付转让价款 3 800 000 元,并开始进行建造房屋建筑物等开发工程。有关账务处理如下:

(1)支付转让价款时:

借:无形资产——土地使用权　　　　　　　　　3 800 000
　　贷:银行存款　　　　　　　　　　　　　　　3 800 000

(2)转入开发时,饭店为自行开发建造房屋,土地使用权仍作为无形资产核算。

(二)无形资产的摊销

无形资产属于企业的长期资产,能在较长的时间里给企业带来效益。但无形资产通常也有一定的有效期限,其价值将随着时间的推移而消失,因此,企业应将入账的无形资产在一定年限内摊销,其摊销的金额计入"管理费用"、"其他业务成本"等科目,并同时冲减无形资产的账面价值。

企业会计制度规定，无形资产应当自可供使用时起在预计使用年限内分期平均摊销。企业应当在取得无形资产时分析判断其使用寿命。使用寿命如为有限的，应当估计该使用寿命的年限或者构成使用寿命的产量等类似计量单位数量；无法预见无形资产为企业带来未来经济利益期限的，应当视为使用寿命不确定的无形资产，对于使用寿命不确定的无形资产则不需要摊销。

某些无形资产的取得源自合同权利或其他法定权利，其使用寿命不应超过合同权利或其他法定权利的期限。但如果企业使用资产的预期期限短于合同权利或其他法定权利规定的期限的，则应当按照企业预期使用的期限确定其使用寿命。

无形资产的摊销期限一经确定，不得任意变更。无形资产摊销时，应按计算的摊销额，借记"管理费用——无形资产摊销"、"其他业务成本"等科目，贷记"累计摊销"科目。

（三）无形资产的处置

1. 出售无形资产

企业出售无形资产，应按实际取得的转让收入，借记"银行存款"等科目，按已计提的累计摊销，借记"累计摊销"科目；按该无形资产已计提的减值准备，借记"无形资产减值准备"科目；按无形资产的账面余额，贷记"无形资产"科目；按应支付的相关税费，贷记"银行存款"、"应交税费"等科目；按其差额，贷记"营业外收入——处置非流动资产利得"科目，或借记"营业外支出——处置非流动资产损失"科目。

【例】某饭店将拥有的一项专利权出售，取得收入150 000元，应交的营业税7 500元。该专利权的摊余价值为123 760元，以计提的减值准备为5 000元。有关账务处理如下：

借：银行存款　　　　　　　　　　　　150 000
　　无形资产　　　　　　　　　　　　　5 000
　贷：无形资产减值准备　　　　　　　123 760
　　　应交税费——应交营业税　　　　　7 500
　　　营业外收入——处置非流动资产利得　23 740

2. 出租无形资产

企业出租无形资产时，所取得的租金收入，借记"银行存款"等科目，贷记"其他业务收入"等科目；发生的相关支出，借记"其他业务支出"科目，贷记"累计摊销"等科目。

（四）无形资产减值

如果无形资产将来为企业创造的经济利益还不足以补偿无形资产的成本（摊余成本），则说明无形资产发生了减值，具体表现为无形资产的账面价值超过了其可收回金额。

1. 检查账面价值

企业应定期对无形资产的账面价值进行检查，至少于每年年末检查一次。在检查中，如果发现以下情况，则应对无形资产的可收回金额进行估计，并将该无形资产的账面价值超过可收回金额的部分确认为减值准备：

（1）该无形资产已被其他新技术等所替代，使其为企业创造经济利益的能力受到重大不利影响；

（2）该无形资产的市价在当期大幅下跌，在剩余摊销年限内预期不会恢复；

（3）某项无形资产已超过法律保护期限，但仍然具有部分使用价值；

（4）其他足以表明该无形资产实质上已经发生了减值的情形。

2. 可收回金额

无形资产的可收回金额是指以下两项金额中较大者：第一，无形资产的公允价值减去处置费用后的净额；第二，预计从无形资产的持续使用和使用年限结束时的处置中产生的预计未来现金流量的现值。

3. 计提减值准备

如果无形资产的账面价值超过其可收回金额，则应按超过部分确认无形资产减值准备。企业计提的无形资产减值准备借记"资产减值损失"科目，贷记"无形资产减值准备"科目。

4. 已确认减值损失的处理

考虑到无形资产发生减值后，价值回升的可能性比较小，通常属于永久性减值，而且为了避免确认资产重估增值和操纵利润，其资产减值损失一经确认，在以后会计期间不得转回。以前期间计提的资产减值准备，需要等到资产处置时才可转出。

【例】2007 年 1 月 1 日，甲酒店外购 A 无形资产，实际支付的价款为 120 万元。根据相关法律，A 无形资产的有效年限为 10 年。甲酒店估计 A 无形资产预计使用年限为 6 年。

2008 年 12 月 31 日，由于与 A 无形资产相关的经济因素发生不利变化，导致 A 无形资产减值，甲酒店估计其可收回金额为 25 万元。

2009 年 12 月 31 日，甲酒店发现，导致 A 无形资产在 2008 年发生减值损失的不利因素已经全部消失，且此时估计 A 无形资产的可收回金额为 40 万元。假定不考虑所得税及其他相关税费的影响。

甲酒店有关账务处理如下：

（1）2007 年 1 月 1 日，购入无形资产：

借：无形资产　　　　　　　　　　　　　　　1 200 000

　　贷：银行存款　　　　　　　　　　　　　　　1 200 000

（2）2007 年，无形资产摊销[120 万元÷6（年）=20 万元]：

借：管理费用——无形资产摊销　　　　　　　200 000

　　贷：累计摊销　　　　　　　　　　　　　　　200 000

（3）2008 年无形资产摊销同 2007 年。

（4）2008 年计提减值准备[120−20−20−25=55（万元）]：

借：资产减值损失——无形资产减值准备　　　550 000

　　贷：无形资产减值准备　　　　　　　　　　　550 000

（5）2009 年无形资产摊销[账面价值=25÷4=6.25（万元）]：

借：管理费用——无形资产摊销　　　　　　　62 500

　　贷：累计摊销　　　　　　　　　　　　　　　62 500

（6）2010 年至使用年限结束时无形资产摊销同 2009 年。

（7）2012 年转销无形资产和相关减值准备的余额：

借：无形资产减值准备　　　　　　　　　　　550 000

　　贷：无形资产　　　　　　　　　　　　　　　550 000

第五节　长期待摊费用和长期应收款的核算

一、长期待摊费用核算

长期待摊费用是指企业已经支出，但应由本期和以后各期负担的分摊期限在 1 年以上的各项费用，如以经营租赁方式租入的固定资产发生的改良支出等。

1. 经营租入固定资产发生的改良支出，应通过"长期待摊费用"科目核算，并在剩余租赁期与租赁资产尚可使用年限两者中的较短期限内，采用合理的方法进行摊销。

2. 预付经营租入固定资产的租赁费，超过 1 年以上摊销的固定资产租赁费应当在"长期待摊费用"科目中核算。

3. 企业发生的长期待摊费用，借记本科目，贷记有关科目；摊销时，借记"制造费用"、"销售费用"、"管理费用"等科目，贷记本科目。

4. 本科目期末借方余额，反映企业尚未摊销的各项长期待摊费用的摊余价值。

【例】某企业以经营租赁方式租入一项固定资产，租赁期限为 5年，该资产尚可使用年限为 10 年。为了提高该资产生产效率，该企业于购进时对租赁资产进行了改良，并支出了 96 000 元的改良费用。账务处理为：

（1）发生改良支出时：

借：长期待摊费用　　　　　　　　　　　96 000

　　贷：银行存款　　　　　　　　　　　　96 000

（2）每月摊销时：

借：管理费用　　　　　　　　　　　　　1 600

　　贷：长期待摊费用　　　　　　　　　　1 600

二、长期应收款核算

长期应收款，是指企业融资租赁产生的应收款项和采用递延方式具有融资性质的销售商品和提供劳务等经营活动产生的应收款项。通过"长期应收款"科目核算，实质上构成对被投资单位净投资的长期权益，也通过该科目核算。该科目可按债务人进行明细核算。

（一）融资租赁产生的应收款项

出租人融资租赁产生的应收租赁款，在租赁期开始日，应按租赁开始日最低租赁收款额与初始直接费用之和，借记"长期应收款"科目；按未担保余值借记"未担保余值"科目，按融资租赁资产的公允价值（最低租赁收款额和未担保余值的现值之和），贷记"融资租赁资产"科目；按融资租赁资产的公允价值与账面价值的差额，计入营业外收支，按发生的初始直接费用，贷记"银行存款"等科目；按其差额，贷记"未实现融资收益"科目。

【例】某企业以融资租赁方式出租某项固定资产，账面价值 26 万元，租赁期限为 3 年，最低租赁付款额为 30 万元，租赁的内含利率为 5.46%，发生初始直接费用 1 万元。

租赁期开始日的账务处理如下：

最低租赁收款额的现值=100 000×（P/A，5.46%，3）=270 000（元）

借：长期应收款——应收融资租赁款　　　　　300 000
　　贷：融资租赁资产　　　　　　　　　　　　260 000
　　　　银行存款　　　　　　　　　　　　　　 10 000
　　　　未实现融资收益　　　　　　　　　　　 30 000

之后收到每期租金时：

借：银行存款　　　　　　　　　　　　　　100 000
　　贷：长期应收款——应收融资租赁款　　　　100 000

同时确认融资收入。

（二）采用递延方式具有融资性质的经营活动产生的应收款项

采用递延方式分期收款销售商品或提供劳务等经营活动产生的长期应收款，满足收入确认条件的，按应收的合同或协议价款，借记"长期应收款"科目，按应收合同或协议价款的公允价值（折现值），贷记"主营业务收入"等科目；按其差额，贷记"未实现融资收益"科目。涉及增值税的，还应进行相应的处理。

复习思考题

1. 什么是固定资产？它具备哪些特征？
2. 固定资产如何分类？
3. 固定资产有几种计价方法？
4. 什么是固定资产折旧？折旧的主要方法有哪些？
5. 什么是融资租入的固定资产？
6. 企业的固定资产增加、减少各有哪些情况？
7. 什么是无形资产？简述其特点及内容。
8. 什么是长期待摊费用？主要包括哪几种？
9. 什么是固定资产减值准备？怎样计提？
10. 什么是无形资产减值准备？怎样进行账务处理？
11. 什么是长期应收款？怎样进行核算？

习题一

一、目的：练习固定资产取得和减少的核算。

二、资料：飞达宾馆发生下列业务：

1. 2月3日，天海酒家将八成新一台机器售给飞达宾馆，原价12 000元，双方协商作价9 000元，机器经验收交付使用，财会部门开出支票一张支付价款。

2. 2月4日，南丽公司拨付九成新客货两用车两辆，每辆原值2 000元，双方协商，每辆以1 900元作为其投资，经审核无误，入账。

3. 2月7日，向长城电脑公司购进5台计算机，每台40 000元，计价款200 000元，包装费200元，运杂费100元，款项已支付，验收入库。

4. 2月10日，请安装队安装并联网，领用电线电缆等材料1 000

元，予以转账。

5. 2 月 14 日，支付安装费 500 元，予以转账。

6. 2 月 15 日，安装完毕，调试成功，验收合格交付使用，予以转账。

7. 2 月 21 日，盘盈升降机一台，重置完全价值 3 000 元，估计八成新，转入经营用固定资产。

8. 2 月 28 日，盘盈的升降机一台，报请领导批准，予以核销转账。

9. 3 月 1 日，融资租入房屋一幢，租赁合同规定租赁费在 5 年内付清，要按月支付。该房屋原价 1 000 000 元，利息 200 000 元，手续费 2 000 元，全部租赁费 1 202 000 元，房屋已验收使用。

10. 3 月 31 日，签发转账支票，支付本月房屋租赁费。

11. 4 月 3 日，将不需用的包饺机报废，该项设备原值 12 000 元，已提折旧 10 500 元，予以转账。

12. 4 月 5 日，将电子计算机 5 台拨付联营的大方饭店，5 台电子计算机原始价值共计 180 000 元。已提折旧 60 000 元，双方经评估，同意以账面净值作为投资额，予以转账。

13. 4 月 7 日，有不需用空调设备一台，原始价值 40 000 元，已提折旧 12 000 元，经领导批准准备出售，予以转账。

14. 4 月 10 日，将上项不需用空调设备出售，价格 25 000 元，存入银行。

15. 4 月 11 日，将出售空调的净损失转账。

16. 4 月 30 日，盘亏不需用自备发电机一台，原值 5 000 元，已提折旧 4 000 元，予以转账。

17. 4 月 30 日，盘亏的发电机一台，经领导批准，予以核销转账。

三、要求：编制会计分录。

习题二

一、目的：练习无形资产研发的会计处理。

二、资料：甲宾馆自行研究开发一项新产品专利技术，在研究开发过程中发生材料费 2 000 万元，人工工资 500 万元，以及其他费用 1 500 万元，总计 4 000 万元，其中，符合资本化条件的支出为 2 500 万元，期末，该专利技术已经达到预定用途。

三、要求：对甲宾馆该项无形资产的研究开发作出账务处理。

第五章　对外投资的核算

【学习目的】
- ●熟悉对外投资的概述
- ●了解金融资产和长期股权投资的概念及类型
- ●掌握金融资产和长期股权投资的会计核算

【基本内容】

对外投资的概述
- ●对外投资目的
- ●对外投资分类

金融资产
- ●交易性金融资产
- ●持有至到期投资
- ●可供出售金融资产

长期股权投资
- ●成本核算方法
- ●权益核算方法

第一节 对外投资的概述

一、投资的概念

投资是指企业为通过分配来增加财富，或为谋求其他利益，而将资产让渡给其他单位所获得的另一项资产。投资有如下特征：

1. 投资是以让渡其他资产而换取的另一项资产，企业将所拥有的现金、固定资产等让渡给其他企业，以换取债券投资或股权投资。如支付现金购买债券，以固定资产向其他企业投资取得该企业股权等。

2. 与其他资产相比，投资为企业带来的经济利益在方式上有所不同。企业拥有和控制的除投资以外的其他资产，通常能为企业带来直接的经济利益；而投资通常是将企业的资产让渡给其他单位，通过其他单位使用并创造效益后以分配的方式取得经济利益，或者通过投资改善贸易关系等，从而达到获得利益的目的。

二、投资的目的

旅游企业为了合理地使用资金，以获得经济效益，除了进行正常的生产经营活动以外，可以将资金投放于债券、股票或其他财产等，形成对外投资。在市场经济条件下，企业对外投资的目的总的来说是为了提高企业的价值，获得投资收益。具体来说，主要有以下几个方面：

1. 有效利用闲置资金，提高企业收益。企业为正常经营中多余的资金找出路，用暂时闲置的资金购入各种随时变现的证券或资产，借以取得一定的收益。

2. 影响或控制其他企业的经济业务，加速企业发展，降低企业风险。企业通过与原材料供应企业、销售客户等业务单位相互投资参股，可以更好地维护相互合作关系，调动各方面的积极性，促进企业的发展。同时，多样化的投资组合使企业实现多角化经营，从而降低了企业的经营风险。

3．增强企业资产的流动性。在企业资产中，企业证券投资的流动性仅次于货币资金。企业通过证券投资，可以将暂时不用的货币资金投资于有价证券，以获得一定的收益。当需大量货币资金时，如果企业货币资金不足，则可通过变现有价证券满足需要。

三、投资的分类

投资可按不同的标准分类。按照投资的性质分类，可分为权益性投资、债权性投资、混合型投资等；按照持有时间的长短分类，投资可以分为短期投资和长期投资资两类；按照投资目的的不同，可以分为交易性金融资产、持有至到期投资、可供出售金融资产、长期股权投资。《企业会计准》则按照投资的目的对投资进行分类，并设置相应的会计科目进行核算；在资产负债表中，各类投资单独列示。

第二节　金融资产

根据企业会计准则对金融资产的分类，金融资产在初始确认时应当分为以公允价值计量且其变动计入当期损益的交易性金融资产、持有至到期投资、贷款和应收账款、可供出售金融资产四类。

一、交易性金融资产
（一）交易性金融资产的含义
交易性金融资产是指企业为了近期内出售而持有的金融资产。通常情况下，以赚取差价收入为目的从二级市场购买的股票、债券和基金等，应归属于交易性金融资产。
（二）交易性金融资产的条件
满足以下条件之一的金融资产应当划分为交易性金融资产：
1．取得金融资产的目的主要是为了近期内出售、回购或赎回；
2．属于进行集中管理的可辨认金融工具组合的一部分，具有客观证据表明企业近期采用短期获利方式对该组合进行管理；

3. 属于金融衍生工具，但被企业指定为有效套期工具的衍生工具除外。

（三）交易性金融资产的特点

1. 企业持有的目的是短期性的，即在初次确认时即确定其持有目的是为了短期获利。一般此处的短期也应该是不超过一年(包括一年)。

2. 该资产具有活跃市场，公允价值能够通过活跃市场获取。

（四）交易性金融资产的主要账务处理

1. 企业取得交易性金融资产时，按交易性金融资产的公允价值，借记本科目（成本）；按发生的交易费用，借记"投资收益"科目；按实际支付的金额，贷记"银行存款"等科目；按已到付息期但尚未领取的利息或者已经宣告发放，但是尚未发放的现金股利，借记"应收股利（利息）"科目；按实际支付的金额，贷记"投资收益"等科目。

2. 在持有交易性金融资产期间被投资单位宣告发放的现金股利或在资产负债表日按债券票面利率计算利息时，借记"应收股利（利息）"科目，贷记"投资收益"科目。

3. 资产负债表日，交易性金融资产的公允价值高于其账面余额的差额，借记本科目（公允价值变动），贷记"公允价值变动损益"科目；公允价值低于其账面余额的差额，做相反的会计分录。

4. 出售交易性金融资产时，应按实际收到的金额与交易性金融资产（成本、公允价值变动）之间的差额，贷记或借记"投资收益"科目。同时，将该金融资产的公允价值变动转入投资收益，借记或贷记"公允价值变动损益"科目。

【例】购入股票作为交易性金融资产，甲旅游公司有关交易性金融资产的交易情况如下：

（1）2011 年 12 月 5 日购入股票 100 万元，发生相关手续费、税金 0.2 万元，作为交易性金融资产：

借：交易性金融资产——成本　　　　　　　100
　　投资收益　　　　　　　　　　　　　0.2
　　　贷：银行存款　　　　　　　　　　　100.2

（2）2011 年末，该股票收盘价为 108 万元：

借：交易性金融资产——公允价值变动   8

     贷：公允价值变动损益   8

（3）2012 年 1 月 15 日处置，收到 110 万元：

借：银行存款   110

     交易性金融资产——公允价值变动   8

     贷：交易性金融资产——成本   100

         公允价值变动损益   8

【例】2011 年 2 月 21 日，甲旅游公司购入一批债券，作为交易性金融资产进行管理和核算，买入价 235 000 元，其中含 5 000 元已经到期但尚未领取的债券利息，另外发生相关税费 4 200 元，均以银行存款支付。2011 年 2 月 28 日该债券的市价为 237 000 元。2011 年 3 月 21 日收到 5 000 元利息。2011 年 4 月 5 日甲公司将该债券出售，扣除相关税费后，实际收到 237 800 元存入银行。

会计分录如下：

（1）2 月 21 日：

借：交易性金融资产——成本   230 000

     投资收益   4 200

     应收利息   5 000

     贷：银行存款   239 200

（2）2 月 28 日期末公允价值增加 237 000－230 000=7 000：

借：交易性金融资产——公允价值变动   7 000

     贷：公允价值变动损益   7 000

（3）3 月 21 日：

借：银行存款   5 000

     贷：应收利息   5 000

（4）4 月 5 日：

实收款=237 800

账面价值=230 000+7 000=237 000

实收款高于账面价值=237 800－237 000=800

借：银行存款 237 800
    贷：交易性金融资产——成本 230 000
             ——公允价值变动 7 000
      投资收益 800
同时：
借：交易性金融资产——公允价值变动损益 7 000
    贷：投资收益 7 000

二、持有至到期投资

（一）持有至到期投资的含义

持有至到期投资，是指到期日固定、回收金额固定或可确定，且企业有明确意图和能力持有至到期的非衍生金融资产。

（二）企业不能将下列非衍生金融资产划分为持有至到期投资

1. 初始确认时即被指定为以公允价值计量且其变动计入当期损益的非衍生金融资产。

2. 符合贷款和应收款项的定义的非衍生金融资产。

3. 初始确认时被指定为可供出售的非衍生金融资产。

（三）持有至到期投资的账务处理

1. 企业取得的持有至到期投资，应按取得该投资的公允价值与交易费用之和，借记本科目（成本、利息调整），贷记"银行存款"、"应交税费"等科目。

购入的分期付息、到期还本的持有至到期投资，已到付息期按面值和票面利率计算确定的应收未收的利息，借记"应收利息"科目，按摊余成本和实际利率计算确定的利息收入的金额，贷记"投资收益"科目，按其差额，借记或贷记本科目（利息调整）。到期一次还本付息的债券等持有至到期投资，在持有期间内按摊余成本和实际利率计算确定的利息收入的金额，借记本科目（应计利息），贷记"投资收益"科目。收到持有至到期投资按合同支付的利息时，借记"银行存款"等科目，贷记"应收利息"科目或本科目（应计利息）。收到取得持有至到期投资支付的价款中包含的已宣告发放债券利息，借记"银行存款"科目,贷记"应收利息"。持有至到期投资在持有期间按采用实际利率法计算确定的折价摊销额,借记本科目(利息调整),贷记"投资收益"科目;溢价摊销额,做相反的会计分录。如持有至到期投资公允价值发生变动时,在新准则下,因为要持有至到期,中间的公允价值变动与投资的企业没关系,企业要关注的只是到期时能收回的固定收益及本金,所以不做会计处理。

出售持有至到期投资时,应按收到的金额,借记"银行存款"等科目,已计提减值准备的,借记"持有至到期投资减值准备"科目;按其账面余额,贷记本科目(成本、利息调整、应计利息);按其差额,贷记或借记"投资收益"科目。

2. 企业根据金融工具确认和计量准则将持有至到期投资重分类为可供出售金融资产的,应在重分类日按该项持有至到期投资的公允价值,借记"可供出售金融资产"科目,已计提减值准备的,借记"持有至到期投资减值准备"科目,按其账面余额,贷记本科目(成本、利息调整、应计利息),按其差额,贷记或借记"资本公积——其他资本公积"科目。

根据金融工具确认和计量准则将可供出售金融资产重分类为采用成本或摊余成本计量的金融资产,应在重分类日按可供出售金融资产的公允价值,借记本科目等科目,贷记"可供出售金融资产"科目。

【例】甲旅游公司于 2011 年 1 月 1 日以 528 000 元购入乙公司同日发行 5 年期、年利率为 6%的债券,面值为 500 000 元,每年 12 月 31 日付息,企业准备长期持有该债券。甲公司购入债券时,编制会计分录如下:

借:持有至到期投资——成本　　　　　　500 000
　　　　　　　——利息调整　　　　　　 28 000
　　贷:银行存款　　　　　　　　　　　528 000

在持有期间确认利息收入的会计处理如下:

(1)计算实际利率

由于甲公司取得乙公司债券的成本高于乙公司债券的面值,因此,该项债券投资的实际利率一定低于票面利率。先按 5%作为折现

率进行测算。查年金现值系数表和复利现值系数表可知，5 年期、5%
的年金现值系数和复利现值系数分别为 4.32947667 和 0.78352617。乙
公司债券利息和本金按 5%作为折现率计算的现值如下：

债券利息额=500 000×6%=30 000（元）

利息和本金的现值

=30 000×4.32947667+500 000×0.78352617=521 647（元）

上式计算结果小于取得乙公司债券的成本，说明实际利率小于
5%。再按 4%作为折现率进行测算。查年金现值系数表和复利现值系
数表可知，5 年期、4%的年金现值系数和复利现值系数分别为
4.45182233 和 0.82192711。乙公司债券利息和本金按 4%作为折现率
计算的现值为：

利息和本金的现值

=30 000×4.45182233+500 000×0.82192711=544 518（元）

上式结果大于取得乙公司债券的成本，说明实际利率大于 4%。
因此，实际利率介于 4%和 5%之间。使用插值法估算实际利率如下：

实际利率=4%+（5%−4%）×（544 518−528 000）/（544 518−
521 647）=4.72%

（2）采用实际利率法确认利息收入

甲公司采用实际利率法确认的利息收入，如下表：

计息日期	应计利息	实际利率	利息收入	利息调整	摊余成本
2011 年 1 月 1 日					528 000
2011 年 12 月 31 日	30 000	4.72%	24 922	5 078	522 922
2012 年 12 月 31 日	30 000	4.72%	24 682	5 318	517 604
2013 年 12 月 31 日	30 000	4.72%	24 431	5 569	512 035
2014 年 12 月 31 日	30 000	4.72%	24 168	5 832	506 203
2015 年 12 月 31 日	30 000	4.72%	23 797	6 203	500 000
合计	150 000	—	122 000	28 000	—

甲公司编制的各年确认利息收入的会计分录如下：

①2011 年 12 月 31 日，确认利息收入：

借：应收利息   30 000

 贷：投资收益   24 922

  长期投资——债券投资（利息调整） 5 078

②2012 年 12 月 31 日，确认利息收入：

借：应收利息   30 000

 贷：投资收益   24 682

  长期投资——债券投资（利息调整） 5 318

以后各年确认利息收入的会计分录可依此类推。

企业一般应当采用实际利率确认利息收入，但若实际利率与票面利率差别较小，也可按票面利率计算利息收入，计入投资收益。资产负债表日，企业按票面利率计算确定的应收未收利息，借记"应收利息"科目或"持有至到期投资——应计利息"科目；按持有至到期投资摊余成本和票面利率计算确定的利息收入，贷记"投资收益"科目，按其差额，借记或贷记"持有至到期投资——利息调整"科目。

【例】乙旅游公司于 2011 年 1 月 1 日购入面值 600 000 元、期限 4 年、票面利率 5%、到期一次性还本付息的甲公司债券，在持有期间按票面利率确认利息收入。其账务处理如下：

借：持有至到期投资——甲公司债券（应计利息）30 000

 贷：投资收益   30 000

【例】接上例 2013 年 1 月 1 日，乙旅游公司持有的甲公司债券到期，收回全部本息。甲公司债券面值 600 000 元、期限 4 年、票面利率 5%、到期一次还本付息。其账务处理如下：

到期收到利息=600 000×5%×4=120 000（元）

到期应收本息=600 000+120 000=720 000（元）

借：银行存款   720 000

 贷：持有至到期投资——甲公司债券（成本） 600 000

      ——甲公司债券（应计利息） 120 000

三、可供出售金融资产

（一）可供出售金融资产含义及范围

可供出售金融资产通常是指企业初始确认时即被指定为可供出售的非衍生金融资产，以及没有划分为以公允价值计量且其变动计入当期损益的金融资产、持有至到期投资、贷款和应收款项的金融资产。比如，企业购入的在活跃市场上有报价的股票、债券和基金等，没有划分为以公允价值计量且其变动计入当期损益的金融资产或持有至到期投资等金融资产的，可归为此类。

（二）可供出售金融资产的主要账务处理

可供出售金融资产的会计处理，与以公允价值计量且其变动计入当期损益的金融资产的会计处理有类似之处，但也有不同。

具体而言：（1）初始确认时，都应按公允价值计量，但对于可供出售金融资产，相关交易费用应计入初始入账金额，即初始投资成本为取得该金融资产的公允价值和交易费用之和；（2）资产负债表日，都应按公允价值计量，但对于可供出售金融资产，公允价值变动不是计入当期损益，而通常应计入所有者权益（"资本公积——其他"）。

企业在对可供出售金融资产进行会计处理时，应注意以下几方面：

1. 企业取得可供出售金融资产支付的价款中包含的已到付息期但尚未领取的债券利息或已宣告但尚未发放的现金股利，应单独确认为应收项目。

可供出售金融资产持有期间取得的利息或现金股利，应当计入投资收益。资产负债表日，可供出售金融资产应当以公允价值计量，且公允价值变动计入资本公积（"其他资本公积"）。

2. 可供出售金融资产发生的减值损失，应计入当期损益；如果可供出售金融资产是外币货币性金融资产，则其形成的汇兑差额也应计入当期损益。采用实际利率法计算的可供出售金融资产的利息，应当计入当期损益；可出售权益工具投资的现金股利，应当在被投资单位宣告发放股利时计入当期损益。

3. 处置可供出售金融资产时，应将取得的价款与该金融资产账面价值之间的差额，计入投资损益；同时，将原直接计入所有者权益的公允价值变动累计额对应处置部分的金额转出，计入投资损益。

【例】A 公司于 2011 年 3 月 1 日从二级市场购入甲公司股票 10 000

股，每股市价 19.6 元，发生交易费用 4 000 元，款项均以银行存款支付，企业将其作为可供出售金融资产进行管理和核算。2011 年 6 月 30 日，该股票市价为每股 17 元。2011 年 12 月 31 日，该股票市价为每股 15 元。2012 年 3 月 10 日，企业以每股 16.5 元的价格将其出售，款项收到并存入银行。

（1）2011 年 3 月 1 日购入股票：

借：可供出售金融资产——成本　　　　　　200 000
　　贷：银行存款　　　　　　　　　　　　　　200 000

（2）6 月 30 日确认公允价值变动：

借：资本公积——其他资本公积　　　　　　30 000
　　贷：可供出售金融资产——公允价值变动　　30 000

（3）12 月 31 日减值：

借：资产减值损失　　　　　　　　　　　　50 000
　　贷：资本公积——其他资本公积　　　　　　30 000
　　　　可供出售金融资产——公允价值变动　　20 000

（4）2012 年 3 月 10 日出售该股票：

借：银行存款　　　　　　　　　　　　　　165 000
　　可供出售金融资产——公允价值变动　　　50 000
　　贷：可供出售金融资产——成本　　　　　　200 000
　　　　投资收益　　　　　　　　　　　　　　15 000

【例】A 公司于 2011 年 1 月 1 日从证券市场上购入 B 公司于 2010 年 1 月 1 日发行的债券作为可供出售金融资产，该债券 5 年期，票面年利率 5%，每年 1 月 5 日支付上年度的利息。到期日为 2015 年 1 月 1 日，一次归还本金和最后一次利息。实际利率为 4%。A 公司购入债券的面值 1 000 万元，实际支付 1 086.3 万元，按年计提利息。2011 年 12 月 31 日，该债券的公允价值为 1 030 万元。2012 年 12 月 31 日，该债券估计未来现金流量为 1 020 万元。

要求：编制跨级分录。

（1）2011 年初，购入债券：

　借：可供出售金融资产——成本　　　　　　　1000

　　　应收利息　　　　　　　　　　　　　　　50

　　　可供出售金融资产——利息调整　　　　　36.3

　　　　贷：银行存款　　　　　　　　　　　　　　　1086.3

（2）1 月 5 日收到利息：

　借：银行存款　　　　　　　　　　　　　　　50

　　　　贷：应收利息　　　　　　　　　　　　　　　50

（3）2011 年末，实际利息=1036.3×0.04=41.45

　　　票面利息=1000×0.05=50

　借：应收利息　　　　　　　　　　　　　　　50

　　　　贷：投资收益　　　　　　　　　　　　　　　41.45

　　　　　　可供出售金融资产——利息调整　　　　　8.55

（4）收到利息时：

　借：银行存款　　　　　　　　　　　　　　　50

　　　　贷：应收利息　　　　　　　　　　　　　　　50

（5）2011 年末，公允价值=1030

　　　公允价值变动=1030-（1036.3-8.55）=2.25

　借：可供出售金融资产——公允价值变动　　　2.25

　　　　贷：资本公积——其他资本公积　　　　　　　2.25

（6）2012 年，实际利息=（1036.3-8.55）×0.04=41.11

　借：应收利息　　　　　　　　　　　　　　　50

　　　　贷：投资收益　　　　　　　　　　　　　　　41.11

　　　　　　可供出售金融资产——利息调整　　　　　8.89

（7）2012 年末，资产账面价值=1030-8.89=1021.11

　　　由于 2012 年末预计现金流量为 1020，则应确认减值。

　　　减值=1020-1021.11=1.11

　借：资本公积——其他资本公积　　　　　　　1.11

　　　　贷：可供出售金融资产——公允价值变动　　　1.11

第三节　长期股权投资

一、长期股权投资的含义及类型

（一）长期股权投资的含义

长期股权投资是指通过投资取得被投资单位的股份。企业对其他单位的股权投资，通常是为长期持有，以及通过股权投资达到控制被投资单位，或对被投资单位施加重大影响，或为了与被投资单位建立密切关系，以分散经营风险。

（二）依据对被投资单位产生的影响，长期股权投资分为以下四种类型

1. 企业持有的能够对被投资单位实施控制的权益性投资，即对子公司投资。

2. 企业持有的能够与其他合营方一同对被投资单位实施共同控制的权益性投资，即对合营企业投资。

3. 企业持有的能够对被投资单位实施重大影响的权益性投资，即对联营企业投资。

4. 企业对被投资单位不具有控制、共同控制或重大影响，且在活跃市场中没有报价、公允价值不能可靠计量的权益性投资。

二、长期股权投资取得

长期股权投资应以取得时的成本确定。长期股权投资取得时的成本，是指取得长期股权投资时支付的全部价款，或放弃非现金资产的公允价值，或取得长期股权投资的公允价值，包括税金、手续费等相关费用，不包括为取得长期股权投资所发生的评估、审计、咨询等费用。长期股权投资的取得成本，具体应按以下情况分别确定：

1. 以支付现金取得的长期股权投资，按支付的全部价款作为投资成本，包括支付的税金、手续费等相关费用。企业取得的长期股权投资，实际支付的价款中包含已宣告但尚未领取的现金股利，应按实际

支付的价款减去已宣告但尚未领取的现金股利后的差额，作为投资的实际成本，借记本科目；按已宣告但尚未领取的现金股利金额，借记"应收股利"科目；按实际支付的价款，贷记"银行存款"科目。

2. 以放弃非现金资产取得的长期股权投资。非现金资产，是指除了现金、银行存款、其他货币资金、现金等价物以外的资产，包括各种存货、固定资产、无形资产等（不含股权，下同），但各种待摊销的费用不能作为非现金资产作价投资。这里的公允价值是指，在公平交易中，熟悉情况的交易双方，自愿进行资产交换或债务清偿的金额。

3. 原采用权益法核算的长期股权投资改按成本法核算，或原采用成本法核算的长期股权投资改按权益法核算时，按原投资账面价值作为投资成本。

三、长期股权投资的后续计量

长期股权投资的核算方法有两种：一是成本法，二是权益法。

（一）长期股权投资的成本法

1. 成本法的含义

成本法是指企业以实际投出的成本计价的方法，除追加或收回投资外，一般不对股票投资的账面价值进行调整的一种会计处理方法。

2. 成本法的适用范围

按照长期股权投资准则核算的权益性投资中，应当采用成本法核算的是以下两类：一是企业持有的对子公司投资；二是对被投资单位不具有共同控制或重大影响，且在活跃市场中没有报价、公允价值不能可靠计量的长期股权投资。

3. 成本法的账务处理

（1）投资发生时，按实际成本记入"长期股权投资"账户。投资入账后，除实际投资额发生增减变动外，一般不得调整长期股权投资的账面价值。

（2）被投资企业宣告分派利润或现金股利时，投资企业按应享有的部分，确认为当期投资收益，被投资企业虽盈利但未分配股利以及被投资企业发生亏损，投资企业均无须作账务处理。

【例】某公司对外长期投资购入乙公司发行的普通股 160 000 股的 20%，即 32 000 股，每股买价 4 元，计 128 000 元，另支付购入手续费 2 560 元，合计 130 560 元，款项通过银行支付，股票收到入库，编制会计分录如下：

借：长期股权投资——股票投资　　　　　　130 560
　　贷：银行存款　　　　　　　　　　　　　　130 560

假定甲公司是从证券交易所购入的丙公司股票 56 000 股，每股买价 3.20 元，共计 179 200 元，其中含有已宣告发放的股利 14 000 元，另支付购入手续费 3 584 元，合计 182 784 元，款项通过银行支付，股票收到入库，编制会计分录如下：

借：长期股权投资——股票投资　　　　　　168 784
　　应收股利　　　　　　　　　　　　　　　 14 000
　　贷：银行存款　　　　　　　　　　　　　　182 784

10 天以后甲公司收到乙公司发放的股利 13 056 元和丙公司已宣告发放的股利 14 000 元，款项已存银行，编制会计分录如下：

借：银行存款　　　　　　　　　　　　　　 27 056
　　贷：投资收益——股票股利　　　　　　　　 13 056
　　　　应收股利　　　　　　　　　　　　　　 14 000

长期股权投资采用成本法记账，核算比较简单，将投资方与接受投资方作为独立法人反映二者的经济关系，符合法律规范。但是这样处理有其明显缺点，主要是投资企业与被投资企业虽然都是两个独立的法人，但在投资企业账上，反映不出被投资企业中，属于本企业的权益是多少，投资企业与被投资企业的经济关系反映不充分。如果企业对被投资企业没有控制权，上述矛盾并不突出。但是，当企业向其他企业投资，其投资占被投资企业资本比例较大，或实质上有控制权时，矛盾就特别突出。因此，在这种情况下，长期投资应采用权益法进行核算。

（二）长期股权投资的权益法

1. 权益法含义

权益法是指股票投资最初以投资成本计量，以后则要根据投资企业应享有被投资企业所有者权益份额的变动，对股票投资的账面价值进行相应调整的一种会计处理方法。

2. 权益法的适用范围

根据长期股权投资准则规定，应当采用权益法核算的长期股权投资包括两类：（1）企业对被投资单位具有共同控制的长期股权投资，即企业对其合营企业的长期股权投资。（2）企业对被投资单位具有重大影响（占股权的 20%～50%）的长期股权投资，即企业对其联营企业的长期股权投资。

3. 权益法的账务处理

（1）取得长期股权投资的会计处理。在取得长期股权投资时，按照确定的初始投资成本入账。如果长期股权投资的初始投资成本大于投资时应享有被投资单位可辨认净资产公允价值的份额，二者之间的差额是通过投资作价所体现的商誉部分，不调整已确认的初始投资成本；如果长期股权投资的初始投资成本小于投资时应享有被投资单位可辨认净资产公允价值的份额，则其差额应当计入当期损益（营业外收入），同时调整长期股权投资的初始投资成本。投资企业应享有被投资单位可辨认净资产公允价值的份额，可用下列公式计算：

应享有被投资单位可辨认净资产公允价值份额=投资时被投资单位可辨认净资产公允价值总额×投资企业持股比例

（2）持有长期股权投资期间投资收益的确认。投资企业取得长期股权投资后，应当按照被投资单位实现的净利润或发生的净亏损中，投资企业应享有或应分担的份额确认投资收益，同时相应调整长期股权投资的账面价值。

【例】甲公司于 2011 年 1 月 1 日以 500 000 元投资乙公司的普通股的 20%。投资时乙公司的可辨认净资产公允价值为 1 400 000 元，甲公司按权益法核算对乙公司的投资。

甲公司应享有乙公司所有者权益的份额=1 400 000×20%=280 000元，应编制会计分录为：

借：长期股权投资——股票投资　　　　　　500 000
　　贷：银行存款　　　　　　　　　　　　　　500 000

【例】承上例，乙公司 2010 年实际净利润 1 000 000 元，宣告从中支付现金股利 500 000 元。

按持股比例计算甲公司应享有的权益份额＝1000 000×20%=20 000 元，会计分录为：

借：长期股权投资——股票投资（损益调整） 200 000

　　贷：投资收益——股票投资收益 200 000

乙公司宣告支付股利时，甲公司的应收股利为 500 000×20%=100 000 元，会计分录为：

借：应收股利 100 000

　　贷：长期股权投资——股票投资（损益调整） 100 000

【例】承上例，乙公司 2011 年发生亏损 600 000 元，按持股比例计算出甲公司应分担的份额为：600 000×20%=120 000 元，会计分录为：

借：投资——股权投资损失 120 000

　　贷：长期股权投资——损益调整 120 000

四、长期股权投资转让的会计处理

企业长期股权投资的目的，是为了获得本企业经营以外的经济利益或者为了积累整笔资金，以供特定用途之需或者为了控制其他企业的经济业务，以配合企业本身的经营等，通过这种投资不准备在一年以内变现或转让出去，但是，如果企业急需资金或继续持有某种股票不能给企业带来经济效益，或其他原因，企业可将持有股票通过证券交易市场转让出去，以取得所需资金。

企业持有的某种股票转让出去，应按实际收到的价款，借记"银行存款"，按账面实际成本，贷记"长期股权投资"账户，按应收未收的股利，贷记"应收股利"账户，按实际收到的金额扣除账面实际成本和应收未收股利后的差额，借记或贷记"投资收益"账户，委托转让股票支付手续费等应作抵减转让收入处理。

【例】甲公司将持有乙公司普通股票 86 800 股转让出去，每股售价 3.62 元，计 314 216 元，其中包括应收未收股利 7 160 元，从转让

价款中扣除股票交易手续费 3 142.16 元，其余金额存入银行。该股票
账面价值实际支出成本 329 600 元，发生转让损失 25 686.16 元，编制
会计分录如下：

借：银行存款 311 073.84
　　投资收益 25 686.16
　贷：长期股权投资 32 9600
　　　应收股利 7 160

复习思考题

1. 什么是对外投资？对外投资有哪几种分类？
2. 什么是金融资产？金融资产的类型有哪些？
3. 什么是长期股权投资？长期股权投资的类型有哪些？
4. 试说明股票投资的权益法和成本法在核算上的主要区别。

习题一

一、目的：练习交易性金融资产。

二、资料：购入出售股票作为交易性金融资产。

甲公司 2011 年 3 月 10 日从证券交易所购入丙公司发行的股票 10
万股准备短期持有，以银行存款支付投资款 458 000 元，其中含有
3 000 元相关交易费用。2011 年 5 月 10 日，丙公司宣告发放现金股利
4 000 元。2011 年 12 月 31 日该股票的市价为 5 元/股，2012 年 2 月 18
日，甲公司将所持的丙公司的股票的一半出售，共收取款项 260 000
元。假定甲公司无其他投资事项。

要求：（1）编制甲公司取得投资、收取现金股利的会计分录。

（2）计算甲公司 2012 年出售的丙公司股票应确认的投资收益，
并编制出丙公司股票的会计分录。

习题二

一、目的：练习持有至到期投资核算。

二、资料：某大酒店发生如下经济业务：

2011年8月31日振兴旅游公司原持有至到期投资的A公司债券，该债券的账面余额（成本）为2 000万元，由于市场因素的影响，该公司持有的A公司债券价格持续下跌。为此，振兴公司于9月1日对外出售该持有至到期债券投资的10%，收取价款240万元（即所出售债券的公允价值）。

要求：根据上述资料编制会计分录。

习题三

一、目的：练习可供出售金融资产。

二、资料：公司于2011年3月1日从二级市场购入甲公司股票10 000股，每股市价19.6元。发生交易费用4 000元，款项均以银行存款支付，企业将其作为可供出售金融资产进行管理和核算。2011年6月30日，该股票市价为每股17元。2011年12月31日，该股票市价为每股15元。2012年3月10日，企业以每股16.5元的价格将其出售，款项收到并存入银行。

要求：根据上述资料编制相关会计分录。

习题四

一、目的：练习长期股权投资的核算。

二、资料：某酒店于2011年3月购买W公司普通股股票100 000股，每股面值100元，支付经纪人手续费2 000元。W公司共发行普通股股票200 000股，以面值发行。2003年W公司实现净利润1 000 000元，当年按每股面值的5%发放股利，新飞酒店收到股利500 000元。

要求：分别采用成本法和权益法进行会计处理。

第六章 负债的核算

【学习目标】
- ●熟悉旅游公司负债核算的内容
- ●了解利率、税率和各项计提比例及其计算
- ●掌握应付职工薪酬和应交税费的账务处理

【基本内容】

流动负债：
- ●短期借款
- ●应付票据
- ●应付账款
- ●其他应付款
- ●应付职工薪酬
- ●应交税费
- ●应付利润

长期负债：
- ●长期借款
- ●应付债券
- ●长期应付款

第一节 负债概述

一、负债的特点及内容

我国《企业会计准则》中将负债定义为：负债是指企业过去的交易或者事项形成的，预期会导致经济利益流出企业的现时义务。根据负债的定义，负债具有以下特征：

1. 负债是企业承担的现时义务

负债必须是企业承担的现时义务，这是负债的一个基本特征。其中，现时义务是指企业在现行条件下已承担的义务。未来发生的交易或者事项形成的义务，不属于现时义务，不应当确认为负债。

2. 负债预期会导致经济利益流出企业

预期会导致经济利益流出企业也是负债的一个本质特征，只有企业在履行义务时会导致经济利益流出企业的，才符合负债的定义，如果不会导致企业经济利益流出，就不符合负债的定义。在履行现时义务清偿负债时，导致经济利益流出企业的形式多种多样，例如，应付账款是因为赊销商品或接受劳务形成的，在这种购买发生之前，相应的应付账款并不存在。

3. 负债是由企业过去的交易或者事项形成的

负债应是由企业过去的交易或者事项所形成的。换句话说，只有过去的交易或者事项才形成负债，企业将在未来发生的承诺、签订的合同等交易或者事项，不形成负债。

二、负债的分类

负债按照偿还期限长短，可分为流动负债和长期负债。

1. 流动负债是指将在一年（含一年）或超过一年的一个营业周期内偿还的债务。其特点是：

（1）偿还期较短。流动负债在一年内或超过一年的一个营业周期内偿还。

（2）流动负债的目的一般是为了满足企业正常生产经营周转的需要。

2. 长期负债是指偿还期在一年以上或超过一年的一个营业周期以上的债务。其特点是：

（1）偿还期较长。

（2）长期负债的主要目的是用于购置设备，改扩建或进行技术改造等资本性支出。

第二节　流动负债的核算

短期负债也叫流动负债，是指将在一年（含一年）或者超过一年的一个营业周期内偿还的债务，包括短期借款、应付票据、应付账款、预收账款、应付工资、应付福利费、应付股利、应交税费、其他暂收应付款项和一年内到期的长期借款等。

一、短期借款

短期借款是指企业向银行或其他非银行金融机构借入的期限在一年以内的借款。短期借款按照有无担保，可分为信用借款和抵押借款，它是企业流动负债的重要组成部分。

为了总括地反映和监督短期借款的取得和归还情况，会计上设置"短期借款"账户，该账户核算企业借入期限在一年以内的各种借款，账户的贷方登记借入的短期借款金额，借方登记归还的借款金额，期末余额在贷方反映企业借入尚未归还的借款金额。企业按债权人或借款种类设置明细账进行分类核算。

1. 取得短期借款的处理

企业借入的各种短期借款，借记"银行存款"科目，贷记"短期借款"科目。

2. 短期借款利息的处理

按照货币的时间价值，企业在占用短期借款时间内或归还时，还应支付一定的借款利息。由于企业借入短期借款的目的是为了满足生产经营周转的需要，所以利息支出应计入财务费用。利息的支付方式不同，在会计核算上也应分情况处理。

（1）如果短期借款的利息按期支付或者到期还本付息，且金额较大，为了准确计算各期盈亏，可以按期预提计入当期损益。预提时，应按预提利息额借记"财务费用"，贷记"其他应付款"。实际支出月份，按已经预提利息额，借记"其他应付款"，贷记"银行存款"；本月应负担的利息额，直接借记"财务费用"，贷记"银行存款"。

（2）若企业的短期借款利息按月支付，或到期还本付息，但金额较小，可不采用预提办法，而将实际支付的短期借款利息一次记入"财务费用"科目。

下面举例说明短期借款的会计核算。

【例】某旅游企业 4 月 1 日向某金融机构借入一笔短期借款，金额 300 000 元，借款合同规定到 7 月 15 日一次还本付息，年利率为 6%。

（1）借入时应编制会计分录如下：

借：银行存款　　　　　　　　　　　　　300 000

　　贷：短期借款　　　　　　　　　　　300 000

（2）假若企业采用预提利息办法，则每月（四月、五月、六月）应预提利息 1 500 元，编制会计分录如下：

借：财务费用——利息支出　　　　　　　1 500

　　贷：其他应付款　　　　　　　　　　　1 500

（3）到期还本付息，企业已累计预提利息 4 500 元，而 7 月份应计算 14 天利息为 700 元（300 000×6%/12×14/30＝700），不必再预提，可直接计入财务费用，编制会计分录如下：

借：短期借款——某金融机构　　　　　　300 000

　　其他应付款　　　　　　　　　　　　4 500

　　财务费用——利息支出　　　　　　　700

　　贷：银行存款　　　　　　　　　　　305 200

（4）假若该企业不采用预提办法，而是将利息在支付时一次计入当期损益，则编制会计分录如下：

借：短期借款——某金融机构　　　　300 000

　　财务费用——利息支出　　　　　　5 200

　　贷：银行存款　　　　　　　　　　　　　　305 200

3. 归还短期借款的处理

归还短期借款时，借记"短期借款"科目，贷记"银行存款"科目。

二、应付票据

应付票据是由出票人出票，由承兑人承诺在一定时期内支付一定金额的书面证明。在我国，应付票据是在商品购销活动中由于采用商业汇票结算方式而发生的由收款人或付款人（或承兑申请人）签发，承兑人承兑的票据。商业汇票按承兑人的不同分为商业承兑汇票和银行承兑汇票，适用于同城或异地结算，一般期限不超过 6 个月。

为了总括地反映监督应付票据的发生和偿还情况，会计上设置"应付票据"账户，企业开出承兑汇票或以承兑汇票抵付货款时，记入该账户贷方，借记"原材料"、"库存商品"等账户；票据到期付款应借记本账户，贷记"银行存款"账户。

商业汇票按票面是否注明利率分为带息票据和不带息票据，在会计核算上应分情况处理。

1. 带息票据的会计处理。应付票据若为带息票据，其应付利息在会计核算中有两种处理方法：

（1）按期预提利息。企业按票据的票面价值和票据规定的利率计算预提应付利息，借记"财务费用"，贷记"应付票据"。

（2）在利息支付时的处理。如果票据期限较短，且利息金额较小，为简化会计核算手续，可以在票据到期支付票据金额和利息时，将利息支出一次记入"财务费用"科目。

由于应付票据期限较短，最长承兑期不超过 6 个月，是否按期预提利息对损益计算影响不大，因此，我国的会计实务中一般采用第二种方法。

2. 不带息票据的处理。不带息票据，其面值就是票据到期时应支付的金额。有两种情况：

（1）票据面值所载金额不含利息，会计处理上按面值入账。

（2）面值中含有一部分利息，但票面上未注明利率。由于我国应付票据期限一般较短，利息不大，所以在会计实务中作为不带息票据核算，以面值入账。

现举例说明应付票据的会计核算。

【例】某旅游企业于 4 月 15 日开出面值 117 000 元，于 5 月 15 日到期的商业汇票一张，用于采购物料，采购价 100 000 元，增值税 17 000 元。

（1）购入时，编制会计分录如下：

借：原材料——物料用品　　　　　　　　　　117 000
　　贷：应付票据　　　　　　　　　　　　　　　　117 000

（2）到期付款，编制会计分录如下：

借：应付票据　　　　　　　　　　　　　　　117 000
　　贷：银行存款　　　　　　　　　　　　　　　　117 000

若为带息票据。到期付款时，企业除应支付票面金额外，还应支付利息。仍以上题为例，票面利率为 5%，则应付利息为 585 元。

（1）购入时会计分录同前。

（2）到期付款时，编制会计分录如下：

借：应付票据　　　　　　　　　　　　　　　117 000
　　财务费用——利息支出　　　　　　　　　　　585
　　贷：银行存款　　　　　　　　　　　　　　　117 585

若票据到期，企业账户中无款支付，则应将应付票据转入"应付账款"或"短期借款"中，以上题不带息票据为例，会计分录如下：

（1）商业承兑汇票到期无款支付：

借：应付票据　　　　　　　　　　　　　　　117 000
　　贷：应付账款　　　　　　　　　　　　　　　　117 000

（2）银行承兑汇票到期无款支付：

借：应付票据　　　　　　　　　　　117 000
　　贷：短期借款　　　　　　　　　　　　　117 000

三、应付账款

应付账款是指因企业购买货物或接受劳务等而发生应付供应单位的款项。应付账款与应付票据是不同的，前者是尚未结清的债务，后者是延期付款的证明。

应付账款一般应按应付金额入账，而不应按到期应付金额的现值入账，如果购入资产形成应付账款时带有折扣（现金折扣、销售折扣不影响账务处理），应付账款的入账金额确定有两种方法：

1. 总价法。即按发票上记载的应付金额入账，如果在折扣期限内支付货款，所享受的购货折扣，应视为企业的理财收益，冲减当期财务费用。

2. 净价法。即按发票上记载的全部金额扣除最大折扣后的净额入账。如果企业超过折扣期付款，所丧失的折扣优惠，应视为企业资金调度不力，作为理财损失，计入财务费用。我国一般采用总价法。

为了总括地反映和监督企业应付账款的发生和偿付，会计上设置"应付账款"账户。该账户核算企业因购买商品材料物资或接受劳务而应支付给供应者的款项。购入时借记"原材料"等相关账户，贷记本账户。付款时，借记本账户，贷记"银行存款"等相关账户。期末贷方余额表明应付未付款项。该账户应按客户分类设置明细账，进行分类核算。

现举例说明应付账款的会计核算。

【例】某宾馆赊购原材料计 30 000 元，发票标明折扣 2/10，n/20，增值税 5 100 元。

（1）购入时，应编制会计分录如下：

借：原材料　　　　　　　　　　　　35 100
　　贷：应付账款　　　　　　　　　　　　　35 100

（2）若 10 天内付款，则可享受折扣 702 元，编制会计分录如下：

借：应付账款　　　　　　　　　　　　35 100

　　贷：银行存款　　　　　　　　　　　　34 398

　　　　财务费用　　　　　　　　　　　　　 702

　　（3）若 10 天后付款，则丧失折扣优惠，编制会计分录如下：

　　借：应付账款　　　　　　　　　　　　35 100

　　　　贷：银行存款　　　　　　　　　　　　35 100

　　应付账款一般应在较短的期限内支付，有些应付账款由于债权单位撤销或其他原因使企业无法支付这笔应付款项，则将此款项直接记入"营业外收入"科目。

　　仍以上题为例，若到期该笔款项无法支付，则编制会计分录如下：

　　借：应付账款　　　　　　　　　　　　35 100

　　　　贷：营业外收入　　　　　　　　　　　35 100

四、其他应付款

　　其他应付款是指企业经营过程中发生的除应付账款、应付票据、应付职工薪酬、应交税费、长期应付款等以外的其他各种应付或暂收其他单位或职工个人的款项，如应付租入固定资产和包装物租金，应付统筹退休金等。

　　为了总括地反映其他暂收及应付款项的发生、支付等情况，会计上设置"其他应付款"账户，该账户的贷方登记发生的各种其他暂收、应付款项，借方登记各种款项的偿付或转销，贷方余额反映应付未付款项，该账户应按应付暂收等款项的类别或单位、个人等设置明细账，进行分类核算。

　　现举例说明其他应付款的会计核算。

　　【例】某宾馆 20xx 年 4 月份发生下列其他应付款项。

　　（1）销售啤酒 100 箱，售价 4.68 元，收包装物押金 200 元，则编制会计分录如下：

　　借：银行存款　　　　　　　　　　　　4 880

　　　　贷：营业收入　　　　　　　　　　　　4 680

　　　　　　其他应付款——xx单位押金　　　　200

　　（2）代扣职工本月应交水电费 3 100 元，编制会计分录如下：

借：应付工资   3 100
　　贷：其他应付款——代扣水电费   3 100
（3）月末收回包装物退还押金及上缴水电费，编制会计分录如下：
借：其他应付款   3 300
　　贷：银行存款   3 300

五、应付职工薪酬

（一）工资

应付工资是企业对单位员工个人的一种负债，是企业使用职工的知识、技能、时间、精力，而应给予职工的一种补偿（报酬）；在企业给职工支付工资以后，这项负债即行减少。在 2006 年新的《企业会计准则》中，"应付工资"、"应付福利费"科目和报表项目取消，代之以"应付职工薪酬"，该科目除核算工资、福利费外，还包括工会经费、职工教育经费、社会保险、住房公积金等。相应地，职工教育经费不再在"其他应付款"科目核算，工会经费和住房公积金也不再在"其他应交款"科目核算。

1. 工资总额

工资总额是单位在一定时间内支付给本单位全部在职职工的劳动报酬。工资总额组成的具体内容，按照国家统计局 1989 年第一号令发布的《关于职工工资组成的规定》，由下列六个部分组成：

（1）计时工资。

（2）计件工资。

（3）奖金是指支付给职工的超额劳动报酬和增收节支的劳动报酬。

（4）津贴和补贴，是指为了补偿职工特殊或额外劳动消耗和因其他特殊原因支付给职工的津贴以及为了保证职工工资水平不受物价影响支付给职工的物价补贴。

（5）加班加点工资，是指按规定支付的加班工资和加点工资。

（6）特殊情况下支付的工资，包括：

①根据国家法律、法规和政策规定，因病、工伤、产假、计划生

育、婚丧假、事假、探亲假、定期休假、停工学习、执行国家或社会义务等原因，按计时工资标准或计件工资标准的一定比例支付的工资。

②附加工资，保留工资。

2. 工资发放

旅游企业的工资形式一般以计时工资为主，企业根据人事、劳动工资部门的职工录用、考勤、调动、工资级别调整和工资津贴变动情况的书面凭证作为工资结算的依据。

应付工资＝工资总额－事假应扣工资－病假应扣工资

但企业发给职工的工资，不一定是职工实际应得工资的全部，有些必须由职工个人负担的费用，需要由企业代扣代缴，如企业为职工代垫房租、水电费等。因此实发工资计算公式如下：

实发工资＝应付工资－代扣代缴款项

发放工资时，借记"应付职工薪酬——工资"账户，贷记"银行存款"或"现金"账户。

3. 工资分配

对于本月应发放的工资，在月份终了时都要进行分配，计入有关费用。工资应按照职工所在的岗位进行分配。如从事经营的职工，其工资应构成企业的经营费用；管理人员工资应计入管理费用；在建工程人员工资计入在建工程成本等。

现举例说明工资发放和分配的会计核算。

【例】某旅游公司本月发生下列工资支出事项：业务部门人员工资 30 000 元，管理部门人员工资 8 000 元，基建工程人员工资 12 000元，其中代扣职工水电费 3 500 元。

（1）本月从银行提取现金，编制会计分录如下：

借：现金　　　　　　　　　　　　　　　　46 500
　　贷：银行存款　　　　　　　　　　　　　　46 500

（2）发放工资，编制会计分录如下：

借：应付职工薪酬——工资　　　　　　　　50 000
　　贷：现金　　　　　　　　　　　　　　　　46 500
　　　　其他应付款——水电费　　　　　　　　3 500

（3）月份终了将应付工资进行分配，计入相关费用，编制会计分录如下：

借：营业费用　　　　　　　　　　　　　　30 000
　　管理费用　　　　　　　　　　　　　　　8 000
　　在建工程　　　　　　　　　　　　　　12 000
　　贷：应付职工薪酬——工资　　　　　　　　　　50 000

（二）应付福利费

应付福利费是企业准备用于职工福利方面的资金，这是企业使用了职工的劳动、技能、知识等以后，除了有义务承担必要的劳动报酬外，还必须负担对职工个人福利方面的义务。

我国企业中按规定用于职工福利方面的资金来源，包括从费用中提取和税后利润中提取。从费用中提取的职工福利费，按工资总额的14%计提，主要用于职工个人福利，在会计核算上将其作为一项负债反映；而税后利润中提取的职工福利费在会计核算上作为所有者权益，用于集体福利。

为了总括地反映和监督职工福利费的提取和使用情况，会计上设置"应付职工薪酬——职工福利"账户，该账户登记职工福利费的提取数，借方登记使用数，期末余额一般在贷方，表示企业已提取尚未使用的职工福利费的结存数。如果余额在借方，则反映企业福利费的超支数。

按工资总额14%计提的福利费，应按照职工所在岗位分配：从事经营业务的人员的福利费计入营业成本，在建工程人员的福利费应计入在建工程成本，行政管理人员的福利费应计入管理费用等。

现举例说明应付福利费的计提、使用和分配的会计核算。

【例】某大酒店20××年4月份工资表中：业务人员工资 30 000 元，在建工程人员工资 12 000 元，管理人员工资 8 000 元，按工资总额14%计提福利费。编制会计分录如下：

（1）计提分配时：

借：营业费用　　　　　　　　　　　　　　4 200
　　在建工程　　　　　　　　　　　　　　1 680

管理费用　　　　　　　　　　　　　　　1 120
　　贷：应付职工薪酬——职工福利　　　　　　　7 000
（2）实际使用时：
借：应付职工薪酬——职工福利　　　　　　7 000
　　贷：现金（银行存款）　　　　　　　　　　　7 000

六、应交税费

税金是企业在经营过程中，按照国家税法规定向国家缴纳的一部分纯收入，是国家积累资金的主要来源之一。

旅游企业作为纳税义务人，按照现行税法规定主要缴纳营业税、增值税、城市维护建设税、房产税、车船使用税、土地使用税、印花税、所得税等。

旅游企业缴纳的印花税以及其他不需要预计应交数的税金不在"应交税费"科目核算。

（一）营业税和城市维护建设税

1. 营业税是指在我国境内提供劳务、转让无形资产或销售不动产的单位和个人按其营业收入征收的一种税。饭店、旅馆等企业应按营业收入计征营业税，旅行社应按营业收入净额（营业收入扣除代收代缴房费、餐费和车费等）计征营业税。旅游服务业税率一般为 5%，娱乐业的营业税税率为 5%～20%。

营业税应纳税额计算公式为：

营业税应纳税额＝营业收入合计×适应税率

2. 城市维护建设税是国家为了扩大和稳定城市乡镇公共设施和基础建设，对享用市政设施的企业，以其应纳营业税和增值税为计税依据征收的一种地方税。因此，城市维护建设税因企业所在地的不同而以不同的税率计征，并与营业税和增值税同时缴纳，城市维护建设税税率为：纳税人所在地在市区的，税率为 7%；纳税人所在地在县城或镇的，税率为 5%；纳税人所在地不在市区、县城或镇的，税率为 1%。

城市维护建设税额计算公式为：

城市维护建设税额＝营业税税额×适应税率

为了总括地反映和监督营业税的缴纳情况，会计上设置"应交税费"、"应交营业税"和"应交城市维护建设税"明细科目进行核算。本科目贷方发生额反映企业应交纳的营业税与城市维护建设税。借方反映缴纳金额，期末贷方余额反映企业应交未交营业税与城市维护建设税，借方余额则表示多交税款金额。

计提城市维护建设税时，借记"主营业务税金及附加"等科目，贷记本科目（应交城市维护建设税）；缴纳城市维护建设税时，借记本科目（应交城市维护建设税），贷记"银行存款"科目。

3. 教育费附加

在实际工作中与上述两项税金同时缴纳的还有教育费附加，它是以各单位和个人实际缴纳的增值税、营业税的税额为计征依据，教育费附加税率为3%。

教育费附加额计算公式为：

教育费附加额＝营业税税额×适应税率

计提教育费附加时，借"营业税金及附加"等科目，贷"应交税费——教育费附加"；上缴教育费附加时，借记"应交税费——教育费附加"，贷记"银行存款"科目。

现举例说明营业税、城市维护建设税和教育费附加的会计核算。

【例】某旅馆 2011 年 4 月份主营业务收入为 120 000 元，营业税税率为 5%，城市维护建设税税率为 7%，教育费附加税率为 1%。该旅馆以 1 个月为纳税期限。

三个项目计算如下：

120 000×5%=6 000

6 000×7%=420

6 000×3%=180

合计：6 600

（1）4 月 30 日，预计应交营业税与应交城市维护建设税，编制会计分录如下：

借：营业税金及附加　　　　　　　　　　6 600

　　　　贷：应交税费——应交营业税　　　　　　　6 000
　　　　　　应交税费——应交城市维护建设税　　　420
　　　　　　应交税费——应交教育费附加　　　　　180

（2）5 月份纳税申报，并用银行存款缴纳，编制会计分录如下：

借：应交税费——应交营业税　　　　　　　　　6 000
　　应交税费——应交城市维护建设税　　　　　　420
　　应交税费——应交教育费附加　　　　　　　　180
　　贷：银行存款　　　　　　　　　　　　　　　　　6 600

（二）增值税

　　增值税是指对在我国境内销售货物或提供加工、修理修配劳务，以及进口货物的单位和个人，就其取得的货物或应税劳务销售额，以及进口货物金额计算税款，并实行税款抵扣的一种流转税。旅游服务企业从事的商品购销业务应缴纳增值税。

　　增值税的纳税人分为一般纳税人和小规模纳税人两种。小规模纳税人是指年销售额在财政部门规定数额以下，会计核算不健全的纳税人，除此之外的应纳增值税纳税人为一般纳税人。它们的核算方法是不同的。小规模纳税人按 3%的征收率计征增值税，购进商品，增值税计入成本，不得抵扣。一般纳税人购进商品时，按专用发票上列明的税款，借记"应交税费进项税额"账户。

　　旅游服务企业主要以零售业务为主，在销售商品时一般填制普通发票或不填发票，商品的售价中已包含了增值税额，取得的销售收入也是含税收入。增值税是价外税，因此，在月末应将含税收入调整为不含税的销售额，以此作为计税依据计算销项税额，其计算公式如下：

　　　　不含税销售额＝含税销售收入÷（1＋增值税税率）

　　　　销项税额＝销售额×增值税税率

　　　　应纳税额＝销项税额－进项税额

　　【例】某宾馆本月购入饮料，共计 100 000 元，进项税 17 000 元，销售额 128 700 元，购入彩电 10 台，单价 2 600 元，共计 26 000 元，进项税额 4 420 元，用于职工福利购入啤酒等共计 8 000 元。

　　　　不含税销售额＝128 700÷（1＋17%）＝110 000（元）

销项税额＝110 000×17%＝18 700（元）

（1）月末计算销项税额，编制会计分录如下：

借：银行存款　　　　　　　　　　　　　　18 700

　　贷：应交税费（销项税金）　　　　　　　　　18 700

（2）根据规定可予以抵扣的进项税额为 17 000 元，因此缴纳增值税的会计分录为：

借：应交税费（已交税金）　　　　　　　　1 700

　　贷：银行存款　　　　　　　　　　　　　　1 700

（三）房产税、车船使用税、土地使用税、印花税

房产税是指拥有房产的企业按其计税价值（余额或出租收入）征收的一种税。房产税有从价计征和从租计征两种计算方式。从价计征的，其计税依据为房产原值一次减去 10%～30%后的余值；从租计征的（即房产出租的），以房产租金收入为计税依据。从价计征 10%～30%的具体减除幅度由省、自治区、直辖市人民政府确定。

车船使用税由拥有并且使用车船的单位和个人交纳。

土地使用税是国家为了合理利用城镇土地，调节土地级差收入，提高土地使用效益，加强土地管理而开征的一种税。土地使用税以纳税人实际占用的土地面积为计税依据。

印花税是对书立、领受购销合同等凭证行为征收的税款，实行由纳税人自行计算应纳税额，购买并一次贴足印花税票的办法。

房产税、车船使用税、土地使用税也通过"应交税费"账户核算。发生时，借记"管理费用"，贷记"应交税费——应交房产税"、"土地使用税"、"车船使用税"，而印花税采用由纳税人一次购买并贴足印花税票的纳税办法，因此在购买时借记"管理费用"，贷记"银行存款"。

（四）教育费附加

教育费附加是国家为了发展我国的教育事业，提高人民文化素质而征收的一项费用。这项费用按照企业交纳的流转税的一定比例计征，在会计核算中，教育费附加在"应交税费"科目下设置"应交教育费附加"明细科目。企业按规定计提教育费附加，借记"营业税金及附加"，贷记本科目，交纳时，借记本科目，贷记"银行存款"科目。

（五）所得税

企业所得税是国家以企业的应纳税所得额为课税对象征收的一种税。它是国家以社会管理者身份参与企业收益分配的一种形式。这里的应纳税所得额是指企业利润总额按规定扣减有关项目后的计税所得，其计算公式如下：

纳税所得额＝收入总额－准予扣除项目金额

应纳所得税额＝纳税所得额×税率

收入总额包括：生产经营收入、财产转让收入、利息收入、租赁收入、特许权使用费收入、股息收入和其他收入。准予扣除项目包括：成本、费用、税金和损失。不得扣除项目包括：资本性支出，无形资产受让，开发支出，违法经营的罚款和被没收财物的损失，各项税收的滞纳金、罚金和罚款，自然灾害或者意外事故损失有赔偿的部分，超过国家规定允许扣除的公益、救济性的捐赠以及非公益、救济性的捐赠，各种赞助支出，与取得收入无关的其他各项支出。

【例】某宾馆 2 月份实现利润 200 000 元，其超规定支出与罚没支出 30 000 元，国债利息收入 10 000 元，根据税法规定，企业的所得税率为 25%。

计算应纳税所得额：200 000+30 000－100 00=220 000（元）

编制会计分录如下：

借：所得税　　　　　　　　　　　　　　　55 000
　　　贷：应交税费——应交所得税　　　　　　　55 000

七、应付利润

企业作为独立核算的主体，对其税后利润在提取了法定盈余公积金、公益金和特种基金后，剩余的部分还可以按一定比例分配给投资人，因此，企业分配给投资人的利润在未实际支付之前，形成一笔负债。为总括地反映和监督这一负债情况，会计上设置"应付利润"账户核算，本科目贷方反映应支付给投资人的税后利润，借方反映已支付的金额，期末余额若在贷方，表示应付但尚未支付的利润。按照国家有关法律规定，实行股份制的企业，应分给投资者的股利，设置"应付股利"科目反映。

应付利润包括应付国家、其他单位以及个人的投资利润。

【例】某旅游公司本年实现税后净利 1 000 000 元，按协议规定，应向投资人某公司按 30%比例支付利润，编制会计分录如下：

（1）计算分配给投资人利润时：

借：利润分配——应付利润　　　　　　　300 000

　　贷：应付利润——某公司　　　　　　　　300 000

（2）实际支付时：

借：应付利润——某公司　　　　　　　　300 000

　　贷：银行存款　　　　　　　　　　　　300 000

若该公司为股份有限公司则：

借：利润分配——应付股利　　　　　　　300 000

　　贷：应付股利　　　　　　　　　　　　300 000

第三节　长期负债

长期负债是指偿还期在一年或超过一年的一个营业周期以上的债务。对于企业所有者来说，举借长期负债有以下几个方面的好处：

1. 保证了控股权。若发行股票，则他们的控制权会因新股东的加入而减弱。

2. 长期负债的资金成本较低，且不享受企业的额外利润。

3. 长期负债的利息有抵税作用。

但长期负债也按合同或协议的规定承担固定的利息支出，且在到期还本前还要准备足够的资产。

长期负债主要有长期借款、应付债券、长期应付款。

一、长期借款

（一）长期借款的概念及来源

长期借款是指按照国家规定向银行或其他单位借入的偿还期在

一年以上的各种借款，一般用于购建固定资产、技术改造等资本性支出，主要来源有国家金融机构，如银行等，除此之外还有投资公司、财务公司等。

（二）长期借款的账务处理

长期借款按实际取得的货币资金与其使用期间形成的利息之和计价。相应地，长期借款的本息一同在"长期借款"科目中核算，这与短期借款不同。

"长期借款"是负债类科目，该科目的贷方反映借入的本金及应计利息；借方反映归还借款的本息；余额在贷方，表示尚未偿还的长期借款本息额。该科目应按贷款单位和借款种类设置明细科目，进行明细核算。

企业借入长期借款时，借记"银行存款"、"在建工程"、"固定资产"等科目，贷记"长期借款"科目。发生的借款费用（包括利息、汇兑损失等），应分别以下情况进行处理：

（1）属于筹建期间的，作为长期待摊费用，借记"长期待摊费用"科目，贷记"长期借款"科目，于生产经营开始当月一次转入损益。

（2）属于生产经营期间的，计入财务费用，借记"财务费用"科目，贷记"长期借款"科目。

（3）属于与购建固定资产有关的专门借款的借款费用，在所购建固定资产达到预定可使用状态前按规定应予以资本化的，计入有关固定资产的购建成本，借记"在建工程"科目，贷记"长期借款"科目。固定资产达到预定可使用状态后发生的借款费用以及按规定不能予以资本化的借款费用，借记"财务费用"科目，贷记"长期借款"科目。

（4）归还长期借款时，借记"长期借款"科目，贷记"银行存款"科目。

【例】2011 年底开办的某旅游公司借入长期借款 100 万元，期限 15 年，年利率 12%。其中筹建期间用去 20 万元，负担 2 个月利息，80 万元用于 2002 年 1 月购入固定资产且于 2002 年 4 月底交付使用。

（1）借入时，编制会计分录如下：

借：银行存款　　　　　　　　　　　　　　1 000 000

贷：长期借款   1 000 000

（2）筹建期间借款利息支出 4 000（200 000×2×12% / 12），编制会计分录如下：

借：长期待摊费用——开办费   4 000

  贷：长期借款   4 000

（3）购建固定资产投入使用前的利息支出 32 000 元，编制会计分录如下：

借：固定资产   32 000

  贷：长期借款——应付利息   32 000

（4）该公司开办后及固定资产投入使用后，利息支出按月计提 10 000 元（1 000 000×12% / 12）计入当期财务费用，编制会计分录如下：

借：财务费用——利息支出   10 000

  贷：长期借款——应付利息   10 000

（5）到期还本付息，编制会计分录如下：

借：长期借款   1 000 000

  长期借款——应付利息   1 800 000

  贷：银行存款   2 800 000

二、应付债券

债券是企业筹集长期使用资金而发行的一种书面凭证，通过凭证上所记载的利率、期限等，表明企业允诺在未来某特定日期还本付息。企业发行的超过一年或一年以上一个营业周期偿还的债券，构成了企业的一项长期负债。

为了总括地反映和监督应付债券的发行、归还和付息情况，会计上设置"应付债券"账户核算，该账户贷方登记应付债券本息，借方登记归还债券本息，期末余额在贷方，反映企业发行尚未归还的债券本息。本账户下设债券面值、利息调整和应计利息三个二级明细科目。

（一）债券的发行价格

企业发行债券时，除了受当时的市场利率供求关系影响外，还受到票面利率、企业信誉、债券期限等方面因素的影响，为了协调债券购销双方在债券利息上的利益，就要对债券的发行价格进行调整。所以，债券的发行价格分为面值发行、溢价发行和折价发行三种。

1. 面值发行。当债券票面利率等于市场利率时，债券的发行价格等于面值，称为面值发行。

2. 溢价发行。当债券票面利率高于市场利率，可按超过债券票面值的价格发行。这种按超过票面价值的价格发行，称为溢价发行。溢价发行表明企业因以后各期多付利息而事先获得的报酬。

3. 折价发行。当债券票面利率低于市场利率，以可按低于债券票面价值的价格发行。这种按低于债券票面价值的价格发行称为折价发行。折价发行表明企业因以后各期少付给投资者的利息而给予其价格上的补偿。

无论是面值发行，还是溢价或折价发行，均应按债券面值贷记"应付债券"科目。

【例】2011年12月31日，某旅游公司经批准发行公司债券，面值100 000元，5年期一次还本、分期付息，债券票面利率为10%。分别对以下几种情况进行账务处理：假设发行时实际利率为8%，则实际收到的金额为107 985元；假设发行时实际利率为10%，则实际收到的金额为100 000元；假设发行时实际利率为12%，则实际收到的金额为92 791元。为了例题计算上简单，发行价格非精确计算。其账务处理如下：

（1）平价发行时：

借：银行存款　　　　　　　　　　　　　100 000
　　贷：应付债券——债券面值　　　　　　　　100 000

（2）溢价发行时：

借：银行存款　　　　　　　　　　　　　107 985
　　贷：应付债券——面值　　　　　　　　　　100 000
　　　　　　　　——利息调整　　　　　　　　　7 985

（3）折价发行时：

借：银行存款　　　　　　　　　　　　　92 791

应付债券——利息调整   7 209
　　贷：应付债券——债券面值   100 000

（二）债券折价、溢价的摊销和利息核算

债券溢价是应付债券成本的减项，债券折价是应付债券的成本。债券溢价、折价摊销是指债券溢价应逐期在利息费用中扣除，债券折价应逐期转作利息费用，债券转销主要有直线法和实际利率摊销法。

在核算中，如果发行债券筹集的资金是用于购建固定资产，则应付债券上的应计利息、溢价或折价的摊销以及支付债券发行手续费和印刷费，在资产尚未达到使用状态前计入在建工程成本；在固定资产交付使用后计入"财务费用"。债券上的应计利息，应按权责发生制原则按期预提，一般可按年计提。债券溢价、折价在存续期内摊销一般采用实际利率法。

实际利率法是以债券的摊余成本和发行时的实际利率（市场利率）来计算利息费用的方法。实际利率法可真实地反映企业各期应负担的利息费用。具体的计算公式如下：

票面利率=面值×票面利率

当期利息费用=摊余成本（债券该期期初账面价值）×实际利率

溢价发行：利息调整=票面利息－当期利息费用

　　　　　债券该期期初账面价值=面值－利息调整

折价发行：利息调整=当期利息费用－票面利率

　　　　　债券该期期初账面价值=面值+利息调整

假设债券溢价发行，实际利率为 8%，入账时利息调整为 7 985 元，期限为 5 年，面值为 100 000 元，票面利率为 10%，计算结果下表所示：

会计期间	票面利息	债券该期期初账面价值	当期利息费用	利息调整
	（1）	（2）	（3）	（4）
第一年	100 000	107 985	8 629	1 361
第二年	100 000	106 624	8 530	1 470
第三年	100 000	105 154	8 412	1 588
第四年	100 000	103 566	8 285	1 715
第五年	100 000	101 851	8 149	1 851
合计	500 000	100 000	42 015	7 985

以第二年的计算为例：

（1）＝100 000×10%＝10 000（元）

（2）＝107 985－1 361＝106 624（元）

（3）＝106 624×8%＝8 530（元）

（4）＝10 000－8 530＝1 470（元）

假设债券折价发行，实际利率为12%，入账时利息调整为7 209元，期限为5年，面值为100 000元，票面利率为10%，计算结果如下表所示：

会计期间	票面利息（1）	债券该期期初账面价值（2）	当期利息费用（3）	利息调整（4）
第一年	100 000	92 791	11 135	1 135
第二年	100 000	93 926	11 271	1 271
第三年	100 000	95 197	11 424	1 424
第四年	100 000	96 621	11 594	1 594
第五年	100 000	98 215	11 785	1 785
合计	500 000	100 000	57 209	7 209

以第二年的计算为例：

（1）＝100 000×10%＝10 000（元）

（2）＝92 791+1 135＝93 926（元）

（3）＝93 926×12%＝11 271（元）

（4）＝11 271－10 000＝1 271（元）

票面利息记入"应付债券——应计利息"科目或"应付利息"科目的贷方；利息费用记入"财务费用"科目的借方；如果债券发行是溢价发行，则两者的差额记入"应付债券——利息调整"科目的借方，如果债券发行是折价发行，则两者的差额记入"应付债券——利息调整"科目的贷方。

接上例，以第二年为例，账务处理如下：

（1）溢价发行时：

借：财务费用　　　　　　　　　　　　8 530

　　　　　应付债券——利息调整　　　　　　　1 470
　　　　　　贷：应付利息　　　　　　　　　　　10 000
　　（2）平价发行时：
　　借：财务费用　　　　　　　　　　　　　　10 000
　　　　　贷：应付利息　　　　　　　　　　　　10 000
　　（3）折价发行时：
　　借：财务费用　　　　　　　　　　　　　　11 271
　　　　　贷：应付利息　　　　　　　　　　　　10 000
　　　　　　应付债券——利息调整　　　　　　　1 271
　　（4）每年支付利息时：
　　借：应付利息　　　　　　　　　　　　　　10 000
　　　　　贷：银行存款　　　　　　　　　　　　10 000

（三）债券偿还

1. 到期偿还

债券到期时，债券的溢价和折价也会转销完毕，所以对于一次还本付息的债券来说，应付债券账户下应付金额就是"应计利息"与"债券面值"；偿还时借记"应付账款"科目下"应计利息"和"债券面值"，贷记"银行存款"科目。

2. 提前偿还

提前偿还是指债券发行后，未到偿还日而归还的本金。提前偿还一般有两种情况：一种是发行债券时就规定，债券发行单位有提前偿还权；另一种是债券属上市交易的，债券单位通过证券市场上收购回自己的债券，从而达到提前偿还的目的。在核算中应注意将提前偿还债券的溢价或折价未转销部分注销，在提前偿还业务中多付或少付的利息费用应计入财务费用中。

现阶段，我国大部分企业债券为到期一次还本付息债券，所以每年只计提利息费用而并不用立即支付。因此，在会计上设置"应付债券——应计利息"明细账户，用来核算利息费用，每年计息时记入该账户的贷方，到期时连同本金一次支付时，借记本科目。

现以上题溢价发行时为例说明债券到期偿还的会计核算。

该债券到期后，共累计计提利息费用为 42 015 元，即"应付债券——应计利息"账户金额为 42 015 元，编制会计分录如下：

借：应付债券——债券面值　　　　　　　　　100 000
　　　　　　——应计利息　　　　　　　　　　42 015
　　贷：银行存款　　　　　　　　　　　　　　　　142 015

三、长期应付款

企业发生的除了长期借款和应付债券以外的长期负债，应设置"长期应付款"科目进行核算。长期应付款包括：补偿贸易引进设备应付款、融资租入固定资产应付款。

（一）补偿贸易引进设备款

补偿贸易是从国外引进设备，再用该设备生产的产品或提供的服务归还设备价款。一般情况下，设备的引进和偿还设备价款没有现金的流入和流出。在会计核算上，企业在引进设备时，按设备价款、运杂费、保险费等借记"固定资产"，贷记"长期应付款"账户；另一方面以产品或劳务偿还设备款时，作为企业销售收入或营业收入处理。

现举例说明补偿贸易引进设备款的会计核算。

【例】某游乐场从法国引进一套设备，价款折合人民币 2 000 000 元（不需安装可直接使用），游乐场将在以后四年内每年向该国提供 1 000 人次的服务，每人次 500 元，偿还该设备款。

（1）引进该设备时，编制会计分录如下：

借：固定资产　　　　　　　　　　　　　　　2 000 000
　　贷：长期应付款——补偿贸易引进设备款　　　2 000 000

（2）以后四年内每年提供 1 000 人次的服务，编制会计分录如下：

借：应收账款　　　　　　　　　　　　　　　500 000
　　贷：主营业务收入　　　　　　　　　　　　　500 000

（3）第一年用提供服务的应收账款偿还补偿贸易引进设备款，编制会计分录如下：

借：长期应付款——补偿贸易引进设备应付款　500 000
　　贷：应收账款　　　　　　　　　　　　　　　500 000

（二）融资租入固定资产

融资租入固定资产是指企业通过分期支付租赁费取得设备的使用权。企业租入设备后定期支付租赁费，期满后，付一笔很小的代价即名义价格，即可取得固定资产的所有权，企业融资租入固定资产在期满前，虽然从法律形式上未取得该项资产的所有权，但从交易的实质上，由于租赁资产的一切风险和报酬都已转移给承租方，因此，会计上把融资租入固定资产视同自有固定资产核算，同时将取得的融资，作为一项负债反映。

会计上在"长期应付款"下设置"应付融资租入固定资产租赁费"明细账户。该账户贷方登记应支付的租赁费，借方登记企业支付的租赁费，期末贷方余额反映尚未支付的租赁费。

按规定，企业以融资租入固定资产，按照租赁协议或者合同确定的价款加上运输费、途中保险费、安装调试费以及投产使用前的利息支出等的价值作为固定资产的原价，相应地，由融资租入固定资产而产生的长期应付款也应包括这些内容。

复习思考题

1. 什么是负债？包括哪些内容？
2. 流动负债包括哪些种类？
3. 什么是短期借款？应如何对其进行核算？
4. 应交税费主要包括哪些项目？核算的内容是什么？
5. 工资总额包括哪些内容？应如何进行工资费用分配和工资发放的核算？
6. 应付福利费的计提与使用应如何进行核算？
7. 商业汇票可分为哪几种？它们有什么区别？在会计上应如何进行核算？
8. 什么是长期负债？它包括哪几部分？与短期负债有何区别？
9. 什么是长期借款？长期借款的利息支出和有关费用如何处理？

10. 什么是应付债券？应付债券包括哪些基本要素？

11. 简述应付债券核算的主要内容。

习题一

一、目的：练习流动负债的核算。

二、资料：东方饭店 2011 年 7 月份发生有关流动负债业务如下：

1. 采购食品原材料，共应支付货款 6 700 元，材料已验收入库，货款尚未支付。

2. 开出并承兑商业汇票一张，面值 28 000 元，用以购入电子设备，设备不需安装，已投入使用。

3. 从银行取得为期 3 个月的短期借款 120 000 元，已转入企业账户。

4. 预提本期短期借款利息 1 800 元。

5. 开出并经银行承兑商业汇票一张，期限 6 个月，年利率 12%，面值 56 000 元，用以抵付前欠货款。

6. 分配本月工资费用，其中餐饮部职工工资 58 700 元，客房部职工工资 47 500 元，商品部职工工资 28 400 元，管理部门职工工资为 46 000 元。

7. 按工资总额的 14% 提取职工福利费。

8. 发放本月职工工资 17 100 元，同时代扣应由职工个人负担的水电费 9 600 元。

9. 报销职工医疗费 1 920 元，以现金支付。

三、要求：根据上述业务编制会计分录。

习题二

一、目的：练习长期借款的会计核算。

二、资料：某酒店为建造新的分店，2011 年 1 月 1 日借入期限为 2 年的长期借款 1 000 000 元，款已存入银行。借款利率为 9%，每年付息 1 次，期满后一次还清本金。2011 年初，以银行存款支付工程价款共计 600 000 元，2012 年初又以银行存款支付工程费用 400 000 元。该厂房于 2012 年 8 月底完工，交付使用，并办理了竣工决算手续。

　　三、要求：根据上述业务编制有关会计分录。

习题三

　　一、目的：练习应付债券的核算。

　　二、资料：某酒店发行债券资料如下：

　　发行 3 年期债券 1 200 000 元，票面利率为年息 12%，计划每半年付息 1 次。

　　三、要求：

　　1. 若发行时的市场利率为 12%，计算债券的发行价格并作出债券发行、利息处理和到期偿还本金与利息的会计处理。

　　2. 若发行时的市场利率为 10%，计算债券的发行价格并作出债券发行、利息处理和到期偿还本金与利息的会计处理。

　　3. 若发行时的市场利率为 14%，计算债券的发行价格并作出债券发行、利息处理和到期偿还本金与利息的会计处理（以上题中，溢价和折价的摊销采用实际利率法）。

　　提示：折价或溢价=发行价－面值

　　发行价=年利息×年金现值系数+面值×普通现值系数

　　　　　=年利息×（P/A, r, n）+面值×（P/S, r, n）

第七章　所有者权益的核算

【学习目的】
- ●熟悉所有者权益的核算内容
- ●了解利润分配的程序
- ●掌握所有者权益账务处理

【基本内容】
- ●实收资本
- ●资本公积
- ●留存收益

第一节　所有者权益概述

一、所有者权益的含义

所有者权益是指企业投资者对企业净资产的所有权，也就是资产扣除负债后由所有者享有的剩余权益。就其形成而言，除所有者投入资本与资本公积外，主要来源于企业的经营积累。企业获利时，其净资产增加，投资者的权益也随之增加；反之亦然。由于这种权益的存在，使企业所有者享有分配企业现金或财产的权利，也享有企业最终清算时对剩余资产的要求权，以及出售或转让企业产权等多方面的权利。

二、所有者权益与债权人权益的区别

所有者权益和负债都是对企业资产的要求权，均形成企业资金的来源，但是二者却存在着本质的区别。主要区别有：

1. 对象不同。负债是对债权人负担的经济责任，所有者权益是对投资人负担的经济责任。

2. 性质不同。负债是在经营或其他事项中发生的债务，是债权人对其债务的权利，所有者权益是投资者对投入资本及其投入资本的运用所产生的盈余（或亏损）的权利。

3. 偿还期限不同。负债必须于一定时期（特定日期或确定的日期）偿还；所有者权益一般只有在企业解散清算时（除按法律程序减资等外），其破产财产在偿付了破产费用、债权人的债务等以后，如有剩余资产，才可能还给投资者，在企业持续经营的情况下，一般不能收回投资。

4. 享受的权利不同。债权人只享有收回债务本金和利息的权利，而无权参予企业收益分配；所有者权益在某些情况下，除了可以获得利益外，还可参予企业经营管理。

三、所有者权益的构成内容

所有者权益作为投资者对企业净资产享有的所有权，它的数量及结构随着企业的生产经营性质及生产规模的变化而变化。为了提供更全面、更有价值的有关所有者权益方面的会计信息，有必要将所有者权益进行适当分类。《企业会计准则》将所有者权益分为：实收资本（股本）、资本公积、留存收益三大类。

第二节　实收资本的核算

实收资本是投资者投入资本形成法定资本的价值。它是企业所有者权益构成的主体，是企业进行生产经营的前提和重要的经济支柱。我国《公司法》将股东出资达到法定资本最低限额作为公司成立的必备条件。《公司法》规定，有限责任公司的注册资本的最低限额为人民币 3 万元。股份有限公司注册资本的最低限额为人民币 500 万元。公司在首次出资额不少于注册资本 20%的前提下在 2 年内分期缴清出资，其中，投资公司可在 5 年内缴足。我国《企业法人登记管理条例》规定，除国家另有规定外，企业的注册资金应当与实有资金相一致。企业实有资金比原注册资金数额增减超过 20%时，应持资金使用证明或者验资证明，向原登记主管机关申请变更登记。如擅自更改资金或抽逃资金等，要受到工商行政管理部门的处罚。《公司法》还明确规定，公司的发起人、股东在公司成立后，不得抽逃出资。

为核算企业的实收资本及其相关经济业务，会计上应设置"实收资本"、"股本"账户等。由于企业组织形式不同，所有者投入资本的会计核算方法不同。除股份有限公司对股东投入资金应在"股本"科目中反映外，其余企业对所有者投入的资本，集中在"实收资本"科目中反映，核算企业实际收到的投资人投入的资本。

投资者投资于企业，可以采取多种出资方式，包括货币资金、实物资产和无形资产等。企业收到投资人投入的现金，应以实际收到或者存入企业开户银行金额，借记"库存现金"或"银行存款"账户，贷记"实收资本"账户；收到投资人投入的房屋、建筑物、材料等，应按确定价值，借记"固定财产"、"原材料"等账户，贷记"实收资本"账户；收到投资人投入的无形资产，应按确认的价值，借记"无形资产"，贷记"实收资本"账户。

"实收资产"或"股本"账户属所有者权益类账户。贷方登记投入资本的增加额，包括投资者投入的货币资金、实物和无形资产，以及从"资本公积"、"盈余公积"账户中转来的转增资本额；借方登记投入资本的减少额；期末余额在贷方，表示期末企业实收资本的总额。该账户应按投资者设置明细分类账，进行明细分类核算。

下面分别介绍不同组织形式的企业投入资本的核算。

一、国有独资公司的投入资本

我国《公司法》规定，国家授权投资的机构或者部门可以单独投资设立国有独资的有限责任公司。在《公司法》公布前已设立的国有企业，符合《公司法》规定设立有限责任公司条件的，可以依照《公司法》改建为国有独资的有限责任公司。

国有独资公司在组建时，所有者投入的资本，全部作为实收资本入账；并且国有独资公司不发行股票，不会产生股票溢价发行收入；也不会在追加投资时，为维持一定的投资比例而产生资本公积。因此，这类企业投入资本的会计核算一般比较简单。

【例】某饭店收到国家投资 50 万元人民币，款项已存入银行。根据银行收款通知等凭证，作分录如下：

借：银行存款　　　　　　　　　　　　　500 000
　　贷：实收资本——国家投资　　　　　　500 000

【例】某饭店收到国家投入新建房屋一幢，价值 20 万元。根据固定资产交接凭证及出资说明书等有关凭证，作分录如下：

借：固定资产　　　　　　　　　　　　　200 000
　　贷：实收资本——国家投资　　　　　　200 000

二、有限责任公司的投入资本

有限责任公司是由两个以上股东共同出资，每个股东以其所认缴的出资额对公司承担有限责任，公司以其全部资产对其债务承担责任的企业法人。在会计核算上，我们论述所有者权益的问题时，把有限责任公司限定为两个以上股东共同出资设立的企业，而将国有独资的有限责任公司单设一类。

有限责任公司的投入资本在"实收资本"科目核算时，应注意以下几个问题：

1. 有限责任公司的投资者应按照公司章程所规定的出资方式、出资额和出资缴纳期限出资。若某一方投资者未按规定缴纳出资的，企业有权向其追缴甚至请求追究其违约责任。

2. 所有者投入资本应区别情况处理。初建有限责任公司时，各投资者按规定投入的资本全部记入"实收资本"科目，企业的实收资本应等于企业的注册资本。在企业增资扩股时新增加的投资者，其出资额大于其按约定比例计算应占注册资本分额的部分，不记入"实收资本"，而应记入"资本公积"科目。

3. 有限责任公司中，某投资者转让出资应通知其他投资者，股东之间相互转让，不需经其他股东同意；向股东以外的人转让必须经全体股东过半数同意。经股东同意转让的出资，在同等条件下，其他股东对该出资有优先购买权。

【例】某新企业由A、B、C三个股东各出资80万元组成。A投资80万元现金；B以10万元的专利权投资，另70万元以现金投入；C以80万元的设备作为投资。企业在接到投资者投入的资金时，应作如下会计分录：

借：银行存款   1 500 000
  无形资产——专利权 100 000
  固定资产   800 000
  贷：实收资本   2 400 000

三、股份有限公司投入资本

股份有限公司是指全部资本由等额股份构成并通过发行股票筹集资本，股东以其所持股份对公司承担有限责任，公司以其全部资产对公司债务承担责任的企业法人。

股份有限公司与其他企业相比较，最显著的特点是将企业的全部资本划分为等额股份，并通过发行股票的方式来筹集资本。股票的面值与股份总数的乘积为股本，股本应等于企业的注册资本。会计核算上股份公司设置"股本"科目。为提供企业股份的构成情况，企业应在"股本"科目下，按普通股和优先股及股东单位或姓名设置明细账。企业的股本应在核定的股本总额范围内发行股票取得。但企业发行股票取得的收入与股本总额往往不一致。我国不允许企业折价发行股票，存在溢价发行和面值发行两种情况。在采用溢价发行股票的情况下，企业应将相当于股票面值的部分记入"股本"科目，其余部分在扣除发行手续费、佣金等发行费用后，记入"资本公积——股本溢价"科目。

【例】 某股份制企业委托某证券公司代理发行普通股 80 000 股，每股面值 1 元，按 1.8 元出售。证券公司按收入的 2%收取手续费。作分录如下：

实收股款=80 000×1.8×（1－2%）=141 120（元）

实际溢价收入=141 120－80 000×1=61 120（元）

借：银行存款 141 120

贷：股本 80 000

资本公积 61 120

四、实收资本增减变动

在一般情况下，企业的实收资本应相对固定不变，但在某些特定情况下，实收资本也可以发生增减变化：一是符合增资条件，并经过有关部门批准；二是企业按法定程序报经批准减少注册资本。

（一）企业增资

1. 企业接受投资者额外投入实现增资

　　在企业按规定接受投资者额外投入实现增资时，企业应当按实际收到的款项或其他增资，借记"银行存款"等科目，按增加的实收资本或股本金额，贷记"实收资本"或"股本"科目，按照两者之间的差额，贷记"资本公积——资本溢价"或"资本公积——股本溢价"科目。

　　2. 资本公积转增资本

　　在企业采用资本公积转增资本时，企业应当按照转增的资本金额，借记"资本公积"科目，贷记"实收资本"或"股本"科目。

　　3. 盈余公积转增资本

　　在企业采用盈余公积转增资本时。企业应按照转增的资本金额，借记"盈余公积"，贷记"实收资本"或"股本"科目

　　4. 采用发放股票股利方式增资

　　在股份有限公司股东大会或类似机构批准采用发放股票股利的方式增资时，公司应在实施该方案并办理完增资手续后，根据实际发放的股票股利数，借记"利润分配——转作股本的普通股股利"科目，贷记"股本"科目。

　　（二）企业减资

　　在企业按照法定程序报经批准减少资本时，应按照减资金额，借记"实收资本"或"股本"科目，贷记"现金"、"银行存款"等科目。

　　股份有限公司采用本企业股票方式减资的，应按照回购股份实际支付的金额，借记"库存股"科目，贷记"银行存款"等科目。注销库存股时，按照注销股票的面值总额减少股本，购回股票支付的款项超过面值总额的部分，依次减少资本公积和留存收益，借记"实收资本"或"股本"科目，以及"资本公积"、"盈余公积"、"利润分配——未分配利润"科目，贷记"库存股"科目；购回股票支付的价款低于面值总额的，应按照股票面值，借记"实收资本"或"股本"科目，按支付的价款，贷记"库存股"科目，按其差额，贷记"资本公积"科目。

第三节 资本公积

一、资本公积概述

（一）资本公积的性质

资本公积通常是指企业收到投资者的超出其在企业注册资本（或股本）中所占份额的投资，以及直接计入所有者权益的利得和损失等。从形成来源上看，资本公积不是由企业实现的利润转化而来的，从本质上讲应当属于实收资本范畴，因此，它与留存收益有根本区别，因为后者是由企业实现的利润转化而来的。

我国《公司法》规定，资本公积主要用来转增资本（或股本）。

（二）资本公积形成的来源

资本公积形成的主要来源包括：

1. 资本（或股本）溢价，是指企业投资者投入的资金超过其在注册资本中所占份额的部分，在股份有限公司称之为股本溢价。

2. 直接计入所有者权益的利得和损失是指不应计入当期损益、会导致所有者权益发生增减变动的、与所有者投入资本或者向所有者分配利润无关的利得或者损失。

（三）资本公积核算需要设置的明细科目

为了如实、完整地反映企业资本公积的来源及其使用情况，需要分别资本公积形成的类别设置明细账，进行明细分类核算。为此，资本公积应当分别"资本溢价（股本溢价）"、"其他资本公积"进行明细核算。

二、资本公积的核算

（一）资本（或股本）溢价

资本（或股本）溢价是由企业投资者投入的资金超过了其在注册资本中所占的份额所形成的。

1. 一般企业资本溢价

对于一般企业（如有限责任公司等），在收到投资者投入的资金时，按实际收到的金额或确定的价值，借记"银行存款"、"固定资产"等科目；按其在注册资本中所占的份额，贷记"实收资本"科目；按其差额，贷记"资本公积——资本溢价"科目。

2. 股份有限公司股本溢价

对于股份有限公司股本溢价发行股票的，在收到现金等资产时，应当按照实际收到的金额，借记"现金"、"银行存款"等科目；按股票面值和核定的股份总额的乘积计算的金额，贷记"股本"科目；按溢价部分，贷记"资本公积——股本溢价"科目。

如果股份有限公司是境外上市企业或者是在境内发行外资股的股份有限公司，在收到股款时，按收到股款当日的汇率折合的人民币金额，借记"现金"、"银行存款"等科目；按确定的人民币股票面值和核定的股份总额的乘积计算的金额，贷记"股本"科目；按其差额，贷记"资本公积——股本溢价"科目。

对于股份有限公司发行股票时支付的手续费或佣金、股票印制成本等，应从股票发行的溢价收入中抵销，抵销后的差额计入"资本公积"；无溢价的或溢价不足以支付的部分，应冲减盈余公积和未分配利润。

（二）其他资本公积

其他资本公积是指除资本溢价（或股本溢价）项目以外所形成的资本公积，其中主要包括直接计入所有者权益的利得和损失。直接计入所有者权益的利得和损失主要由以下交易或事项引起：

1. 采用权益法核算的长期股权投资

长期股权投资采用权益法核算的，在持股比例不变的情况下，被投资单位除净损益以外所有者权益的其他变动，企业按持股比例计算应享有的份额，借记或贷记"长期股权投资——其他权益变动"，贷记或借记"资本公积——其他资本公积"。处置采用权益法核算的长期股权投资，还应结转原计入资本公积的相关金额，借记或贷记"资本公积——其他资本公积"，贷记或借记"投资收益"科目。

2. 以权益结算的股份支付

以权益结算的股份支付换取职工或其他方提供服务的，应按照确定的金额，借记"管理费用"等科目，贷记"资本公积——其他资本公积"。在行权日，应按实际行权的权益工具数量计算确定的金额，借记"资本公积——其他资本公积"；按计入实收资本或股本的金额，贷记"实收资本"或"股本"科目；按其差额，贷记"资本公积——资本（或股本）溢价"。

3. 存货或自用房地产转换为投资性房地产

企业将作为存货的房地产或自用的建筑物等转换为采用公允价值模式计量的投资性房地产时，转换日的公允价值小于账面价值的，按其差额，借记"公允价值变动损益"科目；转换日的公允价值大于账面价值的，按其差额，贷记"资本公积——其他资本公积"科目。待该项投资性房地产处置时，因转换计入资本公积的部分应转入当期的其他业务收入，借记"资本公积——其他资本公积"，贷记"其他业务收入"科目。

4. 可供出售金融资产公允价值的变动

可供出售金融资产公允价值变动形成的利得，除减值损失和外币货币性金融资产形成的汇兑差额外，借记"可供出售金融资产——公允价值变动"，贷记"资本公积——其他资本公积"科目；公允价值变动形成的损失，作相反的会计分录。

5. 金融资产的重分类

将可供出售金融资产重分类为采用成本或摊余成本计量的金融资产，对于原计入资本公积的相关金额，有固定到期日的，应当在剩余期限内，在资产负债表日按采用实际利率法计算确定的摊销金额，借记或贷记"资本公积——其他资本公积"，贷记或借记"投资收益"；没有固定到期日的，应当在处置该项金融资产时，借记或贷记"资本公积——其他资本公积"，贷记或借记"投资收益"。

将持有至到期投资重分类为可供出售金融资产，并以公允价值进行后续计量，重分类日，该投资的账面价值与其公允价值之间的差额记入"资本公积——其他资本公积"科目。

按照金融工具确认和计量的规定应当以公允价值计量，但以前公允价值不能可靠计量的可供出售金融资产，企业应当在其能够可靠计量时改按公允价值计量，将相关账面价值与公允价值之间的差额记入"资本公积——其他资本公积"科目。

6. 可供出售外币非货币性项目的汇兑差额

对于以公允价值计量的可供出售非货币性项目，如果期末的公允价值以外币反映，则应当先将该外币按照公允价值确定当日的即期汇率折算为记账本位币金额，再与原记账本位币金额进行比较，其差额记入"资本公积——其他资本公积"科目。

第四节　留存收益

一、留存收益的组成及其用途

留存收益是指企业从历年来实现的利润中提取或形成的留存于企业的内部积累。留存收益来源于企业在生产经营活动中所实现的净利润。它与实收资本和资本公积的区别在于，实收资本和资本公积主要来源于企业的资本投入，而留存收益则来源于企业的资本增值。留存收益主要包括盈余公积和未分配利润两类。

（一）盈余公积的组成及其用途

一般企业和股份有限责任公司的盈余公积主要包括：

1. 法定盈余公积。它是指企业按照规定的比例从净利润中提取的盈余公积。例如，根据我国《公司法》的规定，有限责任公司和股份有限公司应按照净利润的 10% 提取法定盈余公积，计提的法定盈余公积累计达到注册资本的 50% 时，可以不再提取。对于非公司制企业而言，也可以按照超过净利润 10% 的比例提取。

2. 任意盈余公积。它是指企业经股东大会或类似机构批准按照规定的比例从净利润中提取的盈余公积。它与法定盈余公积的区别在于其提取比例由企业自行决定。而法定盈余公积的提取比例则由国家有关法规规定。

企业提取的盈余公积主要有以下几个方面的用途：

1. **弥补亏损**。根据企业会计制度和有关法规的规定，企业发生亏损，可以用发生亏损后五年内实现的税前利润来弥补，当发生的亏损在五年内仍不足弥补时，应使用随后所实现的所得税后利润弥补。通常，当企业发生的亏损在所得税后利润仍不足弥补的，可以用所提取的盈余公积来加以弥补，但是，用盈余公积弥补亏损应当由董事会提议，股东大会批准，或者由类似的机构批准。需要说明的是，当企业用税前利润来弥补亏损时，不必作专门的账务处理。

2. **转增资本（股本）**。当企业提取的盈余公积累计比较多时，可以将盈余公积转赠资本（股本），但是必须经股东大会或类似机构批准。而且用盈余公积转增资本（股本）后，留存的盈余公积不得少于转增前注册资本的25%。

3. **扩大企业生产经营**。企业盈余公积的结存数，实际只表现为企业所有者权益的组成部分，表明企业生产经营资金的一个来源而已。其形成的资金可能表现为一定的货币资金，也可能表现为一定的实物资产，如存货和固定资产等，随同企业的其他来源所形成的资金进行循环周转，用于企业的生产经营。

（二）未分配利润的形成和用途

未分配利润是企业实现的净利润经过弥补亏损、提取盈余公积和向投资者分配利润后留存在企业的历年结存的利润。未分配利润通常用于留待以后年度向投资者进行分配。

二、留存收益的核算

（一）留存收益增加

对于一般企业或者股份有限公司，在按规定提取各项盈余公积时，应当按照提取的各项盈余公积金额，借记"利润分配——提取法定盈余公积、提取任意盈余公积"科目，贷记"盈余公积——法定盈余公积、任意盈余公积"科目。

期末，企业应将会计期间内实现的所有收入和成本、费用、支出项目都归集到"本年利润"科目下，计算出净利润（或净亏损）之后，转入"利润分配——未分配利润"科目，然后对实现的净利润进行分配，分配之后，"利润分配——未分配利润"科目的余额如果在贷方，即为累计未分配利润；如果在借方，即为累计未弥补亏损。

（二）留存收益使用或减少

1. 盈余公积弥补亏损

企业经股东大会或类似机构决议，用盈余公积弥补亏损时，应当借记"盈余公积"科目，贷记"利润分配——盈余公积补亏"科目。外商投资企业在特殊情况下经批准将储备基金与亏损对冲时，应当借记"盈余公积——储备基金"科目，贷记"利润分配——储备基金补亏"科目。

2. 盈余公积转增资本（或股本）

一般企业经批准用盈余公积转增资本时，应按照实际用于转增的盈余公积金额，借记"盈余公积"科目，贷记"实收资本"科目。

股份有限公司经股东大会决议，用盈余公积转增股本时，应借记"盈余公积"科目，贷记"股本"科目。如果两者之间有差额，应贷记"资本公积——股本溢价"科目。

3. 未分配利润减少

经股东大会或类似机构决议，分配给股东或投资者的现金股利或利润，借记"利润分配——应付现金股利或利润"科目，贷记"应付股利"科目；分配给股东的股票股利，应在办理增资手续后，借记"利润分配——转作股本的股利"科目，贷记"股本"科目。企业如果在当年发生亏损，应当将本年发生的亏损自"本年利润"科目，转入"利润分配——未分配利润"科目，借记"利润分配——未分配利润"科目，贷记"本年利润"科目。这样，企业以前年度的未分配利润将减少，结转后"利润分配——未分配利润"科目如果出现借方余额，即为未弥补亏损的数额。对于该未弥补亏损可以用以后年度实现的税前利润进行弥补，但弥补期限不得超过五年。当企业将实现的利润弥补以前年度亏损时，企业需将当年实现的利润自"本年利润"科目的借方转入"利润分配——未分配利润"科目的贷方，"利润分配——未分配利润"科目的贷方发生额与"利润分配——未分配利润"科目的借方余额自然抵补。所以，以当年实现的净利润弥补以前年度结转的未弥补亏损时，实际上并不需要进行专门的账务处理。

【例】凯华公司在 2007 年发生亏损 200 000 元，在年度终了时，企业应当结转本年发生的亏损，有关账务处理如下：

借：利润分配——未分配利润　　　　　　　2 000 000

　　贷：本年利润　　　　　　　　　　　　　　　2 000 000

假定 2008 年至 2012 年，该公司每年均实现利润 400 000 元。按照现行制度规定，公司在发生亏损以后的五年内可以以税前利润弥补亏损。假设不考虑其他因素，该公司在 2008 年至 2012 年年度终了时，有关账务处理如下：

借：本年利润　　　　　　　　　　　　　　400 000

　　贷：利润分配——未分配利润　　　　　　　　400 000

复习思考题

1. 所有者权益与负债有何区别？

2. 所有者权益包括哪些内容？

3. 不同类型的企业实收资本的核算有何异同？如何核算各类企业的实收资本？

4. 资本公积有哪些来源？各种来源怎样核算？

5. 盈余公积包括哪些内容？如何核算？

6. 什么叫未分配利润？怎样核算？

习题一

一、目的：练习所有者权益的核算。

二、资料：某酒店 2011 年发生以下有关的经济业务：

1. 接受外商捐赠的设备 1 台，该设备市场价值为 50 000 元，另发生运杂费 3 000 元，用现金支付，该设备已交付使用。

2. 委托某证券公司代理发行普通股 60 000 股，每股面值 8 元，按 9.8 元出售，证券公司按收入的 3‰ 收取手续费。

3. 该酒店 2007 年发生亏损 50 000 元，2008 年盈利 10 000 元，2009年盈利 10 000 元，2010 年盈利 30 000 元，2011 年盈利 10 000 元。请结转各年的盈亏，并计算弥补亏损和应交的所得税以及未分配利润，所得税税率为 25%。

三、要求：编制有关会计分录。

习题二

一、目的：练习所有者权益各项目的计算。

二、资料：甲旅行社 2008 年至 2011 年有关业务资料如下：

1. 2008 年 1 月 1 日，甲公司股东权益总额为 20 000 万元，其中股本 10 000 万元，资本公积 5 000 万元，盈余公积 3 000 万元，未分配利润 2 000 万元。甲公司按照年度净利润的 10% 提取法定盈余公积，在亏损尚未弥补前暂停提取法定盈余公积。

2. 2008 年 12 月 31 日甲公司实现净利润 1 000 万元，2009 年 3 月10 日，甲公司董事会提出如下方案：

（1）以 2008 年 12 月 31 日的股东总额为基数，以资本公积转增股份，每 10 股转增 2 股，计 2 000 万股；

（2）用 2008 年度实现净利润并提取 10% 法定盈余公积后以及以前年度未分配利润，以 2008 年 12 月 31 日的股东总额为基数，合计向股东分配每 10 股 0.5 元的现金股利，计 1 000 万元。

3. 2009 年 5 月 5 日，甲公司召开股东大会，审议批准了董事会提出的预案，2009 年 6 月 10 日，甲公司办妥了资本公积转增股本的有关手续。

4. 2009 年度，甲公司发生净亏损 2 500 万元。

5. 2010 年度，甲公司实现利润总额 300 万元。

6. 2011 年 5 月 9 日，甲公司股东大会决定以法定盈余公积弥补2010 年 12 月 31 日账面累计未弥补亏损。

7. 2011 年度，甲公司实现净利润 900 万元。

三、要求：计算甲旅行社 2008 年、2009 年、2010 年和 2011 年年末资产负债表所有者权益各项金额。甲旅行社可用 5 年税前利润弥补亏损。

第八章　损益的核算

【学习目的】
- ●熟悉损益的核算内容
- ●了解收银业务和费用项目
- ●掌握收入、成本和利润的账务处理

【基本内容】

主营业务收入
- ●主营业务收入种类
- ●主营业务收入确认
- ●收银
- ●主营业务收入会计处理

主营业务成本和费用
- ●主营业务成本
- ●期间费用

利润
- ●利润构成
- ●本年利润
- ●利润分配
- ●举例

第一节　收入的核算

一、收入概念

收入是指企业在日常经营活动中形成的、会导致所有者权益增加的、与所有者投入资本无关的经济利益的总流入，包括销售商品收入、提供劳务收入、让渡资产使用权收入等，但不包括为第三者或客户代收的款项。

收入具有如下基本特征：

1. 是企业在日常经营活动中产生的，而不是偶发的交易或事项。比如，工商企业的收入是从其销售商品、提供工业性劳务等日常活动中产生的，而不是从处置固定资产等非日常活动中产生的。

2. 收入可能表现为企业资产的增加，如增加银行存款、应收账款等，也可能表现为企业负债的减少，或者二者兼而有之。

3. 收入能导致企业所有者权益的增加。收入能增加资产或减少负债或二者兼而有之。因此，根据资产－负债＝所有者权益的公式，企业取得收入一定能增加所有者权益。

4. 收入只包括本企业经济利益的流入，不包括为第三方或客户代收的款项，如旅行社代客户购买门票而收取的票款等。代收的款项，一方面增加企业的资产，另一方面增加企业的负债，因此不增加企业的所有者权益，不属于本企业的经济利益，不能作为本企业的收入。

二、收银业务

收银工作程序是多种多样的，现以典型的饭店前台收银工作为例加以说明。

在采用微机操作系统下，收银工作大体上可分为六步：

第一步：入住的客人来到前台接待员处，接待员检查各种证件之后，填写"住客登记表"一式两份，输入电脑后，交收银员。

第二步：收银员审查"住客登记表"后，向客人收取保证金，并开出保证金收据，将一份"住客登记表"交还接待员，接待员据以交给客人客房钥匙。收银员将有关单证放入按房间设置的房账卡。

第三步：客人可以在饭店各部门消费并可在各收银点签单记账，各收银点收银员输入电脑并把签单及时送到前台客人房账卡中。

第四步：客人离店结账时，收银员汇总核对客人消费后，打印出账单，与客人预交保证金结差后，补收差额或退回剩余款项，交付账单并收回钥匙，收银员填写钥匙清单连同钥匙交接待员。

第五步：各收银点的收银员换班时，从微机输出收银日报，与现金和账单核对。核对无误后，首先，填写交款信封，将现金装入交款信封，找一名见证人将交款信封放入投入式保险箱，并填写见证登记表。次日上班，总出纳员与财会主管一起收款。然后收银员整理账单和收银日报一起押好交收银主管或放指定位置。

第六步：每日夜里十一点夜审人员接管，审核所有的收银业务，房租过账并编制终结表和营业日报表。第二天上班日审人员对应审资料进一步复核，处理夜审未能解决的问题后，将账单、终结表、借贷总结表交会计入账。

三、收入的确认与核算

准确确认营业收入额，对于正确计算企业经营成果、评价企业经营业绩有着十分重要的意义。

企业收入是通过"主营业务收入"科目进行核算的。企业实现的收入应按实际价款记账。本月实现的营业收入，借记"银行存款"、"应收账款"等科目，贷记"主营业务收入"科目，期末应将其余额转入"本年利润"科目，结转后"主营业务收入"科目应无余额。"主营业务收入"应按收入类别设置明细账。

【例】某饭店 2012 年某月某日报表中的客房收入为 12 000 元，全部为支票结算，应编制会计分录如下：

借：银行存款   12 000
　　贷：主营业务收入——客房收入   12 000

（一）销售商品收入

销售商品收入的确认，必须同时符合以下 5 个条件：

1. 企业已将商品所有权的主要风险和报酬转移给购货方；

2. 企业既没有保留通常与所有权相联系的继续管理权，也没有对已售出的商品实施有效控制；

3. 收入的金额能够可靠地计量；

4. 相关的经济利益很可能流入企业；

5. 相关的已发生或将发生的成本能够可靠地计量。

确认销售商品收入时，企业应按已收或应收的合同或协议价款，加上应收取的增值税额，借记"银行存款"等科目，贷记"主营业务收入"、"其他业务收入"等；按应收取的增值税额，贷记"应交税费——应交增值税（销项税额）"。

企业销售商品有时会遇到折扣销售问题，应当分不同情况进行处理：

1. 现金折扣，是指债权人为鼓励债务人在规定期限内付款而向债务人提供的债务扣除。涉及现金折扣的，应当按照扣除现金折扣前的金额确定销售商品收入金额，现金折扣在实际发生时计入财务费用。

2. 商业折扣，是指企业为促进商品销售而在商品标价上给予的价格扣除。涉及商业折扣的，应当按照扣除商业折扣后的金额确定销售商品收入金额。

3. 销售折让，是指企业因售出商品的质量不合格等原因而在价格上给予的减让。企业应分不同情况处理：（1）已确认收入的售出商品发生销售折让的，通常应当在发生时冲减当期销售商品收入；（2）已确认收入的销售折让属于资产负债表日后事项的，应当按照有关资产负债表日后事项的相关规定进行处理。

【例】甲公司在 2011 年 7 月 1 日向乙公司销售一批商品，开出的增值税专用发票上注明的销售价款为 20 000 元，增值税税额为 3 400 元。约定的现金折扣条件为：2/10，n/20。假定计算现金折扣时不考虑增值税税额。其账务处理如下：

（1）7 月 1 日销售实现时，确认收入：

借：应收账款　　　　　　　　　　　　　23 400
　　贷：主营业务收入　　　　　　　　　　20 000
　　　　应交税费——应交增值税（销项税额）　3 400
（2）如果乙公司在 7 月 9 日付款，则享受现金折扣 400 元：
借：银行存款　　　　　　　　　　　　　23 000
　　财务费用　　　　　　　　　　　　　　400
　　贷：应收账款　　　　　　　　　　　　23 400
（3）如果乙公司 7 月 20 日付款，则全额付款：
借：银行存款　　　　　　　　　　　　　23 400
　　贷：应收账款　　　　　　　　　　　　23 400

发生销售退回情况时，企业尚未确认销售收入，将已计入的商品成本转回"库存商品"科目；企业已经确认销售收入，除属于资产负债表日后事项的销售退回外，均应冲减退回当月的销售收入，如果已经结转了销售成本，还应同时冲减退回当月的销售成本；如果已经发生了现金折扣，应在退回当月同时调整相关财务费用的金额；属于资产负债表日后事项，按照资产负债表日后事项的相关规定进行处理。

（二）提供劳务收入

提供劳务收入，应根据在资产负债表日提供劳务交易的结果是否能够可靠地估计，分别采用不同的方法予以确认和计量。

1. 提供劳务交易的结果能够可靠估计，采用完工百分比法确认提供劳务收入。能够可靠地估计，是指同时满足下列条件：

（1）收入的金额能够可靠地计量。

（2）相关的经济利益很可能流入企业。

（3）交易的完工进度能够可靠地确定。

（4）交易中已发生和将发生的成本能够可靠地计量。

完工百分比法，是指按照提供劳务交易的完工进度确认收入和费用的方法。

企业应当在资产负债表日按照提供劳务收入总额乘以完工进度扣除以前会计期间累计已确认提供劳务收入后的金额，确认当期提供劳务收入；同时，按照提供劳务估计总成本乘以完工进度扣除以前会计期间累计已确认劳务成本后的金额，结转当期劳务成本。用公式表示如下：

本期确认的收入=劳务总收入×本期末止劳务的完工进度-以前期间已确认的收入

本期确认的费用=劳务总成本×本期末止劳务的完工进度-以前期间已确认的费用

在采用完工百分比法确认提供劳务收入的情况下，企业应按计算确定的提供劳务收入金额，借记"应收账款"、"银行存款"等科目，贷记"主营业务收入"科目。结转提供劳务成本时，借记"主营业务成本"科目，贷记"劳务成本"科目。

【例】A 公司于 2011 年 12 月 1 日接受一项设备安装任务，安装期为 3 个月，合同总收入 600 000 元，至年底已预收安装费 440 000 元，实际发生安装费用 280 000 元（假定均为安装人员薪酬），估计还会发生 120 000 元。假定甲公司按实际发生的成本占估计总成本的比例确定劳务的完工进度。甲公司的账务处理如下：

（1）计算：

实际发生的成本占估计总成本的比例

=280 000÷（280 000+120 000）×100%

=70%

2011 年 12 月 31 日确认的提供劳务收入

=600 000×70%－0

=420 000（元）

2011 年 12 月 31 日结转的提供劳务成本

=（280 000+120 000）×70%－0

=280 000（元）

（2）账务处理：

①实际发生劳务成本时：

借：劳务成本　　　　　　　　　　　　　280 000

　　贷：应付职工薪酬　　　　　　　　　　　　280 000

②预收劳务款时：

借：银行存款　　　　　　　　　　　440 000
　　贷：预收账款　　　　　　　　　　　　440 000
③2011 年 12 月 31 日确认提供劳务收入并借转劳务成本时：
借：预收账款　　　　　　　　　　　420 000
　　贷：主营业务收入　　　　　　　　　　420 000
借：主营业务成本　　　　　　　　　280 000
　　贷：劳务成本　　　　　　　　　　　　280 000

2. 提供劳务交易的结果不能可靠估计

当提供劳务交易不能同时满足上述 4 个条件时，企业不能采用完工百分比法确认提供劳务收入。此时，企业应正确预计已经发生的劳务成本能够得到补偿和不能得到补偿，分别进行会计处理：（1）已经发生的劳务成本预计能够得到补偿的，应按已经发生的能够得到补偿的劳务成本金额确认提供劳务收入，并结转已经发生的劳务成本。（2）已经发生的劳务成本预计全部不能得到补偿的，应将已经发生的劳务成本计入当期损益，不确认提供劳务收入。

3. 销售商品和提供劳务的分拆

企业同时销售商品和提供劳务时，应当分不同情况进行会计处理：（1）如果销售商品部分和提供劳务部分能够区分且能够单独计量，应当分别核算销售商品部分和提供劳务部分；（2）如果销售商品部分和提供劳务部分不能够区分，或虽能区分但不能够单独计量，应当全部作为销售商品进行会计处理。

（三）让渡资产使用权收入

企业的有些交易活动，并不转移资产的所有权，而只让渡资产的使用权，由此取得的收入，为让渡资产使用权收入，主要包括利息收入和使用费收入。

1. 让渡资产使用权的确认

让渡资产使用权的收入同时满足下列条件的，才能予以确认：（1）相关的经济利益很可能流入企业；（2）收入的金额能够可靠地计量。

2. 让渡资产使用权的计量

（1）利息收入。在资产负债表日，企业应按照他人使用本企业货币资金的时间和实际利率计算确定利息收入金额。按计算确定的利息收入金额，借记"应收利息"、"银行存款"等科目，贷记"利息收入"、"其他业务收入"等科目。

（2）使用费收入。使用费收入应当按照有关合同或协议约定的收费时间和方法计算确定。使用费的收费时间和收费方法是多种多样的。

如果合同或协议规定一次性收取使用费，且不提供后续服务的，应当视同销售该项资产一次性确认收入；提供后续服务的，应在合同或协议规定的有效期内分期确认收入。如果合同或协议规定分期收取使用费的，通常应按合同或协议规定的收款时间和金额或规定的收费方法计算确定的金额分期确认收入。

第二节 费用的核算

一、费用的概念

费用是指企业在日常活动中发生的、会导致所有者权益减少的、与向所有者分配利润无关的经济利益的总流出。费用具有如下基本特征：（1）费用最终会导致企业资源的减少，具体表现为企业的资金支出或者表现为资产的耗费。（2）费用最终会减少企业的所有者权益。

二、费用核算的要求

为确保成本费用核算指标的真实、正确、完整，核算时应做到：

1. 按照划分收益性支出与资本性支出的原则，严格区分收益性支出与资本性支出的界限。下列费用项目，不得计入成本：

（1）为购置和建造固定资产：购入无形资产和其他资产而发生的支出。

（2）对外投资。

（3）分配给投资者的利润。

（4）被支付的各种赔偿金、违约金、滞纳金、罚款以及被没收的财产损失。

（5）各种赞助和捐赠支出。

（6）国家规定不得列入成本费用的其他支出。

2. 按照权责发生制原则，严格区分本期成本费用与下期成本费用的界限。凡是应由本期负担的费用，不论是否支付，均应计入当期成本或费用。应由本期负担而尚未支付的费用，应预提计入成本费用；已经支出，但应由本期和以后各期负担的成本费用，应分期摊销计入以后各期成本费用中。

3. 划清直接费用与间接费用的界限。能直接认定的费用计入相关的成本核算对象中，不能直接认定的费用，采用适当的方法进行合理的归集和分配。

4. 按照配比原则，严格区分各种经营项目和服务所发生的各项营业收入和成本费用，确保一个会计期间内的各项成本费用和与其相关联的营业收入，在同一会计期间内进行确认计量。

5. 按照谨慎原则，在成本费用的核算中，对企业可能发生的损失和费用，作出合理的预计。

三、费用的内容及分类

费用可分为营业成本和期间费用两大部分。

1. 营业成本，是指企业在经营过程中发生的各种直接支出，对象化了的费用。旅游企业的经营特点不同，其成本的构成也不同。饭店、宾馆的成本包括餐饮原材料成本、商品进价成本等，旅行社的成本包括各项代收代付的费用等。餐饮原材料成本是指组成饮食制品的主料、配料和调料三大类。商品进价成本是指国内购进商品进货原价，国外购进商品进价即商品价格与运费、保险费之和的到岸价和进口环节缴纳的税金。旅行社代收代付费用是指将直接用于游客的有关费用，如房费、餐费、交通费、文杂、陪同费、劳务费、票务费、宣传费、其他直接支出等。

从理论上讲，在经营过程中所发生的人工费用应计入业务成本，但由于旅游企业主要以提供劳务为主，服务往往是综合性的，哪种劳务应负担多少工资，没有比较合理的分摊标准和分配依据，不便于操作。因此，对这类费用采取了直接计入销售费用的办法，而不将其计入营业成本。

2. 期间费用是指不能直接归属于某个特定对象成本的费用。期间费用从营业收入中得到补偿，直接计入当期损益。主要包括：销售费用、管理费用和财务费用。

（1）销售费用，是指企业各营业部门在经营中发生的各项费用。与管理费用有交叉的、不易分摊的费用，一般列作管理费用。销售费用包括：运输费、装卸费、包装费、保管费、保险费、燃料费、展览费、广告宣传费、邮电费、水电费、差旅费、洗涤费、物料消耗、折旧费、修理费、低值易耗品摊销、营业部门人员的工资、福利费、工作餐费、服装费和其他营业费用。

（2）管理费用，是指企业管理部门为组织和管理企业经营活动而发生的各种费用，包括企业行政管理部门在企业经营管理中发生的，或者应由企业统一负担的公司经费、工会经费、职工教育经费、劳动保险费、待业保险费、外事费、租赁费、咨询费、审计费、排污费、绿化费、土地使用费、土地损失补偿费、技术转让费、研究开发费、聘请注册会计师和律师费、房产税、车船使用税、土地使用税、印花税、折旧费、修理费、无形资产摊销、低值易耗品摊销、开办费摊销、业务招待费、坏账损失、存货盘亏和毁损、上级管理费以及其他管理费等。

（3）财务费用，是指企业在筹集和运用资金活动中发生的费用。包括：经营期间发生的利息净支出、汇兑净损益、金融机构手续费、加息等。

四、费用的核算

（一）主营业务成本的核算

企业设置"主营业务成本"账户用来核算企业在经营过程中发生的各种直接支出，当费用发生或结转成本时，借记"主营业务成本"，期末，应将该账户的余额转入"本年利润"账户，结转后，该账户应无余额。

【例】某旅行社支付某团房费 20 000 元，编制会计分录如下：

借：主营业务成本　　　　　　　　　　　20 000
　　贷：银行存款　　　　　　　　　　　　　20 000

【例】某饭店餐饮部 3 月份领用原材料 13 000 元，编制会计分录如下：

借：主营业务成本　　　　　　　　　　　13 000
　　贷：原材料——食品原材料　　　　　　　13 000

（二）销售费用的核算

销售费用是指各营业部门在经营中发生的各项费用，主要包括以下内容：

1. 运输费，是指不能直接确定为运输某种存货而发生的运输费用。内部不独立核算的车队发生的燃料费、养路费等也应计入运输费。

2. 保险费，是指企业向保险公司所支付的财产保险费用，不包括各项劳动保险、待业保险费用。

3. 燃料费，是指宾馆、饭店餐饮部门耗用的燃料费。

4. 广告宣传费，是指营业部门为开展业务进行广告宣传而应支付的费用。

5. 差旅费，是指营业部门人员出差的差旅费。

6. 洗涤费，是指营业部门人员洗涤工作服而发生的费用。

7. 低值易耗品摊销，是指营业部门领用低值易耗品的摊销费用。

8. 物料消耗，是指营业部门领用各种日常用品、办公用品、包装物品、日常维修用材料、零配件等发生的费用。

9. 经营人员工资及福利费，是指营业部门所属人员的工资、奖金、津贴、补贴及福利费。

10. 工作餐费，是指旅游饭店按规定为职工提供工作餐所支付的费用。根据制度规定，可在营业费用中列支工作餐费的仅限于按规定为职工提供工作餐的旅游饭店。除此之外的旅游饮食服务企业暂不执行。

11. 服装费，是指旅游企业按规定标准为职工制作工作服而支付的费用。仅适用于旅游企业，而饮食服务企业不在成本中列支服装费。

【例】某企业元月份发生的费用如下：

（1）分配营业部门职工工资、奖金及津贴 3 200 元。

（2）按工资总额的 14% 计提营业部门职工福利费 448 元。

（3）报销营业部门外联人员差旅费 500 元。

（4）计提营业部门所属固定资产折旧费 1 000 元。

（5）支付营业部门发生的邮电费 100 元。

上述业务编制会计分录如下：

（1）借：销售费用——工资费　　　　　3 200

　　　　贷：应付职工薪酬——工资　　　　　　3 200

（2）借：销售费用——职工福利费　　　　448

　　　　贷：应付职工薪酬——福利费　　　　　　448

（3）借：销售费用——差旅费　　　　　500

　　　　贷：其他应收款　　　　　　　　　　500

（4）借：销售费用——折旧费　　　　　1 000

　　　　贷：累计折旧　　　　　　　　　　1 000

（5）借：销售费用——邮电费　　　　　100

　　　　贷：银行存款　　　　　　　　　　100

（三）管理费用的核算

管理费用是指企业管理部门为组织和管理企业经营活动而发生的费用。在管理费用与销售费用中，一部分费用的内容是相同的，主要依据费用发生的环节来区分它们。营业部门发生的，归于销售费用。企业管理机构发生的，计入管理费用。不易区分的，一般列作管理费用。管理费用中与销售费用内容相似的，在此不再重述。有关费用的具体内容如下：

1. 公司经费，是指行政管理部门人员工资、福利费、工作餐费、服装费、办公费、差旅费、会议费、物料消耗、低值易耗品摊销、燃料费、水电费、折旧费、修理费及其他行政经费。

2. 劳务保险费，企业支付的离退休人员的退职金、退休金及其他各项经费。

3. 外事费，是指出国宣传、摊销、考察和接待国外客户而发生的各项费用。

4. 租赁费，是指企业租赁办公、营业用场所、低值易耗品等费用。融资性租赁费不在此范围内。

5. 水电费，是指企业耗费的水费、电费。

6. 业务招待费，是指企业在业务交往过程中开支的费用。所得税法规定企业发生的与生产经营有关的业务招待费支出按照发生额的60%扣除，但最高不得超过当年销售收入的0.5%。

7. 坏账损失，是指企业不能收回应收账款而发生的损失。

8. 折旧费，是指企业固定资产折旧而发生的费用。为了简化核算，一般企业的折旧费用直接计入管理费用，而不在区分发生的部门。

9. 修理费，是指企业固定资产、低值易耗品修理发生的费用。

10. 上级管理费，是指向上级主管部门或集团公司上交的管理费。

11. 董理会费，是指企业最高权力机构及其成员为执行职能而发生的各项费用。

12. 审计费，是指企业聘请中国注册会计师进行查账验资及资产评估等发生的各项费用。

【例】某企业12月份发生以下费用：

(1) 上交集团公司管理费1 200元。

(2) 支付劳动保险费500元。

(3) 提取坏账准备1 600元。

(4) 缴纳车船使用税900元。

上述业务编制会计分录如下。

(1) 借：管理费用——上级管理费　　　　　　1 200

　　　　贷：银行存款　　　　　　　　　　　　　　1 200

(2) 借：管理费用——保险费　　　　　　　　　500

　　　　贷：银行存款　　　　　　　　　　　　　　　500

(3) 借：管理费用——坏账损失　　　　　　　1 600

　　　　贷：坏账准备　　　　　　　　　　　　　　1 600

(4) 借：管理费用——车船使用税　　　　　　　900

　　　　贷：应交税费　　　　　　　　　　　　　　　900

（四）财务费用的核算

财务费用是指企业经营过程中发生的一般财务费用，包括利息支出（减利息收入）、汇兑损失（减汇兑收益）、金融机构手续费等。企业在归集财务费用时，应严格区分资本性支出和收益性支出，正确列支财务费用。例如，为购建固定资产而筹集资金所发生的费用，在固定资产尚未完工交付使用前发生的，或者虽已投入使用但尚未办理峻工决算之前发生的，应计入固定资产的价值内，而不应作为收益性支出计入财务费用。办理峻工决算手续后发生的，计入当期损益。财务费用应按费用项目设置明细账。

【例】某饭店贷款 100 000 元，为期一年，年利率 12%，借款时，支付手续费 100 元，编制会计分录如下：

借：财务费用——手续费　　　　　　　　　100
　　贷：银行存款　　　　　　　　　　　　　　　100

第三节　利润的核算

利润是企业在一定会计期间的经营成果。利润包括收入减去费用后的净额、直接计入当期利润的利得和损失等。对利润进行核算，可以及时反映企业在一定会计期间的经营业绩和获利能力，反映企业的投入产出效果和经济利益，有助于企业投资者和债权人据此进行盈利预测，作出正确的决策。

一、利润的构成

根据我国会计准则的规定，企业的利润一般包括营业利润和营业外收支净额两部分。用公式表示如下：

当期利润总额=营业利润+营业外收支净额

净利润=当期利润总额-所得税费用

（一）营业利润

营业利润是企业利润的主要来源，等于主营业务利润加上其他业务利润，减去营业税金及附加、期间费用、资产减值损失，再加上公允价值变动损益和投资收益后的金额。用公式表示如下：

营业利润＝营业收入－营业成本－营业税金及附加－销售费用－管理费用－财务费用－资产减值损失＋公允价值变动损益＋投资收益

营业收入包括主营业务收入和其他业务收入。

营业成本包括主营业务成本和其他业务成本。

销售费用、管理费用和财务费用是企业本期发生的、不能直接或间接归入某种产品成本的、直接计入损益的各项费用。营业利润的高低能够比较恰当地反映出企业管理者的经营业绩。

投资收益是指企业以各种方式对外投资所取得的收益。它是投资收益扣除投资损失和投资减值准备后的数额，是企业对外投资的成果。投资收益包括以货币资金或实物对外联营投资分得的利润；购买有价证券而取得的债券利息收入和股利收入，以及投资到期收回或者中途转让取得款项高于账面净值的差额。投资损失包括投资到期收回或者中途转让取得款项低于账面净值的差额。对外投资的具体核算详见第五章。

（二）营业外收支

营业外收支是指与企业经营活动没有直接关系的各项收支，营业外收支虽然与经营活动没有直接的关系，但从企业主体来考虑，对企业利润总额有直接影响，是利润总额的重要组成部分。营业外收支包括营业外收入和营业外支出两个方面的内容。

1. 营业外收入

营业外收入是指企业发生的与日常活动无直接关系的各项利得，包括非流动资产处置利得、非货币性资产交换利得、债务重组利得、政府补助、盘盈利得、捐赠利得等。

营业外收入应按实际发生数进行核算，发生营业外收入时直接增加企业利润总额。

2. 营业外支出

营业外支出是指企业发生的与日常活动无直接关系的各项损失，它包括非流动资产处置损失、非货币性资产交换损失、债务重组损失、公益性捐赠支出、非常损失、盘亏损失等。

营业外支出应当按照实际发生的数额进行核算，在相对应的会计期间，应当冲减当期的利润总额。

企业营业外收入和营业外支出所包括的项目互不相关，企业还应当分别按营业收入的各项目和营业支出的各项目设置明细账进行明细核算。

二、利润的核算

旅游企业实现的利润（或亏损）总额，是通过"本年利润"科目进行核算的。期末将各损益类科目的余额转入"本年利润"科目，其中将收入科目的余额转入"本年利润"科目的贷方，将支出科目的余额转入"本年利润"科目的借方，结平各损益科目。结转后，"本年利润"科目如为贷方余额即为本期净利润，"本年利润"科目如为借方余额则为本期亏损。

为了正确地反映企业利润总额，在进行利润核算前，必须做好账目核对、财产清查和账项调整的工作，然后才进行收支科目的结转。

（一）账目核对（见第二章）

（二）财产清查

财产清查也就是账实核对，是指对各种物资财产进行盘点和核对，以确定实际结存数并将账面余额与实存数额进行核对，做到账实相符，具体方法是：

1. 对原材料、燃料、物料用品、低值易耗品、库存商品、固定资产等资产进行盘点，确定实有数并将其明细分类账的账面余额与其实存数量相核对。如不一致应调整账面结存数并及时反映处理结果。

2. 现金日记账的账面余额，应同现金实际库存数相核对。对不符的情况及时调账并作处理。

3. 银行日记账的账面余额，应与开户银行的银行对账单相核对，编制银行余额调节表。

4. 应收款、应付款、银行借款等结算款项以及上交税金等，应同有关单位定期核对清楚。如有不实，应及时查明原因，进行调整，以保证账实相符。

（三）账项调整

账项调整是会计期末在账账相符和账实相符的基础上，依据权责发生制原则，确定本期的应得收入和应付费用，并据以对账簿记录的有关账项作出必要调整的会计处理方法。具体调整的内容包括：未耗成本、应计未记费用、预收收益、应计未记收益的调整。

1. 未耗成本的调整

未耗成本的调整是指已领未用原材料"退料"的转账。

2. 应计未记费用的调整

应计未记费用的调整是指属于本期应负担的费用，在日常会计核算中没有取得原始凭证或尚未发生资金往来的会计事项。包括：固定资产折旧、低值易耗品的摊销、无形资产的摊销、递延资产的摊销、本月尚未支付的职工工资、职工福利费、工会经费、教育经费、借款利息、营业税金及附加、已付待摊费用、坏账准备、商品削价准备金的计提、已批准核销的待处理财产损益等。

3. 预收收益的调整是指按协议或合同规定预收的货款、定金、租金或其他款项，在本期已经实现时，应作为收入处理。

4. 应计未记收益的调整

应计未记收益调整是指某些收入项目在本期已经实现，但尚未取得现金或银行存款的项目。如银行存款利息、债券投资利息等。

（四）收支项目的结转

在账目核对、财产清查和账项调整之后，企业便可以将收支项目转入"本年利润"科目中，核算的一般程序如下：

1. 结转当期收入，包括主营业务收入、投资收益、营业外收入等，将所有本期收入账户余额转入"本年利润"账户的贷方。

2. 结转当期所有支出，包括主营业务成本、销售费用、营业税金及附加、管理费用、财务费用、营业外支出、财务费用和所得税费用等，转入"本年利润"账户的借方。

3. 结转本年利润总额，并转利润分配账户，如表8-1所示。

表 8-1 利润形成图

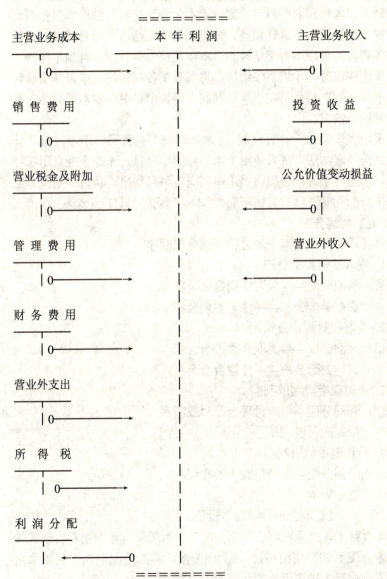

计算本月利润总额和本年累计利润，可以采用"账结法"，也可

以采用"表结法"。采用"账结法"的，应于每月终了，将损益类科目余额转入"本年利润"科目，通过"本年利润"科目结出本月份利润或亏损总额以及本年累计损益。如果采用"表结法"每月结转时，损益类各科目的余额不需要结转到"本年利润"科目，只有到年度终了进行年度决算时，才用"账结法"将损益类各科目的全年累计余额转入"本年利润"科目。在"本年利润"科目中集中反映本年的全年利润及其构成情况。

采用"表结法"计算利润，"本年利润"科目平时不用，年终使用；采用"账结法"每月使用"本年利润"科目。无论企业采用哪种办法，年度终了时都必须将"本年利润"科目结平，转入"利润分配——未分配利润"科目，结转后，"本年利润"科目应无余额。

（五）利润分配

结转后的本年利润一般遵循下列分配顺序：

1. 提取法定盈余公积

借：利润分配——提取法定盈余公积

　　贷：盈余公积——法定盈余公积

2. 提取任意盈余公积

借：利润分配——提取任意盈余公积

　　贷：盈余公积——任意盈余公积

3. 应付现金股利或利润

借：利润分配——应付现金股利或利润

　　贷：应付股利

4. 转作股本的股利

借：利润分配——转作股本的股利

　　贷：股本

　　　　（资本公积——股本溢价）

年度终了，企业应将"利润分配"科目所属其他明细科目余额转入"未分配利润"明细科目。"利润分配——未分配利润"的期末余额代表企业尚未指定用途的利润或者亏损。

三、利润核算举例

某饭店 2011 年年末，通过账项调整之后，12 月 31 日损益类账户的余额如下：

收入类账户	金额	费用成本类账户	金额
主营业务收入-客房	10 000 000	主营业务成本-餐饮	3 000 000
-餐饮	6 000 000	-商场	600 000
-娱乐	2 000 000	销售费用-客房	3 000 000
-商场	1 000 000	-餐饮	1 200 000
		-娱乐	1 000 000
投资收益	100 000	-商场	100 000
营业外收入	14 000	营业税金及附加	1 100 000
		管理费用	1 325 000
		财务费用	900 000
		营业外支出	100 00
		所得税费用	1 719 750

1. 将收入类账户余额结转"本年利润"账户，编制会计分录如下：

借：主营业务收入　　　　　　　　　　19 000 000
　　投资收益　　　　　　　　　　　　100 000
　　营业外收入　　　　　　　　　　　14 000
　　贷：本年利润　　　　　　　　　　　　19 114 000

2. 将费用成本类账户余额结转"本年利润"账户，编制会计分录如下：

借：本年利润　　　　　　　　　　　　13 954 750
　　贷：主营业务成本　　　　　　　　　　3 600 000
　　　　销售费用　　　　　　　　　　　5 300 000
　　　　营业税金及附加　　　　　　　　1 100 000
　　　　管理费用　　　　　　　　　　　1 325 000
　　　　财务费用　　　　　　　　　　　900 000
　　　　营业外支出　　　　　　　　　　10 000

　　　　　　所得税费用　　　　　　　　　　　　　　　　　1 719 750

3. 结转净利润，并转入"利润分配——未分配利润"科目，编制会计分录如下：

　　借：本年利润　　　　　　　　　　　　　　　　5 159 250
　　　　贷：利润分配——未分配利润　　　　　　　　　　　5 159 250

将上述材料编制各账户余额计算表，见表8-2所示。

表8-2　饭店2011年12月31日各账户余额计算表

项　　目	客 房 部		餐 饮 部		娱 乐 部		商 品 部		饭店合计	
	借方	贷方	借方	贷方	借方	贷方	借方	贷方	借方	贷方
主营业务收入		10000000		6000000		2000000		1000000		19000000
减:营业税金及附加	550000		350000		200000				1100000	
主营业务成本			3000000				600000		3600000	
销售费用	3000000		1200000		1000000		100000		5300000	
管理费用									1325000	
财务费用									900000	
加:投资收益										100000
营业利润		6450000		1450000		800000		300000		6875000
营业外收入										14000
减:营业外支出									10000	
利润总额										6879000
减:所得税费用									1719750	
净利润										5159250

4. 进行利润分配，提取盈余公积，编制会计分录如下：

　　按规定10%提取法定盈余公积：

　　借：利润分配——提取法定盈余公积　　　　　515 925
　　　　贷：盈余公积——法定盈余公积　　　　　　　　　515 925

　　按饭店规定的5%提取任意盈余公积：

　　借：利润分配——提取任意盈余公积　　　　25 796.25
　　　　贷：盈余公积——任意盈余公积　　　　　　　　25 796.25

复习思考题

1. 什么是主营业务收入？如何进行主营业务收入的分类？

2. 主营业务收入确认的原则是什么？

3. 在各种营业项目上，如何具体确认主营业务收入的实现？

4. 针对不同的销售方式，如何进行账务处理？

5. 什么是主营业务成本？什么是销售费用？

6. 如何对成本、费用进行分类？

7. 企业利润总额是怎样构成的？

8. 营业外收支包括哪些内容？

9. 如何进行利润核算？

习题一

一、目的：练习费用的会计处理。

二、资料：甲酒店 2012 年 1 月有关支出如下：

以银行存款支付以下款项：

1. 业务招待费 3 000 元；

2. 本期短期银行借款利息 500 元；

3. 产品广告费 1 000 元；

4. 因与乙公司发生经济纠纷而负担的诉讼费 900 元；

5. 聘请高级管理人才而负担的房屋租金 2 100 元。

三、要求：根据上述资料编制会计分录。

习题二

一、目的：练习利润的形成及其分配。

二、资料：乙旅行社 2010 年末"利润分配——未分配利润"账户贷方余额为 18 万元。2011 年末有关账户本期发生额如下：

主营业务收入	贷方	500 万元
营业外收入	贷方	150 万元
主营业务成本	借方	100 万元
管理费用	借方	25 万元
财务费用	借方	2 万元
销售费用	借方	3 万元

经董事会批准，2011 年按以下方案分配：

1. 按净利润的 10%提取法定盈余公积金，按净利润的 5%提取任意盈余公积金。

2. 向普通股股东分配现金股利 220 万元，股票股利 8 万元（假设已经通过股东大会审议通过）。

三、要求：

1. 编制有关会计分录并结转收支，计算 2011 年利润总额。

2. 申报并结转所得税，计算 2011 年净利润。已知所得税税率为25%。

3. 编制 2011 年提取盈余公积、分配股利及年终结转的会计分录。

4. 计算 2011 年末的未分配利润。

第九章　旅行社业务核算

【学习目标】
- 熟悉旅行社接团组团的核算内容
- 掌握旅行社营业税及附加的计算
- 理解旅行社业务的账务处理

【基本内容】

旅行社业务概述
- 接团
- 组团
- 定价

主营业务收入
- 收入内容
- 收入确认
- 收入核算

主营业务成本
- 成本内容
- 成本核算

营业税及附加
- 营业额
- 营业税

第一节　旅行社业务概述

旅行社是旅游业的媒体，是旅游者与饭店、餐馆、车船公司、娱乐部门联系的一条纽带。我国《旅行社管理条例》中指出：旅行社是指以营利为目的，从事旅游业务的企业。其中旅游业务是指为旅游者代办出境、入境和签证手续，招徕、接待旅游者，为旅游者安排食宿等有偿服务的经营活动。

旅行社经营业务的特点：（1）旅行社在提供服务过程中，组团与接团互相依存、互为条件，在时间上互相衔接，按照预定计划完成旅游服务项目；（2）没有固定的服务场所，无需为客人提供服务设施。

旅行社可以分为组团社和接团社。某旅行社当接待外地旅行社送来的旅行团时就被称为地接社，当组织游客到外地旅游时就被称为组团社。一个旅行社可能既是组团社，又是地接社。

1．组团业务。组团社负责根据国内外旅游者不同的要求，将旅游者组成各类旅行团，并负责旅行团在当地的游览活动。

2．接团业务。各地地接社是按照旅行团的活动计划在不同地点提供导游、餐馆、住宿、交通、游览、购物、娱乐等一系列服务。它主要通过向旅游者提供一系列服务取得收入。

3．定价。旅游企业的营业收入，是指企业在经营活动中提供劳务或销售商品等取得的收入。收入的取得是资产的增加，也是企业利润的来源。旅行社的主营业务收入是由价格和数量决定的。旅游价格是指旅游经营商为旅游者提供各项服务的收费标准，它涉及旅游者的吃、住、行、游、购、娱六大方面。

旅行社产品价格有两层含义：一是指旅行社提供的各项服务的收费价格，包括导游服务收费、接送服务收费、行李服务收费及代办其他各项服务的手续费等；二是指旅行社组织个人旅游期间，安排各类活动项目价格的综合，其中包括旅行社的综合服务费，也包括旅行社安排活动的代收代付部分，如房费、餐费等。这种价格针对包价旅游的客人。

　　旅行社价格（收费标准）的制定有多种方法，如总包价、半包价、小包价、单项服务价格、特殊形式的旅游收费等。这里介绍两种主要方法：

　　1. 包价法，即事先按旅游团人数计算用餐、住宿、交通、门票和导游的总开支，乘以外加毛利率（一般为 5%～10%），再计算出每位旅行者应承担的开支来确定。一般包括综合服务费、餐饮费、保险费、车费、城市间交通费、文娱活动费。

　　开支总和＝餐费＋住宿费＋交通费＋门票＋导游费＋其他

　　应收旅游费总额＝开支总和（1＋外加毛利率）

　　每个旅游者旅游费金额＝旅游费总额÷总人数

　　这种方法当支出因市场价格上涨而增加时，收费标准一般不得变更。

　　2. 小包价法，也称有选择的旅游价，它由非选择部分和可选择部分构成。非选择部分仅包括城市间交通费、房费、早餐费、接送服务费、保险费和手续费。这里的其他项目则根据组团竞争的需要有多有少。包价之外的项目在当地根据选择现付。此法在当前竞争激烈的市场上被普遍采用。

　　组团社和接团社制定包价的依据是相同的。一般都是根据旅行团行程计划，进行成本预测后制定旅行团包价。旅行团的行程计划是旅游者旅游日程的具体安排，包括旅行团来自的地区、名称、人数、抵离城市及时间、交通工具、住宿标准、餐饮标准等。旅行社销售部门根据旅行团行程计划规定的食、住、行等情况和财务部门根据行程计划计算编制的"旅行团费用预算表"，确定每人的综合服务包价及旅行团包价，并报财务部门审核、备案。旅行社一般根据旅游者的消费水平，对同一旅游路线设置标准、豪华、经济等多种不同包价。除此之外，影响旅行团价格的主要原因有三个：

　　（1）旅行团人数。旅行团的成本可以分为固定成本与变动成本两部分。变动成本随人数的增加而增加，如房费、餐费等，固定成本在一定的范围内，不受人数变化的影响，如汽车租车费等。一个 15 人的

A 旅行团与一个 20 人的 B 旅行团，同样都需要提供一辆二十座以上的中型客车。假设两团行程相同，那么租车费用必然相等。但每个旅游者的平均交通费则 A 团一定大于 B 团。再如，导游、翻译人员费用等，一个旅行团人数越多，分摊到每位旅客的费用就越少，所以旅行社收取的综合服务费的标准根据人数不同，设有多种档次。为了鼓励旅游者组成大型旅行团，一般规定凡一个旅行团人数达到 16 人的，可以免收一个游客的费用，俗称"十六免一"，依此类推，但免费人数最多不超过 10 人。

（2）旅行团经过地区，我国不同的旅游区，采用不同的地区价格。如北京、西安、上海、苏杭、桂林、广州、珠海等城市为一类地区，南京、无锡、成都、重庆、洛阳、厦门等为二类地区。因此，旅行社定价时应正确区分不同等级的地区价格。

（3）旅游者到达季节。我国很多旅游区旅游淡旺季比较分明，而淡旺季费用水平也相差较大。为了充分利用旅游设施，鼓励旅游者淡季组团旅游，旅游社一般在淡季实行一定的价格优惠。

第二节　主营业务收入核算

一、主营业务收入的内容

旅行社业务是旅游业的枢纽。它担负着招徕游客、联系、安排接待服务等工作。旅行社主营业务收入主要由组团外联收入、综合服务收入、零星服务收入、地游及加项收入、劳务收入、票据收入和其他服务收入等七项构成。具体如下：

1. 组团外联收入（组团社收入）。我国目前组织旅行团的收费方式，主要是采用费用包干的方式，即旅游者按照旅游路线和旅行天数向当地旅行社一次交清旅游费用。以后如果没有特殊需要，旅游者不需再付费用。这种向旅游者一次性收取的费用称为外联组团收入。它一般包括旅游者的住房费、餐饮费、交通费、景点游览费、旅行社的服务费。

2．综合服务收入（接团社收入）。除旅游者从组团地到接团地的交通费、服务费一般由组团社支付，其他费用都是由组团社拨付给接团社，再由接团社支付给相关的饭店、餐馆、车船公司、旅游景点，这部分拨付款称为拨付的综合服务费用，构成接团社的综合服务收入。

3．零星服务收入。旅游者，除大多数以旅行团的方式旅游外，也有少数是个别旅行的。他们到达旅游地后，根据各自的情况，参加旅行社就地组织的旅行团，俗称"一日游"、"二日游"等团队进行游览。旅行社组织这样的旅行团，有的只包景点费用，有的只包餐费或只包一部分餐费，有的代订住宿等。根据包价费用不同，收费标准也不同。这种旅行接待零散旅游者和承办委托服务事项所得的收入，称为零星服务收入。

4．地游及加项收入。综合服务费所包含的内容是事先明确规定的。如果旅游者要求提供额外的服务，如要求品尝地方风味食品，或者要求住高于旅行社所提供住房标准的房间等，要按规定的标准加收费用。这些费用，一般由旅游者就地支付。这种旅行社向旅游者要求增加包价外旅游项目等收取的费用，称为地游及加项收入。

5．劳务收入。劳务收入是指旅行社向其他旅行社提供当地或全程导游翻译人员所得的收入。

6．票务收入。票务收入是指旅行社代办国内外客票所得的收入。

7．其他服务收入是指提供以上六项服务以外的服务项目取得的收入。

二、主营业务收入的主要收款方式

旅行社主营业务收入的主要收款方式一般有三种：预收、现收和事后结算。

预收是指在为旅游者提供服务之前，先全部或部分收取服务费。预收方式，一般在旅行社组团和饭店住宿服务中采用，旅行社的组团收入中，代收代付费用占有很大比例，因此，旅行社在组团时，一般要求旅行团队在出发之前预付全部或部分旅行团费，以便减少资金占用。饭店在接受预订客房时，按照预订协议，旅行者一般也必须在预订确认以后，向饭店支付房费的一部分。有的饭店为了避免跑账，客人入住时，按照客人的预订住房的时间，预收全部房费。

现收是指在为旅游者提供服务的同时，收取费用。一般零散服务，费用金额较小时，多采用这种方式，如：出租车在为乘客提供服务后，客人下车时，随即支付车费；旅行社在组织一日、二日游时，当场向客人收取参观、游览的费用；餐厅、商品经营部为顾客提供食品、饮料或出售商品时，立即收取顾客的费用。

事后结算是指向客人提供服务后，一次性或定期地进行核算。这种收款方式多用于旅游企业间的收付。如：组团社与接团社之间，往往在旅行团游览结束后，双方才进行结算；接团社与饭店、车船公司、餐馆之间也多采用事后结算的方式。

三、主营业务收入的确认

旅游、饮食服务企业的营业收入是指企业在销售商品或提供劳务等经营业务中实现的收入，包括主营业务收入和其他业务收入。旅行社的主营业务收入主要是提供劳务取得的收入。旅行社的经营项目繁杂，收入结算方法较多，必须合理确认营业收入的实现，并将已实现的业务收入按时入账。

主营业务收入的确认，一般应以提供了劳务，收到了货款或取得了收取货款凭据时确认营业收入的实现。旅行社（不论是接团社还是组团社）组织境外旅游者到国内旅游，应以旅行团队离境（或离开本地）时确认营业收入实现；旅行社组织国内旅游者到境外旅游，应以旅行团旅行结束返回时确认营业收入实现；旅行社组织国内旅游者在国内旅游，也应以旅行团旅行结束返回时确认营业收入实现。旅行社的各项代收代付的费用，应全部计入营业收入总额。

四、旅行社营业收入的核算
（一）主营业务收入账户的设置

为了总括反映旅行社营业收入状况，应设置"主营业务收入"科目，对其进行核算。"主营业务收入"属损益类账户。当旅行社实现营业收入时，应按实际价款，记入该科目的贷方；借记"银行存款"、"应收账款"等科目。期末，将该科目余额转入"本年利润"账户，借记"主营业务收入"，贷记"本年利润"，结转后该科目应无余额。

主营业务收入科目应按收入类别设置明细账。例如，可下设"组团外联收入"、"综合服务收入"、"零星服务收入"、"地游及加项收入"、"劳务收入"、"票务收入"、"其他收入"等二级科目。还可根据实际工作需要和各二级科目的性质，在二级科目下设置三级明细科目。例如，在"综合服务收入"科目下设置"房费收入"、"餐费收入"、"车费收入"、"文娱费收入"、"陪同费收入"、"其他收入"等三级科目。

（二）组团营业收入的核算

组团业务一般都是先收款，后支付费用。收款时，借记"库存现金"或"银行存款"科目，贷记"预收账款"或"应收账款"科目；当提供旅游服务后，按月根据旅行团明细表进行结算，按所列团费收入金额，借记"预收账款"或"应收账款"科目，贷记"主营业务收入"科目。

【例】青岛某旅行社 5 月 20 日组成 3 人的旅行团（A）赴西安 7 日游，已收旅行团费用 70 000 元。5 月 27 日该旅行团返回青岛。编制会计分录如下：

（1）5 月 20 日收取旅行团费时：

借：库存现金（银行存款）　　　　　　　　70 000
　　贷：预收账款——旅行团（A）　　　　　　70 000

（2）5 月 27 日旅行团返回原地，确认营业收入时，

借：预收账款——旅行团（A）　　　　　　70 000
　　贷：主营业务收入——组团包价收入　　　　70 000

（三）接团营业收入的核算

接团业务主要是指接团社为旅行团提供各项服务后，根据有关的收费标准，向组团社或旅行团收取的综合服务收入或零星服务收入等。一般都是提供服务后再向组团社报"旅游费用结算通知单"进行结算，结算通知单是指接团社向组团社收取接待费用的凭证，由旅行团的全陪填写并由接待的地陪签字，若没有配备全陪，则由接待该旅行团的

地陪负责填写。结算通知单转交给组团社后，由组团社根据接待计划等有关文件对结算通知单的内容进行确认，也可以向组团社预收部分定金，按期结算。

旅行社因接团而取得的营业收入，应按接待的单团进行结算，借记"应收账款"科目，贷记"主营业务收入"科目。

【例】6月23日至6月28日，青岛某旅游社接北京某旅行社旅行团（B）10人，该团在青岛参观游览后于28日下午离青。根据结算单，全部费用为20 000元，其中，综合服务费12 000元，增加风味餐5次计5 000元，风景名胜门票费3 000元。编制会计分录如下：

借：应收账款——长城旅行社——旅行团（B）20 000
　　贷：主营业务收入——综合服务收入　　　　12 000
　　　　　　　　　　　——地游及加项收入　　　 8 000

组团社与境外客商进行核算，一般应以境外客商确认旅行团出发的传真为依据。在旅行团出发的同时，根据有关合同、协议的规定，填写"结算单"或"账单"进行结算，力争在旅行团入境前收到有关费用，并作相应的账务处理。

【例】收到确认某国A旅行社旅行团（C）出发的传真，销售部门填制"结算单"，应收综合服务费包价为26 000元，交财务部审核后编制会计分录如下：

（1）确认收入时：

借：应收账款——A旅行社——旅行团（C）　　26 000
　　贷：主营业务收入——综合服务收入——旅行团（C）26 000

（2）收到全额汇款时：

借：银行存款　　　　　　　　　　　　　　　26 000
　　贷：应收账款　　　　　　　　　　　　　　26 000

（3）旅行过程中，根据旅客要求增加品尝风味费用1 000元，增加参观景点费用1 000元，加收10%的服务费后，由客人以现金支付。编制会计分录如下：

借：库存现金　　　　　　　　　　　　　　　2200
　　贷：主营业务收入——地游及加项收入　　　2200

第三节 旅行社成本费用的核算

一、旅行社成本构成及特点

1. 旅行社组团和接团的成本，是指在组团和接团过程中发生的全部支出，包括直接为客人旅游支付的费用，即直接成本，也包括一些在营业费用中核算的间接费用。按此归集有利于实施单团核算。

2. 旅行社成本的特点。

（1）旅行社经营成本的核算对象是纯服务成本，即为旅游者提供旅游服务所支付的各项直接费用。

（2）旅行社各项成本费用的结算期多数不能和与其相关的营业收入同时登记入账。因此，根据权责发生制原则和配比原则，旅行社的营业成本多采用按计划成本预提结转，即组团社在没有实际收到各接团社报来的账单前先预估入账，待计算出实际成本后，再进行事后调整。

因此，旅行社成本主要为旅行社已计入营业收入总额，属于代收代付的直接用于接待旅游团队并为其提供各项服务所发生的有关费用，包括：

①房费：含为旅游者支付的房费、空房费、退房损失等。

②餐费：为旅游者支付的餐费、风味餐费、退餐损失费、随餐酒水费用等。

③交通费：为旅游者支付的各项车费、船费、机票费用以及超公里费等。

④文娱费：为旅游者参加文娱活动、游览景点、参观民居、学校、工厂等支付的门票费等，以及游览途中的饮料费用。

⑤陪同费：陪同人员的房费、交通费、饮食补贴、邮电费等。

⑥劳务费：支付给借调翻译导游人员和景点、展览馆讲解人员的劳务费等。

⑦票务费：支付给交通部门的订票手续费、包车费、退票费等。

⑧宣传费：按接待游客人次提取的，上交给上级主管部门的费用。

⑨签证费：是指为海外旅游者代办签证所支付的费用。

⑩门票费：是指组织旅游者参观风景旅游点支付的费用。

⑪其他直接支出：主要有旅游者的人身保险费、行李托收搬运费、机场建设费等。

组团的直接成本从其构成看，有拨付给各接团社的综合服务费、支付全陪的各项费用和为外联组团所支付的通讯费等。组团成本按性质区分，是由两部分组成的，即拨付支出和服务支出。

属于代收代付性质的拨付给接团社的综合服务费等为拨付支出，由于提供服务而发生的全陪人员费用和通讯联络费用则属于服务性支出。组团成本，除了应归集为成本的内容外，还有部分费用应在营业费用中归集，主要是直接从事组团的有关人员的工资及相关费用。

接团成本与组团直接成本有紧密的联系，组团社的拨付成本就是接团社的营业收入，但接团成本与组团成本所包含的内容又有较大差别，这些费用按其性质，也应分为两部分。属于接待旅行团过程中直接支付的代收代付费用包括：房费、餐费、交通费、文娱费、行李托运费、票务费、保险费、机场费等。这些费用构成旅行团队的主要费用支出。其余的陪同费、劳务费、宣传费等则完全是旅行社为了向客人提供服务而发生的费用，所以这部分称为服务费。接团成本与组团成本相同的部分，主要是在营业费用中归集的直接人工工资及其相关的费用。

二、旅行社成本的核算

无论是组团社还是接团社的成本都通过"主营业务成本"科目进行核算。为了便于分析考核，"主营业务成本"科目可按费用的用途划分为：拨付综合服务费、房费、餐费、交通费、陪同费、文娱费、邮电费、票务费等，并按这些明细项目设置二级明细科目分别反映。为了便于与各接团社核对拨付款项，综合服务费明细科目应按拨付对象设置三级明细账。

【例】组团社成本核算。

（1）某组团社组织一个华东三市团，分别拨付上海某社、杭州某社、苏州某社综合服务费各 3 000 元，组团社编制会计分录如下：

借：主营业务成本——综合服务成本——上海某社　3 000

　　　　　　　　　　　　——杭州某社　　　　3 000

　　　　　　　　　　　　——苏州某社　　　　3 000

　　贷：银行存款　　　　　　　　　　　　　　9 000

（2）组团社支付全陪费用 2 000 元，编制会计分录如下：

借：主营业务成本——陪同费　　　　　　　　2 000

　　贷：库存现金　　　　　　　　　　　　　2 000

（3）组团社支付与本团相关的各接团社联系的长途电话费、传真费等 170 元，编制会计分录如下：

借：主营业务成本——邮电费　　　　　　　　170

　　贷：银行存款　　　　　　　　　　　　　170

【例】接团社成本核算。

（1）上海某社支付某团房费 1 000 元，包空房费 200 元，编制会计分录如下：

借：主营业务成本——房费　　　　　　　　1 200

　　贷：银行存款　　　　　　　　　　　　1 200

（2）团队客人游览景点，支付门票费 200 元，品尝风味小吃，支付餐费 200 元，支付本日游程的交通费 300 元，编制会计分录如下：

借：主营业务成本——餐费　　　　　　　　200

　　　　　　　　　——交通费　　　　　　300

　　　　　　　　　——文娱费　　　　　　200

　　贷：库存现金　　　　　　　　　　　　700

（3）支付游客到杭州的车票费用 500 元，定票费用 50 元，编制会计分录如下：

借：主营业务成本——交通费　　　　　　　500

　　　　　　　　　——票务费　　　　　　50

　　贷：库存现金　　　　　　　　　　　　550

（4）支付租借旅游服务公司导游员的劳务费 100 元，编制会计分录如下：

借：主营业务成本——陪同费　　　　　　100

贷：库存现金　　　　　　　　　　　　　100

三、旅行社成本核算应注意的问题

　　旅行团按旅游线路逐地游览，旅游费用也随着旅游路线的延伸而不断发生。这些费用一般是由每一个城市的每一个接团社支付的，直至旅行团完成旅程离境时，旅游费用的支付才结束，营业收入也同时确认实现。在此过程中，一般情况是，组团社先收费后接待，接团社往往是先接待，后向组团社收费；而与接团社相联系的宾馆、餐馆、车队往往也是先提供服务，后向接团社收费。接团社要等到各宾馆、餐馆、车队报来旅游费用结算账单后才据以拨付旅游费用，同时向组团社汇出账单收取综合服务费。因此在组团社和接团社，接团社与宾馆、餐馆、车队等接待单位之间便形成旅游费用结算期。这种结算期经常是跨月份的，这给旅行社准确及时核算成本带来困难。解决这一问题，按会计制度规定在旅行社旅游费用结算期间，发生的费用支出不能与实现的营业收入同时入账时，应按计划成本先行结转以实现营业成本与其营业收入相互配比的原则。为了保证结算的准确性，可以通过填制"团队综合服务费结算单"和"宾客费用结算单"来解决。旅行社也可以根据本企业的经营特点和成本管理要求，按照会计原则自行确定计算方法，一经确定，不得随意变动。

　　旅行社为了充分发挥成本核算的作用，团队成本可以实行单团核算，实行单团核算的，可以按团分别设置成本明细账户，对所有团队分别记录其收支计算单团盈亏。也可以利用"团队费用结算表"对有代表性的团队实行账外单团核算。单团核算具体考核分析团队成本的数额与构成，有利于对今后的团队进行成本预算，从而有利于旅行社对外报价的准确性，提高旅行社的竞争能力。同时也有利于旅行社内部进行成本控制和对陪同人员的工作进行考核。

　　旅行社自身发生的各项营业费用和管理费用的核算与第八章所述相同。

第四节　旅行社营业税及附加的核算

一、旅行社税金的分类:

旅行社是法定的纳税义务单位,应熟悉国家税收制度,切实履行纳税义务,做好税金管理工作,同时在税制规定的范围内争取企业的合法利益。旅行社向国家交纳的税金,从不同的角度,可以有不同的分类,旅行社主要交纳的税金包括如下内容。

1. 流转税及其附加税费。

(1)营业税,是指旅行社在我国境内提供服务时按其营业收入计算征收的税款。旅行社按国家统一规定执行5%的税率。

(2)城市建设维护税,是指地方政府为当地城市建设开征的税种,是以旅行社应交纳的营业税、增值税和消费税为计税依据征收的税款。该种税的税率根据旅行社的所在地确定,市、县、镇的税率分别为7%、5%、1%。

(3)教育费附加,是国家为发展教育事业征收的附加费,是以旅行社应缴纳的营业税、增值税和消费税为计税依据征收的费用,征收率为3%。

2. 所得税,包括企业所得税和个人所得税。

3. 其他税项,包括房产税、车船使用税和印花税。

二、旅行社税金的核算

(一)营业额

旅行社依照国家税法规定取得营业收入必须依法纳税。其应纳税额计算如下:

应纳税额=营业额×税率(5%)

营业额=营业收入-准予扣除项目金额

1. 旅行社组织旅游团在中国境内旅游的,以收取的旅游费减去替旅游者支付给其他单位的房费、餐费、交通、门票和其他代付费用后的余额为营业额。

2. 旅行社组织旅游团到中华人民共和国境外旅游，在境外改由其他旅游企业接团的，以全程旅游费减去付给接团企业的旅游费后的余额为营业额。

3. 旅行社组织旅客在境内旅游，改由其他旅游企业接团的，仍以全程旅游费减去付给接团企业的旅游费后的余额为营业额。

公式中：营业收入，即旅行社主营业务收入，是指旅行社提供旅游服务向旅游者收取的全部价款和价外费用。

准予扣除项目金额是指已计入营业收入总额，替旅游者支付给其他单位的房费、餐费、交通、门票、其他代付费用和接团费的金额。

对旅行社为管理和组织经营活动所发生的自身应负担的费用，如本单位司机工资补贴、导游工资补贴、职工差旅费、交际应酬费、修车费、停车费、过路过桥费、燃料费、装卸运输费、保险费、邮电费、广告宣传费、陪同费等其他费用，不得作为扣除项目金额扣除。

对旅行社利用自己的交通工具、食宿服务设施，为游客提供旅游必需的吃、住、行服务所发生的燃料费、烹制食品等费用不得作为扣除项目金额扣除。

旅行社应当分别核算替旅游者代收代付费用（营业成本）、为管理和组织经营活动所发生的自身应负担的费用（营业费用、管理费用和财务费用）；未分别核算的，不得作为扣除项目金额扣除。

（二）营业税

营业税的计算及账务处理与第六章第二节相同，即计算营业税的同时计算城市建设维护税和教育费附加，在计算税金时应填制工作底稿（见表9-1）。

表 9-1　旅游业营业税计算工作底稿

企业名称：　　　　　年　月　　　　　　　金额：元至角分

项目名称	本期	累计	调整项目	本期	累计
一、主营业务收入			主营业务收入调整额		
1. 综合服务费			1. 代收代付项目		
2. 地游及加项收入			2. 价外收费		
3.			3.		
4.			4.		
5.			5.		
6.			6.		
二、主营业务成本			主营业务成本调整额		
1. 房费			1. 违规发票		
2. 餐费			2. 违规票据		
3. 门票			3. 营业费用		
4. 交通费			4. 管理费用		
5. 其他代付费用			5. 财务费用		
6. 接团费			6. 价格折旧		
7.			7. 未实际支付项目		
8.			8.		
9.			9.		
10.			10.		
三、营业毛利			相关资料		
加减、主营业务收入调整额			1. 接待旅客人数		
主营业务成本调整额			2. 接待团队数		
四、计税营业额			备　　注		
五、应纳营业额					

复习思考题

1. 什么是主营业务收入？如何进行主营业务收入的分类？

2. 主营业务收入确认的原则是什么？

3. 在各种营业项目上，如何具体确认主营业务收入的实现？

4. 接团社和组团社的主营业务收入如何进行核算？

5. 什么是主营业务成本？什么是营业费用？

6. 旅行社成本的构成是什么？旅行社成本的特点是什么？

7. 如何对成本、费用进行分类？

8. 旅行社应该缴纳哪些税金？

习题一

一、目的：练习旅行社损益核算。

二、资料：济南华夏旅行社 2012 年 5 月份发生的部分经济业务如下：

1. 5 月 1 日，组织济南—青岛 2 日游旅游团，游点有崂山、田横岛、石老人、青岛高科园新区。豪华型大客车往返，提供三餐、门券、住宿、导游服务，20 人一个团已组成。预计支出情况如下：豪华大客车往返计费 2 000 元、门券 1 000 元、餐费 2 000 元、导游工资 200 元、住宿 2 000 元。外加毛利率为 15%，计算包价并收款，由业务部门将收取的现金和业务收入日报表转财务部门，进行账务处理。

2. 5 月 2 日，导游张梅向财会部门预领旅游费 8 000 元，财会部门拨付现金后带团出发。

3. 5 月 4 日青岛 2 日游结束，导游张梅回来报销各项游览费用 7 200 元，旅行过程中，根据游客要求增加品尝风味费用 2 000 元，增加参观景点费用 1 000 元，加收 10% 的服务费后，由客人以现金支付，导游交回多余现金 1 100 元，结清导游预领款并结转成本。

4. 5 月 28 日支付业务部门邮电费 5 000 元、水电费 400 元、办公费 1 000 元。

5. 5 月 29 日支付房屋租赁费 1 000 元、业务部门 200 元、管理部门 100 元。设备折旧：业务部门 1 000 元，管理部门 1 500 元。

6. 5 月 30 日根据人事部门提供的工资单，业务部门应发工资 8 000 元，扣刘涛个人借款 500 元，扣互助金 600 元；管理部门应发工资 2 000

元, 扣李君借款 50 元, 扣互助金 500 元, 会计部门提取现金, 发放工资并分配工资, 按有关规定提取有关各项费用。

7. 月末主营业务收入共计 20 万元, 主营业务成本 17 万元, 计算缴纳营业税及附加, 并结转本年利润。

8. 根据上述业务汇总营业费用和管理费用, 并结转本年利润。

9. 计算所得税并结转利润分配账户。

三、要求: 编制会计分录。

习题二

一、资料: 2012 年 4 月份, 春秋旅行社发生的部分经济业务如下:

1. 2012 年 4 月 6 日, 组织一个旅游团进行新马泰十日游, 预收旅行团旅游费 80 000 元。

2. 4 月 17 日旅行团返回, 由于天气问题, 取消了一个游览景点, 退回了旅游团旅游费 5 000 元。

二、要求: 进行账务处理。

第十章　旅游饭店经营业务的核算

【学习目的】

- 熟悉客房、餐饮、商品的账务处理
- 掌握客房、餐饮、商品的核算内容
- 了解客房、餐饮、商品的核算方法

【基本内容】

客房经营业务

- 收入
- 费用
- 税金及附加
- 损益

餐饮部经营业务

- 价格
- 成本

商品部经营业务

- 售价法
- 购进
- 销售

第一节　客房经营业务的核算

　　客房是饭店向旅客提供的最主要产品之一，饭店通过销售客房并向客人与此相关的一系列服务，取得重要的收入来源。国内外有关统计资料表明，客房出租收入约占整个饭店营业收入的40～50%左右。一般来说，提供全功能服务的三星级以上酒店的总收入中有50%～65%是来自客房。而在附属服务设施（主要是餐饮服务）有限的经济型酒店或者长住型酒店，有高达90%的收入则是来自客房。搞好客房销售，保持良好的客房出租率还能带动餐饮、购物、康乐等一系列收入，对于提高饭店经济效益具有十分重要意义。

一、客房营业收入的核算
（一）客房营业收入的核算特点、入账时间和入账价格
　　1. 客房营业收入的核算特点
　　（1）客房属特殊商品，该项业务只出售客房的使用权，而不出售其所有权。若客房在规定时间内不出售，其价值就无法收回；同时客房的使用价值又具有时限性，过了限定的时间，旅客还需重复消费，则需要重新交纳房租。
　　（2）客房的所有权是相对稳定的，其价值补偿是通过重复出租其使用权，在较长时间内逐步出租来完成的，而每次出租只能获得其价值补偿的一部分。
　　2. 客房营业收入的入账时间
　　营业收入是在销售商品、提供劳务及让渡资产使用等日常活动中形成的经济利益的总流入，《企业会计准则》规定收入具有如下特点：（1）收入从企业的日常活动中产生的，而不是偶发的交易或事项中产生的。（2）收入可能表现为企业资产的增加，也可能表现为企业负债的减少。（3）收入是与所有者投入资本无关的经济利益的总流入，收入能导致企业所有者权益的增加。客房营业收入就是依据上述原则确

认的，客房营业收入也就是客房销售，客房一经出租，即客人办完入主手续已经迁入房间，则不论房租是否收到，都作销售处理，旅游饭店客房销售收入的入账时间按照权责发生制原则执行，即从客人入住时间起，就应开始计算营业收入。

3. 客房营业收入入账价格及影响因素

（1）影响饭店客房价格的有内外部因素

外部因素包括：①社会政治、经济形势影响。旅游经济具有脆弱性，其产品具有不稳定性、波动性。一个稳定、繁荣的社会政治及经济环境对以旅游经济为其重要收入来源的饭店来讲是至关重要的。②季节性影响，季节性强是旅游业的一大特点。季节直接影响饭店经营的好坏。特别是位于旅游城市或者旅游景区内的饭店，季节的变换会直接影响房价高低。③供求关系影响，当供过于求时，饭店业不得不考虑降低价格；当供不应求时，饭店业要考虑适当提高价格。④竞争对手价格影响，竞争对手的价格是饭店制订房价时的重要参考依据。⑤行业组织的价格约束。客房房价还要受本地区政府主管部门以及行业协会等组织机构对饭店价格政策的约束，例如某地区对所在地区饭店客房价格会制定最高上限。⑥客人消费心理认同也是进行客房价格定价时应予以重点考虑的因素，尤其是客人对某一种商品价格能够接受的上限和下限。

内部因素包括：①定价目标，定价目标是指导饭店进行客房定价的首要因素。这是饭店确定经营方针的重要依据。②饭店地理位置。地理位置对于饭店经营的确非常重要。位于市中心区，繁华商业区，距离机场、火车站比较近。交通便利的饭店，其房价的制定或调整的条件就会有利一些。而位于市郊、远离繁华商业区、交通条件等地理位置较差的饭店，虽然地价便宜，经营成本低，但由于其对客人的吸引力差，因此房价会偏低。③投资成本。这是影响客房价格水平的基本因素。比如建筑成本回收期的长短，以及目标利润率的高低，都会对房价的制定产生影响。在进行客房定价时，必须考虑成本水平。④饭店服务质量。在定价过程中，除考虑饭店硬件设施设备的档次以外，还必须要考虑服务质量水平。

（2）饭店客房价格的分类

标准房价是由饭店制定并经物价部门批准的价格。在经营中，饭店可按实际情况制定房价政策，在标准房价的基础上打一定的折扣，形成多种多样的价格水平，以适应市场需求的变化。但无论采取哪种价格，客房销售的入账价格都应当是出租客房的实际价格，只有按实际价格入账，才能准确计算营业收入。在实际工作中房价的种类多种多样，可进行如下分类。

按租房对象分类：

①公司价或商务价，是指为经常提供客源的公司或旅行社给予一定优惠的房价。

②团队或会议价，是指提供给团队和会议的低于门市价的优惠房价。

③促销价，是指提供给为饭店带来收入的团队中某个个人的惠顾价，以示激励。

④奖励价，是指为了争取潜在业务收入而提供给旅行社、航空公司、会议策划人等的价格。

⑤家庭房价，是指为携带儿童的家庭保留的房价。

⑥小包价，是指一间客房与其他活动如早餐、高尔夫、网球等结合在一起销售的价格。

⑦赠送价，是指给特殊客人的房价，客人入住期间免收房费，但客人用餐、打电话等消费仍需要付款。

按差价形式分类有季节差价如旺季价、平季价和淡季价，多数饭店淡旺季价格差在30%以上。时间差价，是指每天不同时间的差价。项目差价，主要有两种，包餐或不包餐。

按客房种类划分可分为，标准间租价、单人间租价、套间租价和总统间租价。

（二）客房营业收入结算方式

由于客房营业收入是旅游饭店收入的一部分，因此，客房营业收入与饭店的其他收入一并结算，其结算方式主要有以下三种：

1. 预收制

预收制是指先收款、后住店的一种收款制度。旅游饭店对一些信用不好或不甚了解的客人在住店登记时，根据客人拟住天数，预收服务费，在会计核算上作预收定金列账。宾客住店后每天应付的费用与应收制处理相同，列为应收款。待客人离店时，以预收定金抵付应收款，多退少补。采用这种收款方式，借记"库存现金"或"银行存款"账户，贷记"预收账款"或"应收账款"账户；每日按日报表中属于客人每天应付房费部分列作当日营业收入，并核销预收款，借记"预收账款"或"应收账款"账户，贷记"主营业务收入"账户

2. 现收制

现收制，是指饭店提供服务的当时即向客人收取现金或银行支票（信用卡）的一种结算房费方式。可以理解为一天一结。在每日业务结束时，财务部门根据总台提供的"客房营业收入日报表"及上交款项编制会计分录，借记"库存现金"或"银行存款"账户，贷记"主营业务收入"账户。

3. 应收制

应收制是指先入住，后付款。旅游饭店对信用可靠的客人，事先不预收定金，在饮店为客人提供服务后，定期或离店时一次性向客人结清账款。会计核算时按实际应收的房款借记"应收账款——客房欠款"，贷记"主营业务收入——客房收入"。实际结算时，借记"银行存款"或"现金"账户，贷记"应收账款——客房欠款"。

无论采用哪一种结算方式，饭店中必须严格按照内部操作规程和有关手续制度，组织业务活动和款项结算，并报财会部门进行账务处理。

（三）客房营业收入的核算

旅游饭店的营业收入，在会计上设置"主营业务收入"账户进行核算。本月实现的营业收入，记入该账户的贷方，月份终了，本账户余额应转入"本年利润"账户，结转后来账户应无余额。

【例】某饭店 5 月 4 日入住宾客 1 人，包房 1 间，房价为 200 元/天，住 10 天预收保证金 2 000 元，10 日后退房，同时交纳餐饮费用 500 元，编制会计分录如下：

（1）收到保证金时：

借：库存现金　　　　　　　　　　　　　　2 000
　　贷：预收账款——预收房金　　　　　　　　　2 000

（2）5月5日发生餐费100元，并结转当日房租收入：

借：预收账款　　　　　　　　　　　　　　300
　　贷：主营业务收入——客房收入　　　　　　200
　　　　　　　　　　——餐饮收入　　　　　　100

（3）宾客离店时，对发生的费用多退少补：

借：库存现金　　　　　　　　　　　　　　500
　　贷：应收账款　　　　　　　　　　　　　　500

【例】A公司在饭店设办事处，租用客房一间，饭店公关销售部门与之签定合同规定：租用期一年，年租金60 000元，预付款50%，编制会计分录如下：

（1）宾客入住，同时收到预付款时：

借：银行存款　　　　　　　　　　　　　30 000
　　贷：应收账款——A公司预收款　　　　　　30 000

（2）每月结转收入5 000元（60 000/12）：

借：应收账款　　　　　　　　　　　　　5 000
　　贷：主营业务收入——客房收入　　　　　　5 000

（3）收到剩余租金时：

借：银行存款　　　　　　　　　　　　　30 000
　　贷：应收账款　　　　　　　　　　　　　30 000

二、客房营业费用的核算

（一）客房营业费用核算的账户设置

我国企业会计制度将费用定义为："指企业为销售商品、提供劳务等日常活动所发生的经济利益的流出"。费用具有如下基本特征：费用最终会导致企业资源的减少，具体表现为企业的资金支持或者表现为资产的耗费。费用最终会减少企业的所有者权益。

从理论上看，客房业务经营过程中发生的各项直接耗费构成客房营业成本，主要有具有一次性投资特点的客房建筑设施、室内装饰、音响设置以及服务人员薪酬支出和一次性用品支出等。但是，除一次性用品之外，其他如客房建筑设施等都具有固定成本特点，即此类成本支出与客房入住无直接关系，而且直接、间接费用不容易分清，为此，客房日常经营过程中发生的费用支出一般都列作营业费用处理，只设立"营业费用"账户核算其费用消耗。

营业费用是饭店各营业部门在经营中发生的各项费用。客房耗费中除记入主营业务成本以外的，其他费用都归入客房营业费用中。营业费用的内容包括：房屋及有关设备的折旧费、部门经营人员工资、物料消耗费、水电费、洗涤费、办公费、差旅费、邮电费、服装费等。

"营业费用"账户是损益类账户，专门汇集饭店在经营活动中发生的各项费用，其借方登记营业部门发生的各项费用，贷方登记期末将账户余额转入"本年利润"账户的数额。结转后该账户无余额。

（二）客房营业费用的账务处理

客房部发生费用支出时，借记"营业费用——客房部"账户，贷记"原材料"、"应付职工薪酬"等账户。

【例】耗用一批客房用品，价值 600 元。

借：营业费用——客房部——物料消耗　　　600
　　贷：原材料——物料用品　　　　　　　　　　600

【例】分配客房部职工工资及奖金、津贴 7000 元。

借：营业费用——客房——工资　　　　　7000
　　贷：应付职工薪酬——工资　　　　　　　　7000

三、饭店营业税金及附加

根据我国现代税法规定，饭店取得了客房收入必须按月计纳税率 5%的营业税，同时，按营业税额的 7%交纳城市建设维护税，3%教育费附加，以及按照地方法规计纳地方附加税。

【例】饭店本月客房营业收入总额 100 000 元，根据规定并计算应纳税额如下：

应交营业税额=10 000×5%=5 000 元

应交城市建设维护税额=5 000×7%=350 元

应交教育费附加=5 000×3%=150 元

根据上述计算结果作有关分录如下：

（1）月末提取应交营业税及附加时：

借：营业税金及附加——客房部　　　　　　　　　5 500

　　贷：应交税费——应交营业税　　　　　　　　　　　5 000

　　　　应交税费——应交城市建设维护税　　　　　　　350

　　　　应交税费——教育费附加　　　　　　　　　　　150

（2）月末结转营业税金及附加时：

借：本年利润　　　　　　　　　　　　　　　　　5 500

　　贷：营业税金及附加　　　　　　　　　　　　　　　5 500

（3）下月初，交纳上月份营业税金及附加时：

借：应交税费——应交营业税　　　　　　　　　　5 000

　　　　　　——应交城市维护建设税　　　　　　　　　350

　　　　　　——教育费附加　　　　　　　　　　　　　150

　　贷：银行存款　　　　　　　　　　　　　　　　　　5 500

四、客房部损益的核算

客房部的损益体现为经营利润，其计算公式如下：

经营利润=主营业务收入－营业费用－营业税金及附加

如果客房部在一定期间内实现的营业收入不足以抵补所发生的营业费用和营业税金及附加，其差额为经营亏损。

其计算方法为：汇集客房的营业收入，计算并结转客房部门应纳营业税金；汇集结转客房部门的营业费用，计算客房部门利润。

承前例，月末作有关客房部营业收入、营业费用及营业税金的结转记录如下：

借：主营业务收入——客房收入　　　　　　　100 000

　　贷：本年利润——客房部　　　　　　　　　　　100 000

借：本年利润　　　　　　　　　　　　　　　　13 100

　　贷：营业费用　　　　　　　　　　　　　　　　　7 600

　　　　营业税金及附加——客房部　　　　　　　　　5 500

第二节 餐饮部经营业务的核算

餐饮部是指从事加工烹制餐饮食品，即供应给顾客食用的部门。其经营范围广、种类多，有中餐、西餐、宴会、酒吧，经营方式有宴会、包餐、点菜等。餐饮部是饭店的重要组成部分，也是饭店获得经济利益的重要部门。近几年来，全国餐饮年销售增长率平均在15%～20%之间，成为我国财政收入的重要部分。餐饮部对饭店有重要意义：首先，餐饮部管理、服务水平直接影响饭店声誉；其次，餐饮部的经营活动是饭店营销活动的重要组成部分；再次，餐饮部是饭店用工最多的部门；最后，餐饮收入是饭店营业收入的重要来源之一，一般约占饭店营业收入的三分之一。因此，必须加强餐饮营销及餐饮成本控制。

一、餐饮部门的特点

餐饮部门具有不同于一般工业企业和商业企业的特点。

1. 生产过程短，随产随销。餐饮产品质量的脆弱性和不稳定性决定了它的生产和经营方式。从业务经营活动的组织来看，它是一个完整的产、供、销过程，生产、加工、商品销售和旅游服务融合在一起，生产过程短，随产随销，餐饮业务的生产、销售、消费三个环节是同时进行的。

2. 经营方式灵活，收入弹性大。饮食产品的经营方式多种多样，有中餐、西餐，宴会、酒吧等。同一餐厅中可经营不同的菜系和品种，原材料品种多，进价季节变化大，就餐的旅客又来自不同的地区，有着不同的消费水平，因此，餐饮企业的经营方式灵活多变，收入弹性较大。所以要求价格管理上比较灵活，要在严格核算成本的基础上准确掌握毛利率，随行就市。

3. 成本构成复杂，不易控制。饮食产品的原材料有鲜活品、干货、半成品、各种瓜果等，很多原材料不可直接用。同时，原材料配制比例和产品的加工方法各不相同,加工过程中损耗程度区别很大。因此,成本构成复杂,对每种产品也无法分批分件地进行成本计算,成本费用不易控制。同时,由于餐饮业具有生产加工、劳动服务、商业零售于一体的独特行业特点,除原材料成本外,其他如人工、能耗等,很难分清用于哪个环节,所以,计算中就习惯以原材料作为其成本要素,即构成菜点的原材料耗费之和,包括菜品主料、配料和调料。餐饮产品成本只记耗用原材料成本;其他成本项目费用,如应付职工薪酬、折旧费、物料消耗等均列入相关费用(销售费用、管理费用等)中核算。目前物价上浮,原材料价格普遍上涨,因此,节约生产成本对餐饮部门盈利有重大意义。各种原材料价格可以要求加强动态控制,随时掌握实际成本消耗以降低成本消耗,提高经济效益。

二、餐饮营业收入的核算

(一)餐饮收入管理的基本要求

1. 做好销售价格的计算控制工作。设有操作经验专职或兼职营业务价员计算各类食品、菜肴的销售价格,并由财会部门稽核审查售价。

2. 建立健全收款点,营业员工作岗位责任制,保证日清月结,产销核对,账款相符。

3. 每日营业终了,由收款员填报"营业收入日报表",连同账单和收取款项,封入夜间保险柜,次日晨由总出纳审核点收,将应收账款挂账,并将现金、支票存入银行。

(二)餐饮销售价格的确定

餐饮制品的价格是直接销售给消费者的最终价格,它通常由原材料成本和毛利两大部分构成。餐饮业制定价格的依据:一个是投料定额标准,另一个是毛利额,两者缺一不可。

1. 投料定额成本的计算:饮食产品经营过程是一个产、供、销服务合一的过程,不易对每种产品按其实际耗用原材料分别核算成本。为了便于核算原材料耗用,考核产品质量,合理制定销售价格,要求企业必须实行原材料投料定额制度。正确规定各种食品菜肴的投料标准。投料标准是在保证质量的前提下，对每种食品菜肴的每种规格所需原材料耗用量的具体规定。包括主要用量、副料用量、调料用量。投料定额成本是指按照投料标准生产食品菜肴所需投放原材料的总额。投料定额可以按毛料计算，也可以按净料计算。净料是指购入的毛料经过拣洗、宰杀、拆卸、涨发、切削等加工处理后的原材料。

净料总成本=毛料总成本－下脚料成本

$$净料单位成本=\frac{净料总成本}{净料重量}$$

2．毛利率的计算：毛利率分为内含毛利率和外加毛利率（加成率或成本毛利率）。

（1）内含毛利是指毛利包含在销售收入中，是销售收入的一部分。内含毛利率是反映毛利在销售收入中占有多大比例。

毛利额=销售价格－投料额成本

$$毛利率=\frac{毛利额}{销售价格}$$

【例】制作清蒸鱼一份，用料是：新鲜鱼净料 23.00 元，辅料 3.00 元，调料 1.00 元，菜肴的售价为 60 元，求该菜肴的内扣毛利率。

清蒸鱼内扣毛利率=（60－23－3－1）/60=0.55

（2）外加毛利率是毛利与投料成本之比，它所表示的是投料成本之外加上一个比例数，也称加成率。

$$加成率=\frac{加成额}{投料成本}\times100\%$$

【例】制作清蒸鱼一份，用料是：新鲜鱼净料 23.00 元，辅料 3.00 元，调料 1.00 元，菜肴的售价为 60 元，求该菜肴的外加毛利率。

清蒸鱼外加毛利率=（60－23－3－1）/23+3+1=1.22

（3）内含毛利率与外加毛利率的换算：

$$加成率=\frac{内含毛利率}{1-内含毛利率}\times100\%$$

$$内含毛利率=\frac{加成率}{1+加成率}\times100\%$$

3．销售价格的计算：食品、菜肴的销售价格是在投料成本定额的基础上加一定的内含毛利率或加成率，通过编制成本及售价计算表确定的。成本及售价计算表，既是餐饮部门投料的标准，又是国家物价部门进行物价控制的依据。

（三）餐饮部收入会计处理

为了总括反映餐饮部门营业收入情况，应设"主营业务收入"科目进行核算。以提供了劳务，收到货款或取得了收取货款的凭据时确认营业收入的实现。企业实现营业收入，应按实际价款记账，借记"银行存款"、"库存现金"、"应收账款"等科目，贷记"主营业务收入"科目。应根据自身管理的需要，对营业收入进行适当的分类，并设明细科目进行核算。

【例】某餐厅各营业部报来当日营业日报及内缴款单，其中，餐费收入 4 000 元，服务收费 800 元，根据有关凭证作会计分录为：

借：库存现金　　　　　　　　　　　　4800
　　贷：主营业务收入——餐费收入　　　　4000
　　　　　　　　　　　——服务收入　　　　800

三、餐饮部营业成本的核算

饭店、宾馆、餐馆的餐饮成本包括直接耗费的各种原材料、调料、配料成本其实际成本，应按照买价和可直接认定的运杂费、保管费以及缴纳的税金等确定。规模较大的餐馆或餐饮部门应设专门的材料库和专职保管员，领用时应根据当日用料计算，填制领料单交由保管员发料。小规模的餐饮部或餐馆可不设保管员，由领料人员自行登计卡片或备查簿。企业可采用先进后出、后进先出、加权平均、移动加权平均、个别计价等方法计算确定所领用的材料的实际成本。不同的材料可以采用不同的方法，计价方法一经确定，不得随意改变。

企业按耗用的原材料、调料、配料的实际成本，通过"主营业务成本"科目核算餐饮成本。领用原材料等结转成本时，借记主营业务成本，贷记原材料。企业在月末时，可能有部分已领未用原材料等。为了正确计算本月营业成本，应从已结的营业成本中扣除。

处理方法一般有两种：

1. 将月末已领未用结存数保留在主营业务成本账户中，根据下列公式计算确定本月耗用原材料、调料、配料的总成本。

总成本=月初结存数+本月领用数－月末结存数

然后将本月总成本结转到"本年利润"科目，月末结存数保留"主营业务成本"科目中。

2. 按假退料作账务处理。从营业成本中冲减月末结存数，冲减后的数额为原材料、调料、配料的总成本，即：月末根据实际盘存数额填制红蓝字领料单各一份，用红字领料单作月末退料凭证，借记"主营业务成本"（红字），贷记"原材料"等（红字），作假退料处理。蓝字领料单作为下月初的领料凭证，在下月初借记"主营业务成本"，贷记"原材料"等，作假领料处理。

【例】某饭店餐饮部一月份发生如下业务：

（1）全月领用原材料 8 000 元，调料 500 元，配料 500 元，编制会计分录如下：

借：主营业务成本——餐饮成本　　　　　　9 000
　　贷：原材料——餐饮原材料　　　　　　　　8 000
　　　　　　——调料　　　　　　　　　　　　500
　　　　　　——配料　　　　　　　　　　　　500

（2）月末盘点结存原材料 100 元，调料 100 元，配料 100 元，编制会计分录如下：

借：主营业务成本——餐饮成本　　　　　300（红字）
　　贷：原材料——餐饮原材料　　　　　　100（红字）
　　　　　　——调料　　　　　　　　　　100（红字）
　　　　　　——配料　　　　　　　　　　100（红字）

（3）月末结转餐饮成本，编制会计分录如下：

借：本年利润　　　　　　　　　　　　　8 700
　　贷：主营业务成本——餐饮成本　　　　　8 700

规模小、人员少、业务单一的社会餐馆，为了简化手续，也可不实行领料制度。平时耗用原材料，办理业务手续，不作会计账务处理，月末时，根据库存原材料、调料、配料的盘存数额，例挤出已耗用原材料的数额，结转有关账户。即：本期耗用原材料成本＝期初结存原材料总额＋本期购买原材料总额－期末结存原材料总额。这种方法简便易行，但不严谨，不易查明原材料、调料、配料的毁损、短缺等情况及其原因，容易掩盖在经营管理工作中存在的问题。所以，采用这种核算方法，必须加强材料管理，严格执行各项业务手续和内部控制制度。

四、营业税金及附加及损益的核算

餐饮部费用的核算同客房部费用核算相同，交纳的营业税及城市建设维护税和教育费附加的税率和会计处理也同客房部，核算方法及计算方式，账务处理同客房部。

第三节 商品部经营业务的核算

为了丰富酒店业务，提升酒店竞争力和影响力，进一步增加收入，酒店往往内设商店。商品经营业务一般是指饭店内部开设的购物商场所进行的商品买卖活动，属商业零售性质，直接向旅客提供商品销售服务，同时通过进销售差价补偿相关成本费用，获得盈利。这些商品部经营品种相对较少，一般酒店的商场部只经营烟、酒、饮料、土特产品和旅游商品等，其服务对象多为住店的旅游者，有时也为当地的居民，而且销售方式一般采用一手钱、一手货的方式，一般不需填制销货凭证。

一、商品部经营业务的核算方法

商品经营业务的核算方法主要有两种，即数量进价金额核算法和售价金额核算法。

1. 数量进价金额核算法。购进商品时，用实物保管人验收入库后，会计上直接按商品的进价金额入账；商品销售出去之后，按销售金额记商品销售收入；月末选用先进先出法、后进先出法、加权平均法或移动加权平均法等计算已销售商品的主营业务成本并结转。会计上通过"主营业务收入"、"主营业务成本"、"营业费用"和"营业税金及附加"等总账账户下相应的明细账户，分别核算结转商品的销售收入，商品销售成本和商品运杂保管费用。数量进价金额核算法的优点是能全面反映各种商品进、销、存的数量和金额，便于从数量和金额两方面进行控制，但由于每笔进、销货业务都要填制凭证，按商品品种逐笔登记明细分类账，核算工作量较大，手续较繁，因此，数量进价金额核算法一般适用于规模较大，经营数量较大而交易笔数不多的大中型批发企业。

2. 售价金额核算法。购进商品时，由实物保管人验收入库后，会计上按商品的销售金额记录入账，商品的销售金额一般高于进价金额，该商品的售价与进价的差额设"商品进销差价"账户加以反映，期末，通过计算进销售差价率的办法，计算本期销商品应分销的进销差价，并据以调整本期销售成本。这里的"商品进销差价"账户是"主营业务成本"账户的调整账户。

购入商品过程中商品进销差价增加记贷方，月末分配商品进销差价时由借方转出，其贷方余额反映的是旅游饭店按售价计价的商品进销差价的总额，月末结转后的贷方余额为按售价计价的库存商品进销差价数额。售价金额核算法可以简化核算手续，减少工作量，是零售企业商品核算的主要方法，其不足之处是只记金额不记数量，库存商品账不能提供数量指标以控制商品进、销、存情况，一旦发生差错，难以查明原因。

根据饭店商场经营业务的特点，商品经营业务的核算不便采用数量进价金额核算方法而应该采用售价金额核算办法。

二、商品购进的核算

（一）商品购进的一般业务程序

商品购进是商品部经营的起点，正确合理地组织商品购进，是商品部经营核算的重要环节。商品部所经营的商品大部分从生产单位进货，也有从当地批发商或国外购进商品，本地进货一般采用支票结算方式，外地进货一般采用汇票或汇兑结算方式。

企业接收购进商品的方式有"提货制"、"送货制"和"发货制"三种，无论采用哪种方式，商品部应于商品运到时认真组织验收工作，由实物负责人按照发票所列内容，逐一检查商品规格、编号、品种、数量、单价和金额等，无误后，填制"商品验收单"一式数联，并签字盖章，其中一联随同发票一起送财会部门审核入账，财会部门收到"商品验收单"及其他原始凭证，经审核无误后进行账务处理。

（二）商品购进的账务处理

购进商品时，应根据商品售价金额和运杂费等借记"库存商品"，根据商品进销差价和实际支付金额贷记"商品进销差价"，"现金"和"银行存款"等账户。

【例】某饭店商品部向本市百货批发站购进小百货一批，从供货单位取得的专用发票上列明的商品进价金额为 7 000 元，增值税额为 1170 元，该批商品的售价金额为 9 200 元，签发转账支票支付货款及增值税额，商品已验收入库，会计处理如下：

借：库存商品　　　　　　　　　　　　　　9 200
　　贷：商品进销差价　　　　　　　　　　　2 200
　　　　银行存款　　　　　　　　　　　　　7 000
同时，按专用发票的增值税额，
借：应交税费——应交增值税　　　　　　　1 190
　　贷：银行存款　　　　　　　　　　　　　1 190

三、商品销售的核算

商品部的商品销售对象一般为个人消费者，对每笔成交的销售业务，都要填制"销售收入缴款单"，编制商品营业日报。营业日报全面反映每日商品销售的详细情况，一式三联，第一联留存备查，第二联连同旅客签章的账单联送总台记账，第三联同账单副联和现金一并送财会部门。

财会部门根据营业日报和现金解款单，贷记"主营业务收入"，借记"库存现金"贷记"库存商品"账户。

【例】饭店商场营业部报来某日营业日报表,百货柜销售金额 9 600元,食品柜销售金额 1 500 元,财会部门处理如下:

借:库存现金	11 100
贷:主营业务收入——百货柜	9 600
主营业务收入——食品柜	1 500

同时转销库存商品,作分记录如下:

借:主营业务成本——百货柜	9 600
主营业务成本——食品柜	9 600
贷:库存商品——百货柜	9 600
库存商品——食品柜	1 500

四、商品营业成本核算

采用售价金额核算法核算饭店的商品经营业务,日常的商品收支均按相同的售价金额记账,简化了日常的账务处理工作,但由于在"主营业务收入"和"主营业务成本"账户中记载的金额是相等的,无法直接从账户中结算企业商品经营成果,为正确地反映饭店经营过程中实现的利润,每月月末,必须运用一定的方法调整已入账的商品经营成本。一般调整过程是按照已入账的当月商品销售金额和库存商品金额计算出商品进销差价的分配率,再根据分配率计算分摊当月已销商品的进销差价,调整当月的"主营业务成本"账户。据以调整本期销售成本。

五、营业税金的核算

饭店商品经营中应按国家税法的要求,及时计算缴纳与商品营业税金及附加,此项也包括营业税、城市建设维护税及教育费附加等,对于商品经营活动中应缴纳的税金,会计上通过"营业税金及附加"科目核算,核算工作一般按月进行。账务处理及月末结转同客房部。

复习思考题

1. 客房营业收入和入账价格是如何确定的？客房房价是如何确定的？
2. 餐饮部门的特点是什么？
3. 餐饮部销售价格毛利率有哪几种计算方法？
4. 商品部经营业务的核算方法有哪几种？各自的利弊？
5. 客房营业收入的结算方式包括哪些内容？

习题一

一、目的：练习饭店损益核算。

二、资料：某饭店6月份的部分经营业务如下：

1. 6月1日，厨房验收一批肉、蛋、蔬菜，计6 000元。

2. 6月3日，厨房从仓库领入冰猪肉100千克，每千克16元。

3. 6月4日，客房领用烟缸10只，单价3.20元；毛巾20条，单价8元，共计192元。

4. 6月5日，娱乐部领用茶叶100包，每包2元，共计200元。

5. 6月7日，餐饮部领用碗20只，每只3元；筷10打，每打5元，共计110元。

6. 6月8日，商品部领用办公用品20元。

7. 6月9日，饭店支付电话费1 000元。

8. 6月10日，营销部张磊报销差旅费1 000元。

9. 6月12日，签发转账支票支付本月份办公用房租赁费1 200元。

10. 6月14日，销出清蒸甲鱼上等名菜一只，每盆清蒸甲鱼用甲鱼一只重0.5千克，每千克200元，其他调配料1元，销售毛利率定为40%，计算菜价，并做收入。

11. 6月15日，受顾客辛伟委托，预订宴席2桌，每桌800元，预收定金200元。

12. 6月16日，顾客辛伟如期开宴，除宴席每桌800元外，每桌加烟、酒、饮料200元，除定金抵补酒席款外，另付现金1 800元。

13. 6月17日，商品部购进一批佐丹奴服装，价款5 000元，税金850元，共计5 850元，货款已支付。该批商品售价9 000元，当天销售5 000元。商品按售价核算，进行账务处理，结转成本并计算应交增值税。

14. 6月30日，①厨房盘点有猪肉20千克，每千克16元，做假退料手续。②月末营业收入：客房部50万、餐饮部30万、娱乐部20万、商品部10万，共计110万。营业成本：餐饮部20万、商品部6万。营业费用：客房部3万、餐饮部2万、娱乐部1万、商品部5 000元。管理费用10 000元，计算营业税金及附加，并结转本年利润。③计算所得税并结转利润分配账户。（注：娱乐营业税按10%计算）

三、要求：编制会计分录。

习题二

一、目的：练习客房营业费用的核算。

二、资料：某酒店客房部本月发生的部分经济业务为：部门人员工资20 000元，客房用品消耗30 000元，水电费5 000元，差旅费2 000元，邮电费200元。

三、要求：进行账务处理。

第十一章 会计报表

【学习目的】
- 熟悉会计报表的内容
- 理解各种报表项目之间的勾稽关系
- 掌握基本报表和合并报表编制

【基本内容】

会计报表概述
- 目的
- 作用
- 分类
- 要求

会计报表的编制
- 基本报表
- 附表
- 附注

第一节　会计报表概述

一、编制会计报表的目的

会计报表是根据会计账簿所归集的资料，经过分析整理而形成的总括的书面报告，它以表格及附注的形式综合地反映企业的财务状况、某一时期的经营业绩以及现金流量，它是会计核算工作的终结，也是会计信息系统的输出部分。

在旅游企业的日常经营活动中，产生大量的原始凭证，会计人员据此编制记账凭证，并根据记账凭证登记各种账簿，其中总分类账反映总括资料，明细分类账反映详细资料。账簿中的会计信息较会计凭证更加条理化、系统化，但从企业整体经营活动的角度看，仍显得分散，为能集中揭示，以利于报表使用者的阅读和分析，必须定期编制会计报表。编制会计报表的目的就是向会计报表的使用者提供其在经济决策中有用的会计信息。会计报表的使用者主要包括：

1. 投资者。投资者关心的是投资报酬及投资风险，以决定是否继续投资。他们重点了解企业的资本结构、未来获利能力及经营风险和利润分配政策等。

2. 债权人。债权人关心企业能否按时偿还到期债务的本息，他们着重了解企业的债务结构以及未来的现金流量等。

3. 政府及其机构。政府及其机构通过阅读会计报表，了解企业的经营情况、社会资源的分配情况及变化趋势，以此决定税收财政金融等宏观经济决策，以保证经济的健康发展。

4. 潜在的投资者和债权人。他们通过阅读会计报表，主要了解企业的发展趋势，以此决定投资及贷款的对象和时机。

二、会计报表的作用

编制会计报表是为了满足报表使用者对会计信息的需求，它作为指导使用者做出经济决策的重要工具，其作用主要有以下几个方面：

1. 会计报表信息为企业管理者加强和改善经营管理，提供了重要的依据和方向。企业的管理者主要通过阅读会计报表来系统地了解企业生产经营的全面情况，特别是财务状况和经营成果，经过对会计报表的分析，能够及时地发现企业经营管理中存在的问题，从而确定下一步加强管理的方向，使管理工作更具有目的性；同时，本期的会计报表也为未来的经营计划和经营方针提供依据，使企业的计划和战略方针建立在科学的基础上。

2. 会计报表为国家经济管理部门提供宏观经济调控和管理所需要的信息依据。国家经济管理部门通过对各个企业会计报表的分析研究，可以对整个国家或某一地区或某一行业的发展情况及存在问题有一个总体的认识和了解，进而制定切实可行的宏观经济政策；另外，企业的会计报表也是政府对企业进行微观管理的依据，如税收管理、工商管理、财政管理等。

3. 会计报表为社会各种投资主体进行投资决策提供主要的信息依据。随着经济的发展，投资活动日趋频繁，大部分投资者并不直接参与企业的经营管理，特别是投资于上市的股票和债券的投资者，他们维护自己权益的唯一途径是选择正确投资项目。目前，会计报表是获取投资项目价值信息的最主要方式，会计报表是投资决策的最直接信息依据，通过对会计报表的分析，确定投资项目的内在价值，与市场价值相比较，决定是否投资。

三、会计报表的分类

会计报表可以根据不同的需要，按照不同的标准进行分类。

1. 按照会计报表反映的资金运动状况，可分为动态会计报表和静态会计报表。动态会计报表是反映一定时期内资金耗费和资金收回的报表，如损益表；静态会计报表是综合反映某一时点资产、负债和所有者权益的会计报表，如资产负债表。

2. 按会计报表主要的服务对象，可分为外部报表和内部报表。外部报表是指根据法律规定，企业必须向外界提供的会计报表，它的编制需要遵从公认的会计准则和国家的各项法规；内部报表是指为适应企业内部管理的需要而编制的不须报送的会计报表，它一般没有统一的格式和指标体系，各个企业根据自身情况和需要自己设定。

3．按会计报表编报主体，可分为个别会计报表和合并会计报表。个别会计报表反映的是企业本身的财务数字；合并会计报表反映的是公司集团总体的财务数字，它由母公司编制，通过合并其控股子公司的个别会计报表得到。

4．按会计报表的详细程度和编报时间可分为月度会计报表、季度会计报表和年度会计报表。

5．按会计报表的编制单位，可分为单位会计报表和汇总会计报表。

四、编制会计报表的一般要求

编制会计报表要达到为使用者提供决策信息的目的，必须符合以下几个基本要求：

（一）便于理解

企业对外报送的会计报表，是为了给使用者提供有用的信息，对会计报表理解得正确与否，直接关系到使用者经济决策的正确性，所以，便于理解成为编制报表最基本的要求，报表应尽量清晰易懂。但是，某些关于复杂事项的信息与经济决策紧密相关，不能因为它对于某些使用者难于理解而排除在会计报表之外。

（二）真实可靠

如实反映是对信息的基本要求，会计作为一个信息系统，其输出部分—会计报表，必须做到真实可靠，以便于使用者据此作出正确的决策判断；否则，如果会计报表是虚假的，不但不能发挥会计应有的作用，反而会导致使用者由错误的信息得到错误的结论，使其决策失误，造成不应有的经济损失。

（三）相关可比

相关是指会计信息必须与使用者决策有关。可比是指使用者必须能够比较某一企业在不同时期的会计报表，以及不同企业之间的会计报表，并对他们作出综合的会计评价。只有相关可比的信息才是对决策有用的信息。

（四）全面完整

为了满足不同使用者的需要，会计报表必须全面完整，任何的疏漏都有可能引起对信息的误解，损害使用者的利益。编制报表时应严格按照规定的格式和内容填列，某些报表中不能反映的重要的会计事项，应当在会计报表附注中进行说明。

（五）编制报送及时

信息一个重要特征是时效性，过时的信息是无用的信息。会计报表作为会计信息的重要载体，要求企业及时编报，并及时报送到有关方面的使用者。

第二节　会计报表的编制

一、资产负债表的编制

（一）资产负债表的格式

资产负债表是反映企业在某一特定日期财务状况的报表。所谓财务状况，即某一特定日期关于企业的资产、负债、所有者权益及其结构。资产负债表是根据会计等式"资产＝负债＋所有者权益"来编制的，它从两方面反映企业财务状况的时点指标。一方面它反映企业某一日期所拥有的总资产；另一方面又反映企业这一日期的资产来源，也就是负债和所有者权益。利用资产负债表，不仅可以了解企业的资产分布及其来源渠道，还可以分析企业的偿债能力。

资产负债表主要有账户式和报告式两种。账户式的资产负债表为左右结构，是将资产项目列在报表的左方，负债和所有者权益项目列在报表的右方，从而使资产负债表左右两方平衡。报告式资产负债表为上下结构，是将资产负债表的项目自上而下排列，首先列示资产的数额，然后列示负债的数额，最后再列示所有者权益的数额。我国《企业会计准则》规定，企业资产负债表一般采用账户式。

（二）资产负债表的编制

1. "货币资金"项目，反映企业库存现金、银行结算户存款、外埠存款、银行汇票存款、银行本票存款、信用卡存款、信用证保证金存款等的合计数。本项目应根据"现金"、"银行存款"、"其他货币资金"科目的期末余额合计填列。

2. "交易性金融资产"项目，反映企业持有的以公允价值计量且其变动计入当期损益的为交易目的持有的债券投资、股票投资、基金投资、权证投资等金融资产。本项目应根据"交易性金融资产"科目的期末余额填列。

3. "应收票据"项目，反映企业收到的未到期收款也未向银行贴现的应收票据，包括商业承兑汇票和银行承兑汇票。本项目应根据"应收票据"科目的期末余额，减去"坏账准备"科目中有关应收票据计提的坏账准备期末余额后的金额填列。已向银行贴现和已背书转让的应收票据不包括在本项目内，其中已贴现的商业承兑汇票应在会计报表附注中单独披露。

4. "应收股利"项目，反映企业因股权投资而应收取的现金股利，企业应收其他单位的利润，也包括在本项目内。本项目应根据"应收股利"科目的期末余额填列。

5. "应收利息"项目，反映企业因债权投资而应收取的利息。企业购入到期还本付息债券应收的利息，不包括在本项目内。本项目应根据"应收利息"科目的期末余额填列。

6. "应收账款"项目，反映企业因销售商品、产品和提供劳务等经营活动应收取的款项。本项目应根据"应收账款"科目所属各明细科目的期末借方余额合计，减去"坏账准备"科目中有关应收账款计提的坏账准备期末余额后的金额填列。

如"应收账款"科目所属明细科目期末有贷方余额，应在本表"预收账款"项目内填列。

7. "其他应收款"项目，反映企业对其他单位和个人的应收和暂付的款项。本项目应根据"其他应收款"科目的期末余额，减去"坏账准备"科目中有关其他应收款计提的坏账准备后的净额填列。

8．"预付款项"项目，反映企业预付给供应单位的款项等。本项目应根据"预付账款"和"应付账款"科目所属各明细科目的期末借方余额合计数，减去"坏账准备"科目中有关预付款项计提的坏账准备期末余额后的金额填列。如"预付账款"科目所属有关明细科目期末有贷方余额的，应在本表"应付账款"项目内填列。如"应付账款"科目所属明细科目有借方金额的，也应包括在本项目内。

9．"存货"项目，反映企业期末在库、在途和在加工中的各项存货的可变现净值，包括各种材料、商品、在产品、半成品、包装物、低值易耗品、分期收款发出商品、委托代销商品、受托代销商品等。本项目应根据"原材料"、"低值易耗品"、"自制半成品"、"库存商品"、等科目的期末余额合计，减去"存货跌价准备"科目期末余额后的金额填列。库存商品采用售价核算的企业，还应按加或减商品进销差价后的金额填列。

10．"一年内到期的非流动资产"项目，反映企业将下一年内到期的非流动资产项目金额，本项目应根据有关科目的期末余额填列。

11．"其他流动资产"项目，反映企业除以上流动资产项目外的其他流动资产，本项目应根据有关科目的期末余额填列。如其他流动资产价值较大的，应在会计报表附注中披露其内容和金额。

12．"可供出售金融资产"项目，反映企业持有的以公允价值计量的可供出售的股票投资、债券投资等金融资产。本项目应根据"可供出售金融资产"科目的期末余额，减去"可供出售金融资产减值准备"科目期末余额后的金额填列。

13．"持有至到期投资"项目，反映企业持有的以摊余成本计量的持有至到期投资。本项目应根据"持有至到期投资"科目的期末余额，减去"持有至到期投资减值准备"科目期末余额后的金额填列。

14．"长期股权投资"项目，反映企业持有的对子公司、联营企业和合营企业的长期股权投资。本项目应根据"长期股权投资"科目的期末余额，减去"长期投资减值准备"科目中有关股权投资减值准备期末余额后的金额填列。

15．"固定资产"项目，反映企业各种固定资产原价减去累计折旧和减值准备后的净额。本项目应根据"固定资产"科目的期末余额，减去"累计折旧"和"固定资产减值准备"科目期末余额后的金额填列。

16."投资性房地产"项目，反映企业持有的投资性房地产。企业采用成本模式计量投资性房地产的，本项目应根据"投资性房地产"科目的期末余额，减去"投资性房地产累计折旧（摊销)"和"投资性房地产减值准备"科目的期末余额后的金额填列，企业采用公允价值模式计量投资性房地产的，本项目应根据"投资性房地产"科目的期末余额填列。

17."商誉"项目，反映企业合并中形成的商誉的价值，本项目应根据"商誉"科目的期末余额，减去相应减值准备后的金额填列。

18."工程物资"项目，反映企业各项工程尚未使用的工程物资的实际成本。本项目应根据"工程物资"科目的期末余额填列。

19."在建工程"项目，反映企业期末各项未完工程的实际支出，包括交付安装的设备价值，未完建筑安装工程已经耗用的材料、工资和费用支出，预付出包工程的价款，已经建筑安装完毕但尚未交付使用的工程等的可收回金额。本项目应根据"在建工程"科目的期末余额，减去"在建工程减值准备"科目期末余额后的金额填列。

20."固定资产清理"项目，反映企业因出售、毁损、报废等原因转入清理但尚未清理完毕的固定资产的账面价值，以及固定资产清理过程中所发生的清理费用和变价收入等各项金额的差额。本项目应根据"固定资产清理"科目的期末借方余额填列；如"固定资产清理"科目期末为贷方余额，以"—"号填列。

21."无形资产"项目，反映企业持有的各项无形资产的期末可收回金额。本项目应根据"无形资产"科目的期末余额，减去"累积摊销"和"无形资产减值准备"科目期末余额后的金额填列。

22."长期待摊费用"项目，反映企业已经发生但应由本期和以后各期负担的分摊期限在一年以上的各项费用。长期待摊费用中在一年以内（含一年）摊销的部分，在资产负债表"一年内到期的非流动资产"项目填列。本项目应根据"长期待摊费用"科目的期末余额减去将于一年内（含一年）摊销的数额后的金额填列。

23．"其他非流动资产"项目，反映企业除以上资产以外的其他长期资产。本项目应根据有关科目的期末余额填列。如其他长期资产价值较大的，应在会计报表附注中披露其内容和金额。

24．"递延所得税资产"项目，反映企业确认的可抵扣暂时性差异产生的递延所得税资产，本项目应根据"递延所得税资产"科目的期末余额填列。

25．"短期借款"项目，反映企业向银行或其他金融机构借入的期限在一年以下（含一年）的借款。本项目应根据"短期借款"科目的期末余额填列。

26．"应付票据"项目，反映企业为了抵付货款等而开出、承兑的尚未到期付款的应付票据，包括银行承兑汇票和商业承兑汇票。本项目应根据"应付票据"科目的期末余额填列。

27．"应付账款"项目，反映企业购买原材料、商品和接受劳务供应等而应付给供应单位的款项。本项目应根据"应付账款"科目所属各有关明细科目的期末贷方余额合计填列；如"应付账款"科目所属各明细科目期末有借方余额，应在本表"预付账款"项目内填列。

28．"预收款项"项目，反映企业预收购买单位的账款。本项目应根据"预收账款"科目所属各有关明细科目的期末贷方余额合计填列。如"预收账款"科目所属有关明细科目有借方余额的，应在本表"应收账款"项目内填列；如"应收账款"科目所属明细科目有贷方余额的，也应包括在本项目内。

29．"应付职工薪酬"项目，反映企业应付未付的职工工资，职工福利、社会保险费、住房公积金、工会经费、职工教育经费等各种薪酬。本项目应根据"应付职工薪酬"科目期末贷方余额填列。如"应付职工薪酬"科目期末为借方余额，以"—"号填列。

30．"应付利息"项目，反映企业按照规定应当支付的利息，包括分期付息到期还本的长期借款应支付的利息、企业发行的企业债券应支付的利息等。本项目应根据"应付利息"科目的期末余额填列。

31．"应付股利"项目，反映企业尚未支付的现金股利或利润，企业分配的股票股利，不通过本项目列示。本项目应根据"应付股利"科目的期末余额填列。

32．"应交税费"项目，反映企业期末未交、多交或未抵扣的各种税费。本项目应根据"应交税费"科目的期末贷方余额填列；如"应交税费"科目期末为借方余额，以"—"号填列。

33．"交易性金融负债"项目，反映企业承担的以公允价值计量且变动计入当期损益的为交易目的所持有的金融负债。本项目应根据"交易性金融负债"科目的期末贷方余额填列。

34．"其他应付款"项目，反映企业除应付票据、应付账款、预收款项、应付职工薪酬、应付股利、应付利息、应交税费等经营活动以外的其他各项应付和暂收其他单位和个人的款项。本项目应根据"其他应付款"科目的期末余额填列。

35．"一年内到期的非流动负债"项目，反映企业非流动负债中将于资产负债表日后一年内到期部分的金额，如将于一年内偿还的长期借款。本项目应根据有关科目的期末余额填列。

36．"其他流动负债"项目，反映企业除以上流动负债以外的其他流动负债。本项目应根据有关科目的期末余额填列。如其他流动负债价值较大的，应在会计报表附注中披露其内容及金额。

37．"长期借款"项目，反映企业向银行或其他金融机构借入的1年期以上（不含1年）的各种借款。本项目应根据"长期借款"科目的期末余额填列。

38．"应付债券"项目，反映企业为筹集长期资金而发行的债券本金和利息。本项目应根据"应付债券"科目的期末余额填列。

39．"长期应付款"项目，反映企业除长期借款和应付债券以外的其他各种长期应付款。本项目应根据"长期应付款"科目的期末余额，减去"未确认融资费用"科目期末余额后的金额填列。

40．"专项应付款"项目，反映企业取得政府作为企业所有者投入的具有专项或特定用途的款项。本项目应根据"专项应付款"科目的期末余额填列。

41．"预计负债"项目，反映企业确认的对外提供担保、未决诉讼、重组义务、亏损性合同等预计负债的期末余额。本项目应根据"预计负债"科目的期末余额填列。

42."其他非流动负债"项目，反映企业除以上长期负债项目以外的其他长期负债。本项目应根据有关科目的期末余额填列。如其他长期负债价值较大的，应在会计报表附注中披露其内容和金额。

上述长期负债各项目中将于1年内（含1年）到期的长期负债，应在"1年内到期的长期负债"项目内单独反映。上述长期负债各项目均应根据有关科目期末余额减去将于1年内（含1年）到期的长期负债后的金额填列。

43."递延所得税负债"项目，反映企业确认的应纳税暂时性差异产生的所得税负债。本项目应根据"递延所得税负债"科目的期末贷方余额填列。

44."实收资本（或股本）"项目，反映企业各投资者实际投入的资本（或股本）总额。本项目应根据"实收资本"（或"股本"）科目的期末余额填列。

45."资本公积"项目，反映企业资本公积的期末余额。本项目应根据"资本公积"科目的期末余额填列。

46."库存股"项目，反映企业持有尚未转让或注销的本公司股份金额。本项目应根据"库存股"科目的期末余额填列。

47."盈余公积"项目，反映企业盈余公积的期末余额。本项目应根据"盈余公积"科目的期末余额填列。

48."未分配利润"项目，反映企业尚未分配的利润。本项目应根据"本年利润"科目和"利润分配"科目的余额计算填列。未弥补的亏损，在本项目内以"－"号填列。

（三）资产负债表编制举例

下面就结合一个具体的例子，说明旅游饮食服务业资产负债表的编制方法。资料如表11-1和表11-2所示。

表 11-1 20××年某企业期末科目余额表

单位：万元

资产类	金额	负债及所有者权益类金额	金额
现金	0.6	短期借款	30
银行存款	278.0	交易性金融负债	0.6
交易性金融资产	8.0	应付账款	28
应收账款	2	应付票据	1
应收利息	−0.6	应交税费	21.9
应收票据	3.2	其他应付款	2.28
其他应收款	0.4	长期借款	40
原材料	0.4	应付债券	21.2
燃料	1	实收资本	200
低值易耗品	1	盈余公积	213.22
物料用品	1.5	利润分配	
库存商品	4.5	（未分配利润）	214
一年内到期的非流动资产	10		
长期股权投资	43.6		
固定资产	404		
在建工程	13.0		
无形资产	1.6		
合　计	772.2	合　　计	772.2

根据上述资料可以编制企业 20××年 12 月 31 日资产负债表。

表 11-2 20××年 12 月 31 日某企业资产负债表

单位：万元

资　　产	年初数	年末数	负债和股东权益	年初数	年末数
流动资产：			流动负债：		
货币资金	240	278.6	短期借款	26	30
交易性金融资产	8	8	交易性金融负债		0.6
应收票据	3.2	3.2	应付票据		1
应收股利			应付账款	26	28
应收利息		-0.6	预收款项		
应收账款	4	2	应付职工薪酬		
其他应收款	0.4	0.4	应交税费	3	21.9
预付账款			应付利息		
存货	24	8.4	应付股利		
一年内到期的非			其他应付款	18	2.28
流动资产	1.4	10	一年内到期的		
流动资产合计	281	310	非流动负债		
非流动资产：			其他流动负债		
可供出售金融资			流动负债合计	73	83.78
产			非流动负债：		
持有至到期投资	30	43.6	长期借款	40	40
长期股权投资	380	404	应付债券	20	21.2
固定资产			长期应付款		
工程物资	17	13	专项应付款		
在建工程			预计负债		
固定资产清理	2	1.6	递延所得税负责		
无形资产			其他长期负债		
开发支出			长期负债合计		
商誉			负债合计		
长期待摊费用			股东权益：		
其他非流动资产			股本	200	200
递延所得税资产			资本公积		
			盈余公积	190	213.22
			未分配利润	187	214
			股东权益合计		

资　　产	年初数	年末数	负债和股东权益	年初数	年末数
资产合计	710	772.2	负债和股东权益总计	710	772.2

二、利润表的编制

利润表是反映企业一定时期经营成果的会计报表。该表是按照各项收入、费用以及构成利润的各个项目分类编制而成的。利润综合体现了企业的经营业绩，而且还是进行利润分配的依据，所以利润表是会计报表中的主表之一。

利润表的格式主要有单步式和多步式两种。单步式利润表是将当期所有的收入列在一起，然后将所有的费用列在一起，两者相减得出当期净损益。多步式利润表是通过对当期的收入、费用、支出项目按性质加以归类，按利润形成的主要环节列示一些中间性利润指标，分步计算当期净损益。

企业会计制度规定，企业利润表应采用多步式利润表结构（其格式如表 11-3），将不同性质的收入和费用类进行对比，从而可以得到一些中间性的利润数据，便于使用者理解企业经营成果的不同来源，企业可以分如下三个步骤编制利润表：

第一步，以营业收入为基础，减去营业成本、营业税金及附加、销售费用、管理费用、财务费用、资产减值损失，加上公允价值变动损益（减去公允价值变动损失）和投资收益（减去投资损失），计算营业利润；

第二步，以营业利润为基础，加上营业外收入，减去营业外支出，计算出利润总额；

第三步，以利润总额为基础，减去所得税费用，计算出净利润（或净亏损）。

表 11-3 利润表

编制单位： 　　　　　　　200×年 11 月　　　　　　　　单位：元

项目	本期金额	上期金额
一、营业收入		
减：营业成本		
营业税金及附加		
销售费用		
管理费用		
财务费用		
资产减值损失		
加：公允价值变动损益（损失以"－"号填列）		
投资收益（损失以"－"号填列）		
二、营业利润（损失以"－"号填列))		
加：营业外收入		
减：营业外支出		
其中：非流动资产处置损失		
三、利润总额（亏损总额以"－"号填列）		
减：所得税费用		
四、净利润（净亏损以"－"号填列）		

　　根据财务报表列报准则的规定，企业需要提供比较利润表，以使报表使用者通过比较不同期间利润的实现情况，判断企业经营成果的未来发展趋势。所以利润表还就各项目再分为"本期金额"和"上期金额"两栏分别填列。

　　其填列方法如下：

　　1. 报表中"上期金额"栏内各项数字，应根据上年该期利润表"本期金额"栏内所列数字填列，如果上年该期利润表规定的各个项目的名称和内容与本期不相一致，应对上年该期利润表各项目的名称和数字按本期的规定进行调整，填入利润表"上期金额"栏内。

2. 利润表"本期金额"栏内各项数字一般应根据损益类科目的发生额分析填列。

3. 利润表各项内容及填列方法。

(1)"营业收入"项目,反映企业经营主要业务和其他业务所取得的收入总额。本项目应根据"主营业务收入"和"其他业务收入"科目的发生额分析填列。

(2)"营业成本"项目,反映企业经营主要业务和其他业务所发生的实际成本。本项目应根据"主营业务成本"和"其他业务成本"科目的发生额分析填列。

(3)"营业税金及附加"项目,反映企业经营业务应负担的营业税、消费税、城市维护建设税、资源税、土地增值税和教育费附加等。本项目应根据"营业税金及附加"科目的发生额分析填列。

(4)"销售费用"项目,反映企业在提供服务过程中发生的广告费等费用和为推销本企业服务而专设的销售机构的职工薪酬、业务费等经营费用。本项目应根据"销售费用"科目的发生额分析填列。

(5)"管理费用"项目,反映企业为组织和管理而发生的管理费用。本项目应根据"管理费用"科目的发生额分析填列。

(6)"财务费用"项目,反映企业筹集生产经营所需资金等而发生的筹资费用。本项目应根据"财务费用"科目的发生额分析填列。

(7)"资产减值损失"项目,反映企业各项资产发生的减值损失。本项目应根据"资产减值损失"科目的发生额分析填列。

(8)"投资收益"项目,反映企业以各种方式对外投资所取得的收益。本项目应根据"投资收益"科目的发生额分析填列;如为投资损失,以"-"号填列。

(9)"公允价值变动损益"项目,反映企业应当计入当期损益的资产或负债公允价值变动收益。本项目应根据"公允价值变动损益"科目的发生额分析填列。

(10)"营业外收入"项目和"营业外支出"项目,反映企业发生的与其生产经营无直接关系的各项收入和支出。这两个项目应分别根据"营业外收入"科目和"营业外支出"科目的发生额分析填列。

（11）"利润总额"项目，反映企业实现的利润总额。如为亏损总额，以"一"号填列。

（12）"所得税费用"项目，反映企业按规定从本期损益中减去的所得税。本项目应根据"所得税"科目的发生额分析填列。

（13）"净利润"项目，反映企业实现的净利润。如为净亏损，以"一"号填列。

三、现金流量表

现金流量表是以现金（包括库存现金、银行存款、其他货币资金和现金等价物）为基础编制的财务状况变动表，它以现金的流入和流出来反映企业在一定期间内的经营活动、投资活动和筹资活动的动态情况，反映企业现金流入和流出的全貌，表明企业获得现金和现金等价物的能力。

（一）现金流量表的作用

1. 它能够说明企业一定期间内现金现入和流出的原因。

2. 它能够说明企业的偿债能力和支付股利的能力。

3. 它能够分析企业未来获取现金的能力。

4. 它能够分析企业投资和理财活动对经营成果和财务状况的影响。

5. 它能够提供不涉及现金的投资和筹资活动的信息。

（二）现金流量表的编制基础

1. 现金概念

这里的现金是指企业的库存现金、可以随时用于支付的存款（包括银行存款、其他货币资金如外埠存款、银行汇票存款、银行本票存款、信用证保证资金、信用卡、在途货币资金等），以及现金等价物。现金等价物是指企业持有的期限短、流动性强、易于转换为已知金额的现金，价值变动风险很小的投资。不同企业现金等价物的范围可能不同。

2. 现金流量表的分类

现金流量表通常按照企业经营业务发生的性质将企业一定期间

内产生的现金流量归为以下三类：

（1）经营活动产生的现金流量：经营活动是指企业投资活动和筹资活动以外的所有交易和事项，包括销售商品或提供劳务、经营性租赁、购买货物、接受劳务、制造产品、广告宣传、推销产品、交纳税款等。经营活动产生的现金流量是企业通过所拥有的资产自身创造的现金流量，主要是与企业净利润有关的现金流量。它说明企业经营活动对现金流入和流出净额的影响程度。

（2）投资活动产生的现金流量：投资活动是指企业长期资产以及不包括在现金等价物范围内的投资的购建和处置，包括取得或收回权益性证券的投资、购买或收回债券投资、购建和处置固定资产、无形资产和其他长期资产等。投资活动产生的现金流量中不包括作为现金等价物的投资。通过现金流量表中反映的投资活动产生的现金流量，可以分析企业通过投资获取现金流量的能力，以及投资产生的现金流量对企业现金流量净额的影响程度。

（3）筹资活动产生的现金流量

筹资活动是指导致企业所有者权益及借款规模和构成发生变化的活动，包括吸收权益性资本、发行债券、借入资金、支付股利、偿还债务等。通过现金流量表中筹资活动产生的现金流量，可以分析企业筹资的能力，以及筹资产生的现金流量对企业现金流量净额的影响程度。

（三）现金流量表的基本格式

我国《股份有限公司会计制度》中规定的现金流量表的基本格式如表 11-4 所示。

表 11-4 现金流量表

编制单位：＿＿＿＿＿年度 单位：元

项　目	本期金额	上期金额
一、经营活动产生的现金流量：		
销售商品、提供收到的现金		
收取的税费返还		
收到的其他与经营活动有关的现金		

项　目	本期金额	上期金额
经营活动现金流入小计		
购买商品、接受劳务支付的现金		
支付给职工以及为职工支付的现金		
支付的各项税费		
支付的其他与经营活动有关的现金		
经营活动现金流出小计		
经营活动产生的现金流量净额		
二、投资活动产生的现金流量：		
收回投资所收到的现金		
取得投资收益所收到的现金		
处置固定资产、无形资产和其他长期资产所收到的现金净额		
收到的其他与投资活动有关的现金		
投资活动现金流入小计		
构建固定资产、无形资产和其他长期资产所支付的现金		
投资所支付的现金		
取得子公司及其他营业单位支付的现金净额		
支付的其他与投资活动有关的现金		
投资活动现金流出小计		
投资活动产生的现金流量净额		
三、筹资活动产生的现金流量：		
吸收投资所收到的现金		
取得借款所收到的现金		
收到的其他与筹资活动有关的现金		
筹资活动现金流入小计		
偿还债务所支付的现金		
分配股利、利润、和偿付利息所支付的现金		
支付的其他与筹资活动有关的现金		
筹资活动现金流出小计		
筹资活动产生的现金流量净额		

续表

项　目	本期金额	上期金额
四、汇率变动对现金的影响		
五、现金及现金等价物净增加额		
加：期初现金及现金等价物余额		
六、期末现金及现金等价物余额		

附注：

1. 将净利润调节为经营活动的现金流量：

净利润

加：计提的资产减值准备

固定资产折旧

无形资产摊销

处置固定资产、无形资产和其他长期资产的损失（减：收益）

固定资产报废损失

公允价值变动损失

财务费用

投资损失（减：收益）

递延所得税的减少（减：增加）

递延所得税的增加（减：减少）

存货的减少（减：增加）

经营性应收项目上的减少（减：增加）

经营性应付项目上的增加（减：减少）

其他

经营活动产生现金流量净额

2. 不涉及现金收支的投资和筹资活动：

债务转为资本

一年内到期的可转换公司债券

融资租入固定资产

（四）现金流量表的编制

1. 原则。

（1）现金流量表应分别提供经营活动、投资活动和筹资活动对现金流量影响的总额及其相抵后的结果。

（2）现金流入和流出量一般以总额反映，而不以净额反映。

（3）合理划分经营活动、投资活动和筹资活动。

（4）外币现金流量应当折算为人民币反映。

（5）应提供与净利有关的经营活动产生现金流量的过程。

（6）在附注中反映不涉及现金的投资和筹资活动。

2. 在具体编制现金流量表明，可以采用工作底稿法或 T 型账户法编制，也可以直接根据有关科目记录分析填列。

（1）工作底稿法。要设计一张工作底搞格式，将资产、负债及所有者权益的期初余额过入工作底稿上，根据所发生的经济事项编制调整分录，过入工作底稿上，并结出资产负债及所者权益的期末余额。根据调整分录分析现金流量变动的增减原因，据以编制现金流量表。

（2）T 型账户法。是将某一会计期间内影响现金流量的一切业务，以 T 型账户形式，按照编表要求予以重现，通过一系列的调整、结转，据以编制现金流量表的一种方法。

3. 现金流量表各项目内容及填列方法。

（1）经营活动产生的现金流量。

① "销售商品、提供劳务收到的现金" 项目，反映企业销售商品、提供劳务实际收到的现金（含销售收入和应向购买者收取的增值税额），包括本期销售商品、提供劳务收到的现金，以及前期销售和前期提供劳务本期收到的现金和本期预收的账款，减去本期退回本期销售的商品和前期销售本期退回的商品支付的现金。企业销售材料和代购代销业务收到的现金，也在本项目反映。本项目可以根据 "现金"、"银行存款"、"应收账款"、"应收票据"、"预收账款"、"主营业务收入"、"其他业务收入" 等科目的记录分析填列。

② "收到的税费返还" 项目，反映企业收到返还的各种税费，如收到的增值税、消费税、营业税、所得税、教育费附加返还等。本项

目可以根据"现金"、"银行存款"、"营业税金及附加"、"营业外收入"等科目的记录分析填列。

③"收到的其他与经营活动有关的现金"项目,反映企业除了上述各项目外,收到的其他与经营活动有关的现金流入,如罚款收入、流动资产损失中由个人赔偿的现金收入等。其他现金流入如价值较大的,应单列项目反映。本项目可以根据"现金"、"银行存款"、"营业外收入"等科目的记录分析填列。

④"购买商品、接受劳务支付的现金"项目,反映企业购买材料、商品、接受劳务实际支付的现金,包括本期购入材料、商品、接受劳务支付的现金(包括增值税进项税额),以及本期支付前期购入商品、接受劳务的未付款项和本期预付款项。本期发生的购货退回收到的现金应从本项目内减去。本项目可以根据"现金"、"银行存款"、"应付账款"、"应付票据"、"主营业务成本"等科目的记录分析填列。

⑤"支付给职工以及为职工支付的现金"项目,反映企业实际支付给职工,以及为职工支付的现金,包括本期实际支付给职工的工资、奖金、各种津贴和补贴等,以及为职工支付的其他费用。不包括支付的离退休人员的各项费用和支付给在建工程人员的工资等。企业支付给离退休人员的各项费用,包括支付的统筹退休金以及未参加统筹的退休人员的费用,在"支付的其他与经营活动有关的现货"项目中反映;支付的在建工程人员的工资,在"购建固定资产、无形资产和其他长期资产所支付的现金"项目反映。本项目可以根据"应付工资"、"现金"、"银行存款"等科目的记录分析填列。

企业为职工支付的养老、失业等社会保险基金、补充养老保险、住房公积金、支付给职工的住房困难补助,以及企业支付给职工或为职工支付的其他福利费用等,应按职工的工作性质和服务对象,分别在本项目和在"购建固定资产、无形资产和其他长期资产所支付的现金"项目反映。

⑥"支付的各项税费"项目,反映企业按规定支付的各种税费,包括本期发生并支付的税费,以及本期支付以前各期发生的税费和预交的税金。如支付的营业税、增值税、消费税、所得税、教育费附加、

印花税、房产税、土地增值税、车船使用税等。不包括本期退回的增值税、所得税，本期退回的增值税、所得税在"收到的税费返还"项目反映。本项目可以根据"应交税费"、"库存现金"、"银行存款"等科目的记录分析填列。

　　⑦"支付的其他与经营活动有关的现金"项目，反映企业除上述各项目外，支付的其他与经营活动有关的现金流出，如罚款支出、支付的差旅费、业务招待费现金支出、支付的保险费等，其他现金流出如价值较大的，应单列项目反映。本项目可以根据有关科目的记录分析填列。

　　（2）投资活动产生的现金流量。

　　①"收回投资所收到的现金"项目，反映企业出售、转让或到期收回除现金等价物以外的交易性金融资产、持有至到期投资、可供出售金融资产、长期股权投资而收到的现金。不包括债权性投资收回的利息，收回的非现金资产，以及处置子公司及其他营业单位收到的现金净额。债权性投资收回的本金，在本项目反映，债权性投资收回的利息，不在本项目中反映，应在"取得投资收益所收到的现金"项目中反映。处置子公司及其他营业单位收到的现金净额单设项目反映。本项目可以根据"交易性金融资产"、"持有至到期投资"、"可供出售金融资产"、"长期股权投资"、"现金"、"银行存款"等科目的记录分析填列。

　　②"取得投资收益所收到的现金"项目，反映企业因股权性投资和债权性投资而取得的现金股利、利息，以及从子公司、联营企业和合营企业分回利润收到的现金。由于股票股利不产生现金流量，不在本项目中反映。本项目可以根据"库存现金"、"银行存款"、"投资收益"等科目的记录分析填列。

　　③"处置固定资产、无形资产和其他长期资产所收回的现金净额"项目，反映企业处置固定资产、无形资产和其他长期资产所取得的现金，减去为处置这些资产而支付的有关费用后的净额。由于自然灾害所造成的固定资产等长期资产损失而收到的保险赔偿收入，也在本项目反映。本项目可以根据"固定资产清理"、"现金"、"银行存款"等

科目的记录分析填列。

④"收到的其他与投资活动有关的现金"项目，反映企业除了上述各项以外，收到的其他与投资活动有关的现金流入。其他现金流入如价值较大的，应单列项目反映。本项目可以根据有关科目的记录分析填列。

⑤"购建固定资产、无形资产和其他长期资产所支付的现金"项目，反映企业购买、建造固定资产，取得无形资产和其他长期资产所支付的现金，不包括为购建固定资产而发生的借款利息资本化的部分，以及融资租入固定资产支付的租赁费、借款利息和融资租入固定资产支付的租赁费，在筹资活动产生的现金流量中反映。本项目可以根据"固定资产"、"在建工程"、"无形资产"、"现金"、"银行存款"等科目的记录分析填列。

⑥"投资所支付的现金"项目，反映企业进行权益性投资和债权性投资支付的现金，包括企业取得的除现金等价物以外的交易性金融资产、持有至到期投资、可供出售金融资产而支付的现金，以及支付的佣金、手续费等附加费用。本项目可以根据"交易性金融资产"、"持有至到期投资"、"可供出售金融资产"、"库存现金"、"银行存款"等科目的记录分析填列。

企业购买股票和债券时，实际支付的价款中包含的已宣告也尚未领取的现金股利或已到付息期但尚未领取的债券的利息，应在投资活动的"支付的其他与投资活动有关的现金"项目反映；收回购买股票和债券时支付的已宣告但尚未领取的现金股利或已到付息期但尚未领取的债券的利息，在投资活动的"收到的其他与投资活动有关的现金"项目反映。

⑦"支付的其他与投资活动有关的现金"项目，反映企业除了上述各项以外，支付的其他与投资活动有关的现金流出。其他现金流出如价值较大的，应单列项目反映。本项目可以根据有关科目的记录分析填列。

（3）筹资活动产生的现金流量。

①"吸收投资所收到的现金"项目，反映企业收到的投资者投入

的现金，包括以发行股票、债券等方式筹集的资金实际收到款项净额（发行收入减去支付的佣金等发行费用后的净额）。以发行股票、债券等方式筹集资金而由企业直接支付的审计、咨询等费用，在"支付的其他与筹资活动有关的现金"项目反映，不从本项目内减去。本项目可以根据"实收资本（或股本）""现金""银行存款"等科目的记录分析填列。

②"借款所收到的现金"项目，反映企业举借各种短期、长期借款所收到的现金，以及发行债券实际收到的款项净额（发行收入减去直接支付的佣金等发行费用后的净额）。本项目可以根据"短期借款""长期借款""交易性金融负债""应付债券""现金""银行存款"等科目的记录分析填列。

③"收到的其他与筹资活动有关的现金"项目，反映企业除上述各项目外，收到的其他与筹资活动有关的现金流入，如接受现金捐赠等。其他现金流入如价值较大的，应单列项目反映。本项目可以根据有关科目的记录分析填列。

④"偿还债务所支付的现金"项目，反映企业以现金偿还债务的本金，包括偿还金融企业的借款本金、偿还债券本金等。企业偿还的借款利息、债券利息，在"分配股利、利润或偿付利息所支付的现金"项目反映，不包括在本项目内。本项目可以根据"短期借款""长期借款""交易性金融负债""应付债券""库存现金""银行存款"等科目的记录分析填列。

⑤"分配股利、利润或偿付利息所支付的现金"项目，反映企业实际支付的现金股利，支付给其他投资单位的利润以及支付的借款利息、债券利息等。本项目可以根据"应付股利""财务费用""长期借款""现金""银行存款"等科目的记录分析填列。

⑥"支付的其他与筹资活动有关的现金"项目，反映企业除了上述各项外，支付的其他与筹资活动有关的现金流出，如捐赠现金支出、融资租入固定资产支付的租赁费等。其他现金流出如价值较大的，应单列项目反映。本项目可以根据有关科目的记录分析填列。

⑦"汇率变动对现金的影响"项目，反映企业外币现金流量及境

外子公司的现金流量折算为人民币时，所采用的现金流量发生日的汇率或平均汇率折算的人民币金额与"现金及现金等价物净增加额"中外币现金净增加额按期末汇率折算的人民币金额之间的差额。

4．补充资料项目的内容及填列。

（1）"将净利润调节为经营活动的现金流量"各项目的填列方法如下：

①"计提的资产减值准备"项目，反映企业计提的各项资产的减值准备。本项目可以根据"管理费用"、"投资收益"、"营业外支出"等科目的记录分析填列。

②"固定资产折旧"项目，反映企业本期累计提取的折旧。本项目可以根据"累计折旧"科目的贷方发生额分析填列。

③"无形资产摊销"和"长期待摊费用摊销"两个项目，分别反映企业本期累计摊入成本费用的无形资产的价值及长期待摊费用。这两个项目可以根据"无形资产"、"长期待摊费用"科目的贷方发生额分析填列。

④"处置固定资产、无形资产和其他长期资产的损失（减：收益）"，反映企业本期由于处置固定资产、无形资产和其他长期资产而发生的净损失。本项目可以根据"营业外收入"、"营业外支出"、"其他业务收入"、"其他业务支出"科目所属有关明细科目的记录分析填列；如为净收益，以"一"号填列。

⑤"固定资产报废损失"项目，反映企业本期固定资产盘亏（减盘盈）后的净损失。本项目可以根据"营业外支出"、"营业外收入"科目所属有关明细科目中固定资产盘亏损失减去固定资产盘盈收益后的差额填列。

⑥"公允价值变动损失"项目，反映企业交易性金融资产、投资性房地产等公允价值变动形成的应计入当期损益的利得或损失，企业发生的公允价值变动损益，通常与企业的投资活动或筹资活动有关，而且并不影响企业当期的现金流量。为此，应当将其从净利润中剔除。本项目可以根据"公允价值变动损益"科目的发生额分析填列。

⑦"财务费用"项目，反映企业本期发生的应属于投资活动或筹

资活动的财务费用。本项目可以根据"财务费用"科目的本期借方发生额分析填列；如为收益，以"－"号填列。

⑧"投资损失（减：收益）"项目，反映企业本期投资所发生的损失减去收益后的净损失。本项目可以根据利润表"投资收益"项目的数字填列；如为投资收益，以"－"号填列。

⑨"递延所得税资产（减：增加）"项目，反映企业本期递延税款的增加或减少。本项目可以根据资产负债表"递延所得税资产"、"递延所得税负债"项目的期初、期末余额的差额填列。

⑩"递延所得税负债（减：减少）"项目，反映企业本期递延税款的增加或减少。本项目可以根据资产负债表"递延所得税资产"、"递延所得税负债"项目的期初、期末余额的差额填列。

⑪"存货的减少（减：增加）"项目，反映企业本期存货的减少（减增加）。本项目可以根据资产负债表"存货"项目的期初、期末余额的差额填列；期末数大于期初数的差额，以"－"号填列。

⑫"经营性应收项目的减少（减：增加）"项目，反映企业本期经营性应收项目（包括应收账款、应收票据和其他应收款中与经营活动有关的部分及应收的增值税销项税额等）的减少（减：增加）。

⑬"经营性应付项目的增加（减：减少）"项目，反映企业本期经营性应付项目（包括应付账款、应付票据、应付福利费、应交税金、其他应付款中与经营活动有关的部分以及应付的增值税进项税额等）的增加（减：减少）。

补充资料中的"现金及现金等价物净增加额"与现金流量表中的"五、现金及现金等价物净增加额"的金额相等。

（2）"不涉及现金收支的投资和筹资活动"，反映企业一定期间内影响资产或负债但不形成该期现金收支的所有投资和筹资活动的信息。不涉及现金收支的投资和筹资活动各项目的填列方法如下：

①"债务转为资本"项目，反映企业本期转为资本的债务金额。

②"一年内到期的可转换公司债券"项目，反映企业一年内到期的可转换公司债券的本息。

③"融资租入固定资产"项目，反映企业本期融资租入固定资产

计入"长期应付款"科目的金额。

第三节　会计报表附表及附注

会计报表附表是反映企业财务状况、经营成果和现金流量的补充报表,主要包括利润分配表、资产减值准备明细表、分部报表、应交增值税明细表和所有权益(股东权益)增减变动表等。以下主要介绍资产减值明细表、利润分配表和分部报表。

一、资产减值准备明细表

资产减值准备明细表是反映企业各项减值准备增减变动情况的报表。该表是资产负债的附表。通过该表提供的信息,可以了解企业一定期间各项减值准备的计提、转回及其余额情况,分析其变动原因及预测其未来的变动趋势。

(一)资产减值准备明细表的内容和结构

本表按照资产减值准备的类别,分别设立八类项目,每类项目又分设"年初余额"、"本年增加数"、"本年转回数"和"年末余额"四个栏目。其基本格式见表11-5。

表 11-5　资产减值准备明细表

编制单位　　　　　　_____年度　　　　　　　　　　　单位:元

项目	年初余额	本年增加数	本年转回数	年末余额
一、坏账准备合计				
其中:应收账款				
其他应收款				
二、短期投资跌价准备合计				
其中:股票投资				
债券投资				
三、存货跌价准备合计				

项目	年初余额	本年增加数	本年转回数	年末余额
其中：库存商品				
原材料				
四、长期投资减准备合计				
其中：长期股权投资				
长期债权投资				
五、固定资产减值准备合计				
其中：房屋、建筑物				
机器设备				
六、无形资产减值准备				
其中：专利权				
商标权				
七、在建工程减值准备				
八、委托贷款减值准备				

（二）资产减值准备明细表的编制方法

本表各项目应分别根据"坏账准备"、"短期投资跌价准备"、"存货跌价准备"、"长期投资减值准备"、"固定资产减值准备"、"无形资产减值准备"、"委托贷款"等科目的年初余额、年末余额及本年发生额分析填列。

二、利润分配表

利润分配表是反映企业一定会计期间对实现净利润以及以前年度未分配利润的分配或者亏损弥补的报表。该表是利润表的附表，说明利润表上反映的净利润的分配情况（或净亏损的弥补情况）。通过利润分配表，可以分析企业利润分配的构成是否合理，对企业的利润政策做出客观的评价。

（一）利润分配表的内容和结构

我国企业的利润分配表采用多步式结构，来反映净利润的分配过程及其结果。利润分配表各项目一般分别设立"本年实际"和"上年实际"两栏。其基本格式如表11-6。

表 11-6　利润分配表

编制单位：某股份有限公司　　　　　200×年度　　　　　　　单位：元

项目	本年实际	上年实际
一、净利润		
加：年初未分配利润		
其他转入		
二、可供分配的利润		
减：提取法定盈余公积		
提取法定公益金		
提取职工奖励及福利基金		
提取储备基金		
提取企业发展基金		
利润归还投资		
三、可供投资者分配的利润		
减：应付优先股股利		
提取任意盈余公职		
应付普通股股利		
转作资本（或股本）的普通股股利		
四、未分配利润		

（二）利润分配表的编制方法

按照利润分配表的格式内容，各栏目的填列方法如下：

1. "上年实际"栏的填列方法

"上年实际"栏根据上年利润分配表中"本年实际"栏所填列的数据填列。如果上年度利润分配表与本年度利润分配表的项目名称和内容不相一致，应对上年度利润分配表项目的名称和数字按本年度的规定进行调整，填入报表的"上年实际"栏内。

2. "本年实际"栏各项目的填列方法

报表中的"本年实际"栏，应根据"本年利润"和"利润分配"

科目及其所属明细科目的记录分析填列。各项目的内容及填列方法如下：

（1）"净利润"项目，反映企业实现的净利润。如为净亏损，以"－"号填列。本项目的数字应与利润表"本年累计数"栏的"净利润"项目一致。

（2）"年初未分配利润"项目，反映企业年初未分配的利润，如为未弥补的亏损，以"－"号填列。

（3）"其他转入"项目，反映企业按规定用盈余公职弥补亏损等转入的数额。

（4）"提取法定盈余公职"项目和"提取法定公益金"项目，分别反映企业按照规定提取的法定盈余公积和法定公益金。

（6）"利润归还投资"项目，反映中外合作经营企业按规定在合作期间以利润归还投资者的投资。

（7）"应付优先股股利"项目，反映企业应分配提取的任意盈余公积。

（8）"提取任意盈余公积"项目，反映企业提取的任意盈余公积。

（9）"应付普通股股利"项目，反映企业应分配给普通股股东的现金股利或分配给投资者的利润。

（10）"转作资本（或股本）的普通股股利"项目，反映企业分配给普通股股东的股票股利或以利润转增的资本。

（11）"未分配利润"项目，反映企业年末尚未分配的利润。如为未弥补的亏损以"－"号填列。

企业如因以收购本企业股票方式减少注册资本而相应减少的未分配利润，可在报表中的"年初未分配利润"项目下增设"减：减少注册资本减少的未分配利润"项目反映。国有工业企业按规定补充流动资本，可在本表"利润归还投资"项目下增设"补充流动资本"项目反映。企业按规定以利润归还借款、单项留用利润等，可在"补充流动资本"项目下单列项目反映。

三、分部报表

分部报表是反映企业各行业、各地区经营业务的收入、成本、费用、营业利润、资产总额以及负债总额情况的报表。

（一）分部报表的编制范围

分部报表按其反映的内容不同，可分为业务分部报表和地区分部报表。

业务分部是指企业内可区分的组成部分，该组成部分提供单项产品或劳务，或一组相关的产品或劳务，并且承担着不同于其他业务分部所承担的风险和回报。

地区分部是指企业内可区分的组成部分，该组成部分在一个特定的经济环境内提供产品或劳务，并且承担着不同于在其他经济环境中经营的组成部分所承担的风险和回报。

如果有两个或多个本质上相似的业务分部或地区分部，可以合并为单一的业务分部和地区分部。企业应当根据本企业的具体情况，制定适合于本企业的业务分部、地区分部原则，并且一贯性地遵循这一原则。如随着情况的变化而作出调整的，应会计报表附注中予以说明，并且提供调整后的比较分部报表。

凡是满足下列三个条件之一的，应当纳入分部报表编制的范围：

1. 分部营业收入占所有分部营业收入合计的10%或以上（这里的营业收入包括主营业务收入和其他业务收入，下同）；

2. 分部营业利润占所有盈利分部的营业利润合计的10%或以上，或者分部营业亏损占所有亏损分部的营业亏损合计的10%或以上。

3. 分部资产总额所有分部资产总额合计的10%或以上。

在按上述条件确定分部报表的编制范围时，应注意下列限制：

如果按上述条件纳入分部报表范围的各个分部对外营业收入总额低于企业全部营业收入总额75%的，应将更多的分部纳入分部报表编制范围（即使未满足上述条件），以至少达到编制的分部报表各个分部对外营业收入总额占企业全部营业收入总额的75%及以上。

纳入分部报表的各个分部最多为10个，如果超过，应将相关的分部予以合并反映；如果某一分部的对外营业收入总额占企业全部营业收入总额90%及以上的，则不需编制分部报表。

如果前期某一分部未满足条件而未纳入分部报表编制范围，本期因经营状况改变等原因达到上述条件而纳入分部报表编制范围的，应对上年度的数字进行调整，以使数字具有可比性。

（二）分部报表的内容、结构和编制方法

分部报表应按业务分部和地区分部分别编制。其基本格式见表11-7和表11-8。

表11-7　分部报表（业务分部）

编制单位：　　　　　　　　　　＿＿＿＿年度　　　　　　　　单位：元

项目	××业务		××业务		××业务		…	其他业务		抵消		未分配项目		合计	
	本年	上年	本年	上年	本年	上年		本年	上年	本年	上年	本年	上年	本年	上年
一、营业收入合计															
其中：对外营业收入															
分部间营业收入															
二、销售成本合计															
其中：对外销售成本															
分部间销售成本															
三、期间费用合计															
四、营业利润合计															
五、资产总额															
六、负债总额															

表11-8　分部报表（地区分布）

编制单位：　　　　　　　　　　＿＿＿＿年度　　　　　　　　单位：元

项目	××地区		××地区		××地区		…	其他地区		抵消		未分配项目		合计	
	本年	上年	本年	上年	本年	上年		本年	上年	本年	上年	本年	上年	本年	上年
一、营业收入合计															
其中：对外营业收入															
分部间营业收入															
二、销售成本合计															
其中：对外销售成本															
分部间销售成本															
三、期间费用合计															
四、营业利润合计															
五、资产总额															
六、负债总额															

分部报表中的"对外营业收入"和"对外销售成本"，是指各业务分部对整个企业以外的单位销售所产生的收入、成本；"分部间营业

收入"、"分部间销售成本",是指各业务分部之间的销售业务所产生的收入、成本等。

本表竖列中的"抵消"栏,反映各分部间销售所应抵消的收入、成本等;"未分配项目"栏,反映尚未分配给各分部的收入、成本、费用、资产和负债的金额。

分部报表应根据企业所属的各个子公司、分公司或分部提供的报表中的有关数据分析填列。如母公司的会计报表和合并会计报表一并提供,本表只需在合并会计报表的基础上编制。

对外销售成本与分部间销售成本,可以按照对外营业收入占全部业务(或地区)分部营业收入总额的比例进行分配;企业对于成本的分配,也可以根据具体情况,采用合理的方法在各分部间进行分配。

报表中的各分部资产总额,是指各分部在其经营活动中使用的,并可直接归属于各该分部的资产总额;各分部负债总额,是指各分部的经营活动形成的,并可直接归属于该分部的负债总额。

四、会计报表附注

会计报表附注是为了方便会计报表使用者理解会计报表的内容而对会计报表的编制基础、编制依据、编制原则和方法及主要项目等所作的解释。

会计报表附注应包括以下主要内容:

1. 企业基本情况。
2. 财务报表的编制基础。
3. 遵循企业会计准则的声明。
4. 重要会计政策和会计估计。

在会计报表附注中应披露的重要会计政策主要包括:(1)编制合并会计报表所采纳的原则;(2)外币折算时所采用的方法;(3)收入的确认原则;(4)所得税的会计处理方法;(5)短期投资的期末计价方法;(6)存货的计价方法;(7)长期股权投资的核算方法;(8)长期债权投资溢折价的摊销方法;(9)坏账损失的具体会计处理方法;

（10）借款费用的处理方法；（11）无形资产的计价及摊销方法；（12）应付债券溢折价的摊销方法等关联方关系及其交易的说明

5．会计政策和会计估计变更以及差错更正的说明。

6．会计报表中重要项目的说明。

会计报表中重大项目主要有：（1）应收款项（不包括应收票据，下同）及计提坏账准备的方法；（2）存货核算方法；（3）投资的核算方法；（4）固定资产计价和折旧方法；（5）无形资产的计价和摊销方法；（6）长期待摊费用的摊销方法；（7）收入的分类及金额；（8）所得税的会计处理方法。

7．其他重大事项的说明：

（1）企业合并、分立；

（2）重要资产的转让或出售情况；

（3）重大投资、融资活动；

（4）合并会计报表的说明；

（5）其他有助于理解和分析会计报表的事项。

五、财务情况说明书

财务情况说明书是对企业一定会计期间内生产经营、资金周转和利润实现及分配等情况的综合性说明，是财务会计报告的组成部分。它全面扼要地提供企业和其他单位生产经营、财务活动情况，分析总结经营业绩和存在的不足，是财务会计报告使用者了解和考核有关单位生产经营和业务活动开展情况的重要资料。

财务情况说明书，至少应对下列情况作出说明：

1．企业生产经营的基本情况；

2．利润实现和分配情况；

3．资金增减和周转情况；

4．对企业财务状况、经营成果和现金流量有重大影响的其他事项。

复习思考题

1. 什么是会计报表？它有哪些作用？编制时有哪些要求？
2. 会计报表有哪几种分类的方法？具体又如何进行分类？
3. 什么是利润表？它有哪些作用？可分为哪几个部分？各部分之间的相互关系如何？
4. 什么是资产负债表？它有哪些作用？其结构如何？
5. 什么是现金流量表？它有哪些作用？其结构怎样？
6. 什么是利润分配表？什么是资产减值准备明细表？

习题一

一、目的：练习利润表的编制。

二、资料：某企业 20××年 11 月的利润表如下表所示。

利润表（简表）

20××年 11 月

编制单位：华天公司　　　　　　　　　　　　　　　　单位：元

项目	本期金额	本年累计金额
一、营业收入	略	1 289 600
减：营业成本		885 400
营业税金及附加		21 700
销售费用		18 500
管理费用		40 900
财务费用		2 000
资产减值准备		3 500
二、营业利润（损失以"－"号填列）		317 600
加：营业外收入		1 400
减：营业外支出		3 000
三、利润总额（损失以"－"号填列）		316 000
减：所得税费用		79 000
四、净利润（亏损以"－"号填列）		237 000

公司 12 月份发生以下经济业务：

1. 对外销售甲商品 1 000 件，单价 135 元，增值税率 17%，收到对方开来的一张金额为 157 950 元的商业汇票。

2. 经批准处理财产清查中的账外设备一台，估计原价 10 000 元，七成新。

3. 计算分配本月应付职工工资共计 45 000 元，其中管理部门 30 000 元，专设销售机构人员工资 15 000 元

4. 计提本月办公用固定资产折旧 1 200 元。

5. 结转已销售的 1 000 件甲商品的销售成本 87 000 元。

6. 将本月实现的损益结转至"本年利润"账户。

三、要求：根据上述资料，完成下列公司 20××年利润表的编制。

利润表（简表）
20××年

编制单位：　　　　　　　　　　　　单位：元

项目	本期金额	上年金额
一、营业收入		略
减：营业成本		
营业税金及附加		
销售费用		
管理费用		
财务费用		
资产减值准备		
二、营业利润（损失以"－"号填列）		
加：营业外收入		
减：营业外支出		
三、利润总额（损失以"－"号填列）		
减：所得税费用		
四、净利润（亏损以"－"号填列）		

习题二

一、目的：练习资产负债表、利润表、利润分配表及现金流量表

的编制。

二、资料：某大酒店 20××年 12 月 31 日的资产负债有关资料如下：

单位：万元

资产项目	期末余额	负债及所有者权益项目	期末余额
现　金	0.4	短期借款	40.0
银行存款	220.0	应付账款	30.18
应收账款	176.5	其他应付款	1.50
减：坏账准备	0.88	应付职工薪酬	2.6
其他应收款	2.0	应交税费	36.0
原材料	36.0	长期借款	300.0
低值易耗品	177.0	实收资本	1800.0
库存商品	136.98	资本公积	52.12
长期股权投资	350.0	盈余公积	143.3
固定资产	1 678.0	未分配利润	178.2
累计折旧	−342.1		
待摊费用	—		
固定资产清理	—		
在建工程	150.0		
合　计	2 583.9	合　计	2583.9

该酒店 20××年发生下列有关经济业务：

1. 购入材料一批，货款 18.2 万元，尚未支付，材料已到达。

2. 本年度客房收入 474 万，餐厅收入 280 万元，款已收到并存入银行。

3. 商品部购入商品一批，进价为 4.5 万元，增值税 0.765 万元，货款已经支付。

4. 分配职工工资 56.5 万元，其中，客房部 22.2 万元，餐饮部 21.6 万元，企业管理部门 11.5 万元，商品部 1.2 万元，并按工资总额的 14% 的比例计提职工福利费。

5. 销售商品一批，销售货款 15.6 万元，增值税额为 2.65 万元，商品已经发出，货款尚未收到，结转已销售商品的成本 9.6 万元。

6. 公司对 H 企业投资，占 H 企业有表决权资本的比例为 52%，长期投资按权益法核算，本年度 H 企业实现净利润 100 万元，实际分得现金股利 25 万元。

7. 向银行借入短期借款 20 万元,年度内实际负担并支付的利息 1 万元。

8. 提取应收账款坏账准备 0.4 万元。

9. 应交营业税 50 万,应交城市维护建设税和教育费附加 3 万元。

10. 1 月 1 日购入甲企业发行的三年期债券,面值 100 万元,票面年利率 10%,企业以 115 万元的价款购入,款项已用银行存款支付,年终按规定计提债券利息,并按直线法摊销债券溢价。

11. 提取折旧 256 万元,其中客房部 142 万元,餐饮部 111 万元,商品部 3 万元。

12. 用银行存款购入不需要安装的固定资产,原价 800 万,款项已经支付,设备已经交付使用。

13. 向银行借入长期借款 500 万元,已存入银行,另偿还短期借款本金 40 万元。

14. 出售设备一台,原价 26 万元,已提折旧 8 万元,出售所得收入 21 万元,发生清理费用 1.25 万元,款项均以银行存款收支,设备已清理完毕。

15. 用银行存款支付出包工程款 200 万元。

16. 提取已交付使用项目的应付债券利息 3 万元。

17. 计算并结转应交所得税,本年实际交纳所得税 142 万元,增值税 1.885 万元,营业税 37.7 万元,城市维护建设税 2.37 万元。

18. 结转本期损益和利润分配。

19. 提取法定盈余公积金 30.5 万元,向投资分配利润 180 万元,提取法定公益金 15.25 万元,向投资者分配的利润已经支付。

三、要求:

1. 根据资料编制会计分录,并记"T"账。

2. 根据账户资料编制"资产负债表"。

3. 根据账户资料编制"利润表"。

4. 根据账户资料编制"利润分配表"。

5. 根据账户资料编制"现金流量表"。

第十二章 会计软件简介及其应用

【学习目的】
- 熟悉常用会计软件
- 掌握会计软件应用
- 掌握会计软件选择

【基本内容】

会计软件简介
- 基本概念
- 历史与现状
- 一般结构
- 常用会计软件

会计软件应用
- 试运行前的准备
- 日常运行与维护

正确选择会计软件
- 合法性
- 适应旅游企业财会业务的特点
- 安全性
- 正确性
- 售后服务
- 成本费用的考虑

第一节　会计软件简介

当前，越来越多旅游企业购买会计软件以辅助会计核算、加强旅游企业管理。会计软件在我国会计工作中应用已有 20 多年，从无到有，从简单到复杂，从低级到高级，逐步发展完善，对提高财务管理工作的效率和适应市场经济发展起到了积极作用。随着网络经济时代、电子商务时代的到来，会计软件将进一步发展，旅游企业将对会计软件提出更高的需求。下面我们将对会计软件的概念、其历史与现状及一般结构等做一下简要介绍。

一、会计软件的基本概念

会计软件是以会计理论和会计方法为核心，以会计制度为依据，以计算机及其应用技术为技术基础，以会计数据为处理对象，以会计核算，财务管理和企业经营管理提供信息资料为目标，将计算机技术应用于会计工作的软件系统。它实际上是一种电子计算机应用软件，包括采用各种计算机语言编制的用于会计工作的计算机程序。

会计软件从其功能上划分，可分为：单项核算型会计软件；管理型会计软件；高度集成化、网络化的未来企业级会计软件。会计软件从其开发目的和适用范围划分，可分为：结合本企业实际开发设计的专用软件；为上市销售开发设计的通用的商品化软件。会计软件从其软硬件系统结构上划分，可分为：单机版软件；网络版软件。

二、我国会计软件的历史与现状

我国会计软件的发展过程是和我国的经济体制的变革、企业管理模式的演变及信息技术的发展密切相关的。我国会计软件从 1979 年开发以来，大体上经历了三个阶段，即起步阶段（1979～1983 年）、推广阶段（1984～1988 年）和商品化阶段（1989～现在）。

目前在我国形成了一个比较完善的软件产业，经财政部门评审的商品化会计软件达三百个以上，另有若干个各单位自行开发的非商品化会计软件。会计软件的支撑环境从低档向高档发展。会计软件的功能不断完善，由最初的处理会计单项业务，逐步发展到对会计数据进行综合加工处理，完成从手工记账到计算机记账的转换，并进一步发展为成本核算、销售核算、材料核算、合同管理、财务分析、辅助决策等较完善的会计软件功能。会计软件的实现手段已从单机到网络，从单一键盘输入、屏幕和打印输出发展到多媒体输入和输出，现有的会计软件具有较完善的会计核算功能和一定的财务管理功能。从会计软件的开发来看，从各单位自己开发、自己使用的专用软件，发展到一家开发、多家使用的通用会计软件，并组建了一大批专门开发与营销会计软件的专业公司，形成了庞大的财务软件市场。从会计软件开发人员来看，由单一素质逐步向综合素质发展，会计软件的质量不断提高。

三、会计软件的一般结构

会计软件的一般结构是从系统的功能层次结构来反映的，所谓功能结构，是指系统按其功能分层分块的结构形式，即模块化的结构。

一个系统可以划分为若干个子系统，每个子系统可划分为几个功能模块，每个功能模块再划分为若干个层次，每个层次沿横向分为若干个模块，每个模块都有相对独立的功能。一个子系统对应一个独立完整的管理职能，在系统中有较强的独立性，一个功能模块完成某一管理业务，是组成子系统的基本单位；一个程序模块则实现某一具体加工处理，是组成功能模块的基本要素，各层之间、每块之间也有一定的联系。通过这种联系，将各层、各块组成一个有机的整体，去实现系统目标。

会计软件各子系统之间的关系如图 12-1 所示。

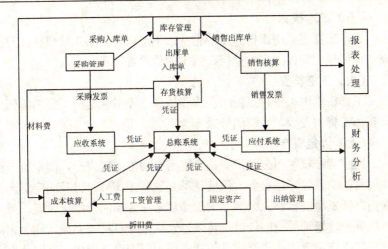

图 12-1　会计软件的结构关系

（一）存货管理

存货管理主要来管理企业的存货，如：原材料、产成品等，管好存货对旅游企业是十分重要的，手工核算下其工作量也很大，并且不容易管好。存货管理包括：存货代码的管理，存货的收、发、存管理，存货出库计价管理，存货核算等。

（二）销售核算

销售核算用来进行销售的管理，其主要包括：销售商品的管理，销售中开票、收款、发货的管理，销售毛利的计算等。

（三）总账系统

总账系统是每个会计软件的核心，对所有的会计核算软件来说都是必不可少的，总账处理的工作量也是最大的，一般包括：凭证的输入、审核、记账，账本的查询、输出等。

（四）应收、应付账

应收、应付账是用来管理旅游企业的往来账款的，在市场经济条件下，旅游旅游企业的往来账管理工作量愈来愈大，也愈来愈重要。应收、应付账包括：往来单位管理、应收应付核销、账龄分析等。

（五）成本核算

成本核算主要用来核算旅游企业的生产成本。其主要包括：直接成本的处理、间接成本的分摊、成本的计算等。

（六）工资核算

工资核算用来进行工资的发放和核算，一般包括：工资的编辑、计算，工资的发放，工资的分摊等。

（七）固定资产核算

固定资产核算用来管理、核算旅游企业的固定资产，固定资产核算每月的工作量不是很大，仅仅是每月的增减部分，以及固定资产在部门之间发生的转移，大部分的工作量是在开始的初始化设置，而手工核算中较繁琐的折旧计提及转账等，则由计算机来完成，能大大减轻核算工作量。固定资产核算包括：固定资产增减变化、折旧计提、固定资产分摊等。

（八）出纳管理

出纳是会计中十分重要的一个岗位，它担负着现金、银行存款的收、付。传统的会计软件一般是以记账凭证的输入开始，因此作为出纳是不允许进行上机操作的，但这样的电算化是不彻底的。出纳管理包括：收入管理、支出管理、出纳账处理等。

（九）报表处理

旅游企业会计核算的结果最后需要用报表的形式反映出来，因此，报表处理主要用于进行报表的定义、编制、输出。

（十）财务分析

财务分析是在核算的基础上对财务数据进行综合分析的，不同的会计软件其分析的内容也有所不同，一般有：预算分析、前后期对比分析、图形分析等。

四、常用会计软件

随着中国社会主义市场化经济改革的深入，会计软件取得了长足的发展，商品化、通用化的会计软件也得到了广泛的应用。特别是 20 世纪 90 年代，中国迎来了会计软件开发和应用的黄金年代，大批会计软件公司应运而生。其中尤以用友、金蝶、金算盘及新中大为代表。

（一）用友软件

用友软件股份有限公司自 1988 年成立以来，一直从事企业应用软件产品的研发、销售和服务。它的市场定位是中小企业及组织的财务应用，即为他们提供企业投资融资决策，并帮助企业全面实现电算化管理。

用友公司是中国最大的财务软件供应商：用友公司财务软件市场占有率自 1990 年以来一直稳居中国市场首位，成为推动中国财务管理信息化的主流应用软件和实际应用标准。用友公司与中国工商银行总行正在共同实现用友软件与中国工商银行电子银行系统的连接，使用友软件与中国工商银行电子银行系统能够安全地交换有关数据，通过用友软件向客户提供电子银行服务。

（二）金蝶软件

金蝶国际软件集团有限公司开发及销售的软件产品包括针对中国企业管理需求的、通过互联网提供服务的企业管理及电子商务应用软件和为企业构筑电子商务平台的中间件软件。金蝶 K/3 作为中小企业 ERP 市场的领军品牌，一直专注于中小企业管理模式。金蝶 K/3 ERP 覆盖了众多的业务领域、行业应用，蕴涵了丰富的管理思想。全面预算、内控、成本、制造、SRM、供应链、CRM、HR 等众多业务领域的管理满足了企业不断发展的业务需要并得到了广大客户的验证；机械、电子、汽配、医药、食品、服装等行业应用满足了各行各业的个性化需求；而杜绝一切浪费的精益生产、全面支持 COSO 标准的风险管控、基于目标控制的标准成本管理、拉式生产的看板管理、随时监控企业绩效的杜邦分析等先进管理思想则帮助企业改进以往粗放式管理模式，实现"制造"向"智造"转变。

（三）新中大软件

杭州新中大软件股份有限公司（以下简称新中大）作为企业管理软件开发商、供应商及电子商务时代解决方案供应商，它的市场切入点是公共财政管理软件。近年来国家在公共财政方面的改革，说明公共财政已成为政府的重要应用。新中大不失时机地从 1999 年底开始介入该领域，在主推会计软件市场的同时对产品进行了行业细化，其公共财政管理软件在产品的功能以及应用方面进一步地调整和强化。本软件为了方便使用，按业务将总的功能划分为以下几大子模块，如初始设置、日常账务、部门核算、往来账管理、项目核算、出纳和对账、系统间转账、系统管理。

（四）金算盘软件

金算盘软件（集团）有限公司已经推出了适合财政部颁发的新会计制度的版本，并提供自动化的工具来进行从其他会计制度账套到企业会计制度账套的平滑转换。金算盘 6f 是金算盘软件有限公司针对国内各行各业财务管理的普遍性和特殊性而提出的一套全面的、系统的现代企业财务管理思想和方法，是一套完整的企业财务和供应链管理解决方案，它包含了财务管理和供应链两大子系统，并高度集成化、智能化，功能涉及到计划、采购、销售、库存、财务、人事、设备、经营分析、财务分析和决策支持等一系列管理领域，其核心是供应链和财务管理，其目标是加强企业的计划预算，对企业各种行为加以监督和控制，帮助企业实现资源成本最小化、利润最大化。

（五）"管家婆"财贸

管家婆财贸双全系列是任我行针对国内中小企业管理现状，在"管家婆"系列软件基础上全新研发的一套给财务人员使用的业务加标准财务一体化软件。产品以业务为基础，财务为核心，强大的业务+标准财务一体化功能、完备的辅助管理模块、高效的财务报表和强大的报表分析功能，能够为企业经营提供快捷准确的决策依据；清晰易用的操作界面，简洁直观的数据中心，简便、智能化的操作过程，更加符合中小企业财务人员的操作习惯，使财务管理工作也更加轻松。产品功能特点：（1）强大的业务+标准财务一体化功能。（2）全面支持决策。（3）系统简洁安全高效。（4）易学易用。

第二节　会计软件的应用

一、会计软件试运行前的准备

对于购买的商品化软件或有关部门推广的通用软件，使用前需要整理本单位会计业务，确定电算化情况下记账方法、核算形式、核算内容和方法，制定相应的管理制度，培训有关应用人员，建立相应的组织机构以及系统初始化等主要工作。对于自己组织研制的会计核算软件，会计核算业务整理和记账方法、形式、内容等都在系统分析阶段就已确定，运行前准备工作的内容主要为组织机构设置、调整和人员分工、制度制定及初始化等。下面主要介绍商品软件运行前的一些准备工作。

（一）会计核算业务的整理

购买了商品化会计核算软件后，接下来要做的第一件事就是要整理本单位会计核算业务，使之适应电子计算机处理的需要。在手工核算下，一些单位，特别是会计基础工作较差的单位，会计工作规范化较差，账、证、表格式、内容混乱，核算方法、程序不统一。同一类业务，不同的人做法不完全相同，而且不符合有关要求。会计软件不提供某一具体核算的不规范处理方法，并且商品化会计核算软件的功能、相应的处理过程、方法和有关约定、要求都是在软件研制时就规定好的，所以作为商品化软件与本单位手工核算方法之间，不可避免地有一定差别。要消除这些差别，一是对商品化软件作适量的二次开发、修改；二是对单位会计核算业务进行整理、调整，使之满足商品化会计核算软件的要求、规定。

（二）记账方法、程序的确定

记账方法，曾经有借贷记账法、增减记账法和收付记账法三种。有的商品化软件可提供记账方法的选择，有的只能适应某一种记账方法。一个单位一般只采用一种记账方法。目前，一般用借贷记账法。

目前手工核算方式，一般有记账凭证记账程序、日记账记账程序、科目汇总表记账程序、汇总记账凭证程序等几种形式。采用电子计算机处理之后，业务量大小已不是主要矛盾，因此计算机内没有必要沿用手工记账程序记账，没有必要对记账凭证进行汇总或科目汇总等，依据记账凭证直接登记明细账、日记账，然后总分类账。目前一些单位的计算机记账程序仍沿袭原单位手工记账程序，就没有很好地发挥计算机的优势、作用，影响处理效率的提高。

（三）科目编码方案的确定

商品化会计核算软件一般都对会计科目编码作原则规定，并允许各单位根据自身要求进行设置。因此软件使用前需确定本单位会计科目体系及其编码。电算化条件下，会计科目设置既要符合会计制度规定，又要满足本单位会计核算和管理要求，同时要考虑该商品化软件对会计科目编码的规定要求。

我国旅游企业的会计制度总账科目及其编码，由财政部统一规定。在保证核算指标统一性的前提下，可根据实际需要并征得同意对统一规定的总账科目作必要的补充。至于明细科目，有的在国家制度中规定，有的则可根据企业管理需要由企业自行规定。其次，科目设置应满足会计核算的要求；再次，科目设置应满足管理要求；最后，科目设置应满足编制报表的需要。

（四）凭证、账簿的规范化

商品化会计核算软件中，一般都规定记账凭证的种类和格式。不管怎样规定，都需对手工记账凭证进行规范统一，以满足计算机输入需要。在会计核算软件使用前，要确定哪些明细账为数量金额式，哪些为三栏式，或多栏式，如果软件不提供多种账簿格式的选择，同时核算又需要多种格式，则或进行二次开发，或设立辅助明细账以弥补软件功能不足。为了保证从手工方式到电算化方式的顺利转换，还必须核对账目，保证账证相符、账账相符、账实相符。科目期末额必须整理，同时还应注意往来账、银行账的清理。

二、会计软件的日常运行与维护

（一）试运行阶段——人机并行

计算机与手工并行是指会计软件使用的最初阶段人工与计算机同时进行会计处理的过程，即试运行阶段。此阶段的主要任务是：检查建立的会计电算化核算系统是否充分满足本单位要求，使用人员对软件的操作是否存在问题，对运行中发现的问题是否还应进行修改，并逐步建立比较完善的电算化内部管理制度。

在试运行阶段，会计人员要进行双重劳动，这是十分必要的。在此期间，通过进行手工与计算机处理结果的双向对比与检验，能够考查会计软件数据处理的正确性，能够考查相关人员的操作熟练程度和业务处理能力，并通过实践，进行电算内部管理制度的建立。

试运行的时间，应放在年初、年末、季初、季末等特殊会计时期，这样才能取得全面的人机比较数据，预先估计可能出现的问题。一但出现问题，要及时采取措施，进行防错纠错。

在试运行阶段，前期以人工为主，计算机为辅，后期则以计算机处理为主。各会计单位只有假设计算机在处理实际账务，才会充分考虑可能发生的问题，提高操作熟练程度。

计算机与手工并行工作期间，可以采用计算机打印输出的记账凭证替代手工填制的记账凭证，原始凭证应附于相关记账凭证的背面，根据有关规定进行审核并装订成册，作为会计档案保存，并据以登记手工账簿。如果计算机与手工核算结果不一致，要由专人查明原因并向本单位领 导书面报告。

并行一个阶段后，要开始建立各项管理制度，并根据实际运行中出现的问题，不断改进完善。尤其对上岗操作软件人员的权限分配，应在申请替代手工记账前都能按规定设置完毕，进入正常工作状态。对替代手工记账后会计人员的岗位职责也应有明确的要求和岗位考核。

（二）日常运行

1. 输入凭证是会计软件的原始数据，是各种凭证单据，在账务处理软件中是记账凭证，在材料核算软件中是各种出库、入库单据，在销售核算软件中是发票、产品出库单等等。需要花大量时间才能完成凭证的输入工作，只有将这些凭证单据输入到计算机后，才能由计算机进行处理。

凭证输入前，应先经过检查和预处理，不合法、不正确、不合理、不真实、内容不完整的凭证不能输入。可以根据计算机的需要在用于输入的凭证上加写有关代码、编号等内容，进行预处理，以方便凭证输入。

凭证输入计算机后要进行复核，复核输入内容与原件是否一致，防止有意无意的错误。复核人员和输入人员不允许同为一个人。直接使用原始凭证在计算机上编制记账凭证，用计算机打印的记账凭证代替手工记账凭证的单位，应保证打印出的记账凭证内容齐全、签章齐备。凭证可以集中由一人输入，也可以各个岗位编制的凭证由本岗位输入。

2. 凭证复核是输入的凭证必须由另一人复核后才能用于记账，计算机复核的内容包括合法性、合理性、正确性、完整性和真实性。计算机内凭证的复核可以采用屏幕查看复核、打印输出复核、重复输入复核三种方法。对于已复核后又发现有错的凭证可允许修改，但修改后必须再次复核。复核人员的姓名必须在机内随凭证永久记录，以明确责任。

3. 记账、计算成本等各种计算机处理是自动由计算机完成的，只要将原始数据正确输入计 算机，计算机就能按事先设计的程序完成各种账簿的登记和各种计算工作，节省大量人力。

4. 输出账簿是采用计算机核算后，所有账簿平时均保留在计算机内，日记账必须每日打印，明细账和总账可根据需要按月、按季或按年打印，不满页时，可满页后再打印，但不能不打印。打印时，有关表格线可省打。打印后的账簿应连续编号，应由专人检查后再作为正式账页进行装订。

5. 编制会计报表是根据账簿编制的，也是由计算机自动完成的，通常每月月末进行。我国的通用会计软件通常都提供通用报表生成器或专门的报表功能模块，帮助用户编制各种对内、对外会计报表。编制会计报表工作是日常核算中较为复杂的工作，应由会计和计算机水平较高的会计人员完成。应保证报表中的会计数据与账簿一致。应对报表数据进行审核并签章后再报送有关单位。

（三）日常维护

与手工核算不同，应用会计软件，需要对其进行日常维护。维护一般由电算维护员负责，软件操作员等其他人员不得进行维护，电算主管可进行维护监督工作。

第三节　　正确选择会计软件

哪一种会计软件最好？对于这一问题没有一个正确答案，因为没有哪种软件能够满足任何一个组织的需求，但是很可能有几种软件能够适应某一旅游企业的特定需求。那么在会计软件市场迅速扩大，其种类繁多的情况下，如何选择适合本旅游企业的会计核算要求的通用会计软件呢？

一、合法性

合法性是指软件应符合现行化管理所需的财会信息。一方面，要求核算工作中体现现行会计制度及其他财经法规的要求；另一方面要求核算软件能够提供准确可靠的会计信息，满足管理的要求。例如：软件中采用的总分类会计科目名称、编号方法、输入的记账凭证的格式等应符合国家统一的会计制度的规定；软件应当同时提供国家统一会计制度允许使用的多种会计核算方法，以供用户选择；软件应当提供机内记账凭证打印输出功能，可以提供原始凭证的打印输出功能，必须提供会计账簿、会计报表的打印输出功能，打印输出的格式和内容应当符合国家统一会计制度的规定。另外应当考虑版本的合法性。盗版软件没有可靠的技术保障，还可能出现数据丢失现象，对会计核算工作的正常进行，会带来难以找回的损失。所以，用户应取得合法的会计软件，保障会计核算工作有条不紊地进行。

二、适应本单位财会业务的特点

会计软件应该能很好地适应旅游企业财务处理的具体情况，并在旅游企业财务工作内容发生变化时，软件也能方便地适应这些变化。旅游企业规模的大小，会计业务需要处理的数据量的多少，会计核算精确度的高低，以及是否是分级核算，这都将决定购买软件的性质和功能。具体需要考虑如下内容：

（1）旅游企业日（或月）处理凭证的总数；

（2）旅游企业会计科目的分级与长度；

（3）会计数据的最大值与最小值；

（4）每月所要保存的会计数据量；

（5）旅游企业的规模及会计工作的分工。另外还需考虑本旅游企业发展速度对上述各项影响，以及旅游企业的资金效益等情况。

三、安全性

安全性是指会计软件提供的功能，能防止误操作和作弊行为。例如：对于程序文件和数据文件，软件应当有必要地加密或者其他保护措施，以防被非法篡改；软件应当具有在计算机发生故障或者由于强行关机及其他原因引起内存和外存会计数据被破坏的情况下，利用现有数据尽量恢复到破坏前状态的功能。

四、正确性

正确性是指计算正确和防止输入错误。例如：当输入的记账凭证重号，输入的记账凭证金额借贷方不相等，软件应提示或者拒绝执行；软件应当提供自动进行银行对账的功能，根据机内银行存款日记账与输入的银行对账单及适当的手工辅助，自动生成银行存款余额调节表；机内数据进行总分类账、明细分类账汇总的计算结果，应正确无误；软件应当提供机内会计数据按照规定的会计期间进行结账的功能等。

五、售后服务

购买会计软件时，售后服务至关重要。目前，会计人员的计算机使用水平还不高，靠自身的能力，无法排除会计软件运行中出现的全部故障，所以，还需要销售单位派出人员加以解决。如果拖延，会计核算工作就会被迫停止。一般厂家都为用户提供售后服务，然而各厂家所提供售后服务的方式和内容都不尽相同，因此在选择会计软件时，应考察厂家的售后服务，注意以下几个方面：

1. 售后服务的内容：一般应包括用户培训、日常维护、系统初始化、二次开发、版本升级等。

2. 厂家维护能力：厂家维护能力取决于维护人员的数量和质量，以及软件厂家商品化软件的销售量。

3. 维护费用：维护费用的交纳方式及数量，也是重点需要考虑的内容之一。

4. 维护方式：即售后服务的具体办法。包括：是否终身维护、是否上门维护、是由总公司维护还是由本地维护点维护、维护是否及时等。

六、成本费用的考虑

一般地，商品化会计软件的购置费用包括：软件费用；资料费用及培训费用；安装费；售后服务费用；其他配套费用，如专为商品化会计软件配置的系统软件，及防病毒软件的购置费用；网络软件，增加工作站的费用。

考虑费用问题时，不能仅以总费用高低来进行选择，应与软件的质量和满足需要的程度综合考虑，以求选择既能满足会计处理的要求，性能价格比又是最优的软件。旅游企业在正确选择会计软件时，下列问题和建议值得认真考虑：

1. 个体旅游企业要求比较简单，可采用基本的会计软件。

2. 中小型旅游企业可考虑用功能比较丰富的财务管理软件。

3. 要求较为复杂或需要特别功能的可考虑专业性的软件。

4. 单用户还是多用户？是否需要网络版？公司现有的设备是否足够？

* 可能要预留费用，作增添或升级硬件的支出。

* 大部分的软件需要 128MB 内存和 100MB 硬盘容量。

5. 技术支持和维护的开支。

* 每年的技术支持和维护费用是多少？

* 每年的软件更新或升级费用？

* 硬件是否也要定期升级或更新？

总之，在选择会计软件时，应注意软件的合法性、安全性、正确性、价格费用等方面的问题，以及软件服务的便利，软件的功能应满足本单位当前的实际需要，并考虑到今后工作发展的要求。另外，像可维护性、可审计性、可移植性等亦需加以考虑。

复习思考题

1. 当前实际工作中有哪些常用会计软件？
2. 手工记账与计算机账无处理有何区别？
3. 怎样选择会计软件？
4. 如何进行会计软件的日常维护和日常运行？
5. 会计软件的结构关系如何？

参考文献

1. 财政部会计司编写组. 企业会计准则——基本准则. 经济科学出版社, 2011
2. 财政部会计司编写组. 企业会计准则——应用指南. 中国财政经济出版社, 2007
3. 1988 年 9 月 8 日国务院发布. 现金管理暂行条例. 中国财政经济出版社, 1999
4. 2003 年 4 月 10 日中国人民银行发布. 人民币银行账户结算管理办法. 经济科学出版社, 2003
5. 财政部会计资格评价中心编. 中级会计实务. 经济科学出版社, 2011
6. 陈国辉, 迟旭升编著. 基础会计. 北财经大学出版社, 2007
7. 李亚利, 范英杰编著. 旅游会计. 南开大学出版社, 2004
8. 企业会计准则编审委员会. 企业会计准则案例讲解. 立信会计出版社, 2011
9. 刘永泽, 陈立军. 中级财务会计（第二版）. 东北财经大学出版社, 2009
10. 曹惠民, 梅劲. 西方财务会计（第二版）. 立信会计出版社, 2009
11. 戴德明, 林钢, 赵西卜. 财务会计学. 中国人民大学出版社, 2010
12. 中国注册会计师协会. 会计. 中国财政经济学出版社, 2011
13. 陈立军, 崔凤鸣. 中级财务会计习题与案例（第二版）. 东北财经大学出版社, 2009
14. 赵毅. 旅行社管理. 中国劳动社会保障出版社, 2005
15. 蒋丁新. 饭店管理 (第二版). 高等教育出版社, 2004
16. 周龙腾. 酒店会计. 中国宇航出版社, 2010

17. 财政部会计司编写组. 企业会计准则讲解. 人民出版社，2010

18. 张铁铸，周红. 财务报表分析. 清华大学出版社，2011

19. 张新民，钱爱民. 财务报表分析案例. 中国人民大学出版社，2008

20. 王德发. 财务报表分析（第三版）. 中国人民大学出版社，2011

21. 崔红. 财务软件应用教程. 清华大学出版社，2012

22. 孙莲香. 财务软件应用. 中国人民大学出版社，2010